LOS
PROFETAS
Y EL MOVIMIENTO
PROFÉTICO

LAS VERDADES Y LOS MINISTERIOS QUE ESTÁN
SIENDO RESTAURADOS

BILL HAMON

BUENOS AIRES - MIAMI - SAN JOSÉ - SANTIAGO

www.peniel.com

©2007 Editorial Peniel

Las citas bíblicas fueron tomadas de la
Santa Biblia, Nueva Versión Internacional,
a menos que se indique lo contrario.
© Sociedad Bíblica Internacional.

EDITORIAL PENIEL
Boedo 25
Buenos Aires, C1206AAA
Argentina
Tel. 54-11 4981-6178 / 6034
e-mail: info@peniel.com
www.peniel.com

Diseño de cubierta e interior:
ARTE PENIEL • arte@peniel.com

Publicado originalmente en inglés con el título:
Prophets and the Prophetic Movement by Dr. Bill Hamon
Copyright © W.S. "Dr. Bill" Hamon, 1990
All rights reserved.

Hamon, Bill
Los profetas y el movimiento profético. - 1a ed. - Buenos Aires : Peniel, 2008.
    260 p. ; 21x14 cm.

    Traducido por: Rev. Carlos H. López
    ISBN 10: 987-557-213-6
    ISBN 13: 978-987-557-213-3

    1. Profecía. I. López, Carlos, trad. II. Título
    CDD 231.745

Impreso en Colombia / Printed in Colombia

DEDICATORIA

Este libro, "Profetas2", está dedicado a todos los creyentes en Cristo Jesús que tienen "oídos para oír" lo que el Espíritu Santo le está diciendo a su Cuerpo. Este libro es para aquellos que aceptarán y recibirán a los verdaderos profetas de Dios y colaborarán con el Espíritu Santo en este gran movimiento de restauración. Su propósito es activar y establecer totalmente en su Iglesia el don de ascensión de Cristo y uno de los cinco ministerios de **Profeta** y el **Ministerio Profético**.

AGRADECIMIENTO

Estoy profundamente agradecido a mi Junta CI-NPM de Gobernadores que, por su dedicación al ministerio y por su apoyo, han hecho posible que su obispo sacara tiempo de su copado itinerario para llevar a cabo el mandato de Cristo de quedarse en casa y así terminar este libro que tanto se necesita. Agradezco de todo corazón a mi esposa, Evelyn, por animarme a terminarlo, y al equipo de CI y a los ministros de CI-NPM por continuar el ministerio mientras su Presidente escribía.

CONTENIDO

Dedicatoria y Agradecimiento III

La formación de un profeta 7

Motivación y propósito 17

1. La importancia de entender el Movimiento Profético 21

2. La naturaleza del Movimiento de Restauración 29

3. La preparación providencial de Dios y los principios de restauración 37

4. Una historia breve de la restauración de la Iglesia 49

5. El Movimiento Carismático comparado con el Movimiento Profético 69

6. ¿Qué es el Movimiento Profético? 75

7. Siete principios de un verdadero Movimiento de Restauración 97

8. Un clamor por que haya balance, estructura y orden 143

9. El espíritu de los profetas verdaderos y el Movimiento Profético 165

10. El Movimiento Profético contra el Movimiento de la Nueva Era 179

11. El estándar de Dios: sus profetas y la Iglesia profética 185

12. ¿Cuál será el papel de los profetas? 191

13. Las posiciones y los privilegios de los profetas como uno

    de los ministros de los cinco oficios 209

14. El proceso divino en el cumplimiento profético 233

15. Conclusión profética y desafío 241

USO DE MAYÚSCULAS

El Dr. Hamon se ha apropiado de la regla conocida como la *Prerrogativa del Autor* al escribir con mayúsculas ciertas palabras que usualmente no se escriben así de acuerdo con las normas gramaticales. Esto se hace para efectos de dar claridad y énfasis al texto. Las referencias a la Novia / Esposa se escriben con mayúscula a causa de su unión con la Deidad a través de Jesucristo. **Profetas** se coloca a veces en **negrita** para propósitos de énfasis. Compañía de Profetas se escribe con mayúsculas para designar un grupo específico de profetas. Movimiento Profético se escribe con mayúsculas porque son referencias al mayor movimiento de restauración dentro de la Iglesia. La palabra Escritura se escribe con mayúscula solamente cuando se refiere a toda La Biblia. Iglesia y Cuerpo, cuando se refiere al Cuerpo universal de Cristo, La Iglesia; iglesia sin mayúscula cuando se refiere a una iglesia denominacional o local. Logos/Palabra cuando se refiere a La Biblia entera; rhema/palabra cuando se refiere a escrituras individuales y palabras proféticas.

Todas Las Escrituras son tomadas de la versión NVI a menos que se diga lo contrario. Cuando se cita la escritura, el autor algunas veces lo escribe en **negrita** por razones de énfasis.

LA FORMACIÓN DE UN PROFETA

Cuando Dios llamó a Jeremías, Él le dijo: *"Antes que te formase en el vientre te conocí, y antes que nacieses te santifiqué, te di por profeta a las naciones"* (Jeremías 1:5 RVR 1960). Pero la formación de un profeta involucra más que el ser predestinado en Cristo y llamado por Dios de esta manera. Cuando el apóstol Pablo les decía a los efesios cómo él se había convertido en el ministro que era, les dijo: *"De este evangelio llegué a ser servidor como regalo que Dios, por su gracia, me dio conforme a su poder eficaz. Aunque soy el más insignificante de todos los santos, recibí esta gracia..."* (Efesios 3:7-8). El llamado que predestina al profeta es solo el comienzo del proceso por el cual Dios toma a un hombre, para convertirlo en un individuo que puede manejar la carga y las presiones de ese ministerio.

Este llamado es como nacer de nuevo, es una experiencia instantánea y divina. Pero la preparación progresiva, como el proceso de crecimiento espiritual que sigue a la experiencia inicial de la salvación, requiere de años de entrenamiento. Pocas son las personas que permiten que Dios los lleve a través de todo el proceso requerido, para madurarlos en lo que podría ser llamado las "Diez M del Ministro aprobado": la Masculinidad, el Mensaje, el Ministerio, la Madurez, el Matrimonio, la Motivación, el Manejo de Dinero, los Métodos, los Modales y la Moralidad (vea el capítulo 9).

Bill Hamon es un hombre que ha permitido que Dios lo llevara por medio del proceso de preparación, para convertirse en el ministro apostólico y profético aprobado de hoy. El primer presbiterio profético que le ministró hizo la declaración de que Dios lo había llamado de la misma forma que al profeta Jeremías. Pero aun así, el proceso de Dios tenía que seguir al llamado.

En su trayectoria de cuatro décadas de enseñanza y con la publicación de tres libros, el Dr. Hamon ha validado la exactitud bíblica de su mensaje. Su ministerio ha sido probado, ya que él ha ministrado proféticamente a más de 20.000 personas. Muchas de esas profecías ya han llegado a su cumplimiento con milagros de sanidad acompañados de la provisión divina. Miles de personas han podido certificar el mensaje y ministerio del Dr. Hamon; pero pocos lo conocen de la manera en que yo lo conozco, pues he tenido la oportunidad de observar las "M" en su vida. Hoy su familia sirve como testimonio de su carácter. Él y su esposa Evelyn han estado casados más de 35 años, sus tres hijos también están casados y tienen un total de nueve nietos. Todos sus hijos, al igual que sus parejas, trabajan de tiempo completo con él en el ministerio. Este testimonio nos habla claramente, de la misma manera que lo hace su ministerio y sus mensajes poderosos.

Mi primer contacto con Bill y Evelyn Hamon fue en julio de 1962, cuando ellos participaron en mi boda con Donna, la hermana menor de Evelyn. La siguiente vez que vi al Dr. Hamon fue cuando él vino a enseñar en el Instituto Bíblico, donde estaba cursando mi último año. Él tenía solo treinta años de edad, pero su sabiduría, unción y habilidad para enseñar La Palabra y ministrar el Espíritu Santo a los estudiantes fueron de gran bendición. El conocimiento profético de la verdad bíblica acerca de la Iglesia y del propósito de Dios para esta era actual ha sido demostrado por el Dr. Hamon por un espacio de casi treinta años. En el transcurso del tiempo, este conocimiento ha sido probado como verdadero; estas son las mismas verdades que él enseña hoy, aunque con mayor iluminación y aplicación profética.

Después de la graduación, me trasladé a Denver, Colorado, y no nos volvimos a ver excepto en las reuniones familiares. Catorce años después, Dios me llamó por medio de dos visitas angelicales y me pidió que dejara el negocio de contratista y de decoración que ya había establecido, para cumplir mi llamado al ministerio. El Dr. Hamon me extendió una invitación para que trabajara con Christian International, y gustosamente acepté.

A través de muchos medios providenciales, uno de ellos la dificultad en vender nuestra casa que nos llevó un tiempo muy extenso, nuestras dos familias tuvieron que convivir en la misma casa por cinco años. El Dr. Bill, Evelyn y su familia no solo nos tenían a mí, a mi esposa y a nuestras tres hijas viviendo con ellos, sino también a su suegra y, por un tiempo, a dos jóvenes. ¡En una ocasión, estuvimos viviendo hasta trece personas en la misma casa!

Así que, como usted puede ver, he tenido una oportunidad amplia de observar la vida personal del Dr. Hamon desde una perspectiva íntima. Puedo con toda honestidad decir que, en esos cinco años de convivencia, no tuvimos discusiones entre nuestras familias, y Bill y Evelyn siempre nos hicieron sentir que su hogar era nuestro hogar. Esta situación providencial fue sin duda parte del proceso de Dios para desarrollar la gracia y la sabiduría que el Dr. Hamon necesitaría para convertirse en un profeta apostólico, ya que estaría trabajando con una gran familia de profetas y ministros proféticos, a los cuales él tendría la responsabilidad de formar y supervisar.

Pero esta no fue de ninguna manera la parte más difícil del proceso de madurez de Dios para el Dr. Hamon. De hecho, Evelyn está haciendo planes para escribir un libro, contando en detalle las numerosas experiencias de su vida, las cuales ilustran los procesos por los que Dios lleva a un profeta, para que este desarrolle el carácter de Jesucristo: humildad, paciencia, misericordia, sabiduría y madurez. El Dr. Hamon podrá identificar otros tres períodos de su vida, cada etapa con una duración de tres años, las cuales él considera fueron las pruebas más grandes de su fe y el desarrollo de su masculinidad. En estas tres situaciones, aquellos que estaban en autoridad sobre él y aquellos que trabajaban con él *lo abandonaron*. Así como José y David, el Dr. Hamon sabe lo que es ser *favorecido por el padre* y ser *vendido a Egipto por sus hermanos*.

Bill Hamon comenzó a pastorear cuando tenía diecinueve años y disfrutó de varios años de ministerio pastoral. Durante ese tiempo, se casó y tuvo dos hijos. Él y Evelyn habían comenzado un ministerio evangelístico, pero en 1961, en los últimos meses del tercer embarazo de su esposa, ella desarrolló complicaciones. Así que regresaron al Valle Yakima en el estado de Washington, donde él había pastoreado y donde vivía la familia de Evelyn. Allí Dios obró un milagro y les dio la victoria, al preservar la vida de la madre y de la bebé recién nacida.

Durante los siguientes tres años, el Dr. Hamon no tuvo ninguna oportunidad ministerial, y esto le dio la sensación de estar de vuelta en Egipto. Este tiempo fue también la época en que Dios requirió que él colocara la ambición más grande de su vida en el altar del sacrificio. El ministerio de tiempo completo era su Isaac, y Dios requería que lo dejara a un lado. Su esposa dice que durante este período tan difícil de su vida, él creció en gracia y sabiduría.

En 1964 el Dr. Hamon fue llamado para ejercer como maestro de tiempo completo en el Instituto Bíblico en San Antonio, Texas. Allí disfrutó de cinco años de ministerio fructífero, pero de repente y sin previo aviso, su ministerio terminó, y tuvo que volver al trabajo secular para mantener a su familia, mientras él desarrollaba el Instituto Bíblico por Correspondencia de Christian International.

Durante este período, al Dr. Hamon le parecía que estaba siguiendo los pasos de José: de ser gobernador de la prisión con Potifar a ser un prisionero. Para cualquiera que ha sido llamado al ministerio de tiempo completo y se ha desempeñado en esa actividad por años, el tener que desarrollar un trabajo secular es como estar en una prisión. Durante este tiempo, Dios llevó al Dr. Bill a través de un proceso de desarrollo de la gracia en el área del perdón. Él tuvo que perdonar completamente a aquellos que él sentía lo habían agraviado y alejado de lo que creía era la voluntad de Dios para su vida.

Esta experiencia comenzó en 1969 y llegó al clímax con un desafío aún mayor en 1973. Durante estos tres años, ocurrieron muchas cosas buenas: en 1967 el Dr. Hamon llevó a Christian International a un nivel más alto. Esta pasó de ser visión a ser una institución universitaria establecida con varios cursos escritos por él y otras personas. En 1970 fueron inauguradas tres universidades a distancia, una en Topeka, Kansas; una en San Antonio, Texas y otra en Mindanao, Filipinas. En 1973 una universidad nacional le concedió a Bill Hamon un Doctorado Honorario en reconocimiento al trabajo sobresaliente por crear Christian International como un ministerio mundial para el Cuerpo de Cristo. A pesar de todas las cosas positivas que estaban ocurriendo, el Dr. Hamon no entendía mucho acerca de la estructura empresarial de la institución, y debido a la presión financiera, el presidente del consejo administrativo de la universidad decidió cerrarla. Como resultado, la universidad fue trasladada del quinto piso de un edificio en el centro de la ciudad al garaje de Bill.

El Dr. Hamon de pronto se encontró en una posición difícil: era un hombre casado de treinta y ocho años con tres adolescentes y sin ninguna fuente de ingreso, nada de dinero en el banco y nadie a quien recurrir, sino a su Señor. Bill ya había arreglado un itinerario con muchos pastores en el noreste y noroeste de los Estados Unidos para establecer las universidades a distancia de Christian International en sus iglesias; ahora se encontraba sin dinero, con una aparente fallecida universidad en su garaje y sin ninguna garantía de que pudiera ser reactivada, todos los empleados habían sido despedidos, a excepción de una secretaria que se había ofrecido a trabajar sin salario.

En esta situación, el Dr. Hamon tomó un valiente paso de fe y decidió, como los cuatro leprosos en 2 de Reyes 7, levantarse en medio de su situación desesperada y *hacer algo*.

La pequeña iglesia a la que el Dr. Hamon asistía en San Antonio, Texas —donde en ese tiempo tenían la oficina central de CI— recogió una ofrenda de doscientos dólares para él. En esa época, una compañía nacional de autobuses ofrecía sesenta días de viaje ilimitado por ciento cuarenta y nueve dólares, lo que hizo posible que durante las siguientes seis semanas, el Dr. Hamon viajara más de trece mil kilómetros en autobús. Él puso en marcha universidades a distancia en iglesias en Columbia Británica, Canadá, Washington, Oregón y California. En este viaje, el Dr. Hamon experimentó un mover soberano de Dios en su vida el cuál es descrito en el capítulo 6 de este libro. Dios lo bendijo con una de las más grandes intervenciones espirituales en la época más difícil de su vida.

El Dr. Hamon regresó a su casa en San Antonio por una noche e inmediatamente dio inicio a otras tres semanas de viaje en autobús por Illinois, Ohio, Connecticut, Nueva York, Georgia y luego de regreso a Texas. Después de este comienzo humilde viajando en autobús, Dios le dio la oportunidad de usar el transporte aéreo. Bill y Evelyn ahora han viajado en avión más de un millón y medio de kilómetros representando a Christian International y ministrando como ministros proféticos de Dios.

Yo asumí la responsabilidad de la administración de la universidad, mientras el Dr. Hamon viajaba y terminaba de escribir su primer libro, *La Iglesia Eterna*. Desde 1979 hasta 1982, él obtuvo los triunfos más grandes, pero también las mayores tragedias; los mayores logros de ese tiempo y los fracasos más devastadores; el mayor crecimiento de su familia y las perdidas más desconsoladoras, además de los tratos de Dios en su vida.

Los hijos del Dr. Hamon se casaron en los años 79, 80 y 81, y por medio del matrimonio, se añadieron tres hijos maravillosos a la familia. Un cheque por cincuenta mil dólares le llegó al ministerio y le permitió a CI hacer su primer pago para el terreno y los edificios que ellos desesperadamente necesitaban, y así construir las oficinas nuevas en Phoenix, Arizona.

Un año después, sin embargo, toda la propiedad se perdió. Fue el golpe más devastador que Bill haya experimentado, no solo afectó su fe, sino también su habilidad administrativa, autoestima y aun su capacidad de liderar un ministerio. Durante este tiempo, él continuó viajando, siguió escribiendo el libro y ministrando en la Escuela del Espíritu Santo que él había comenzado.

En aquellos días, aunque algunas veces lo vi completamente desanimado, sintiéndose sin fuerzas y sin ningún valor, no obstante, él iba a los cultos en la iglesia y profetizaba con una gran unción por horas a otros, bendiciéndolos con la mente de Cristo. Luego regresaba a casa a enfrentar los mismos desafíos de fe.

Probablemente la única palabra que mejor ilustra la vida de este hombre es la perseverancia contra todas las posibilidades y atreviéndose a hacer lo que Abraham hizo: *"Contra toda esperanza, Abraham creyó y esperó, y de este modo llegó a ser padre de muchas naciones..."* (Romanos 4:18). Hubo años cuando parecía que todas las profecías que el Dr. Hamon había recibido de otros no llegarían a cumplirse. Él se había sostenido con ciertas profecías, por ejemplo, aquellas que habían declarado que Dios supliría su necesidad, la cuál era pagar los cuarenta mil dólares para salvar la propiedad. Pero el dinero nunca llegó, y la propiedad se perdió.

Le oí decir varias veces durante esa prueba de fe, que si no hubiera sido por el hecho que él sabía, sin lugar a duda, que era un profeta y que la profecía personal era un ministerio verdadero, habría echado todo a un lado. La única respuesta que Dios le había dado acerca de la pérdida de la propiedad fue esta: *"Este fue el precio que estuve dispuesto a pagar por ti para que obtuvieras la sabiduría y la madurez que quería que tuvieras; porque puedo darte edificios y terrenos en un instante, pero no puedo cultivar la sabiduría y la madurez en ti sin llevarte a través de ciertos procesos".*

Dios también le mostró al Dr. Hamon cómo las profecías acerca de su gran necesidad ciertamente se habían cumplido, pero no en la forma como él lo había anticipado. Como un agricultor en el huerto del ministerio profético, su vida ilustra el principio divino que dice que el agricultor debe ser uno de los primeros que saborean del fruto y las frustraciones del ministerio profético.

También vi al Dr. Bill tomar el gran desafío que él sentía del Señor de trasladar el ministerio de Arizona a la Florida. Él había iniciado su primera mudanza a través de dos mil kilómetros de desierto desde San Antonio hasta Arizona en diciembre de 1976, pero el traslado de casi tres mil kilómetros desde Arizona hasta la Florida cayó sobre mí para llevarla a cabo en 1984. Esta mudanza era necesaria para cumplir los propósitos providenciales de Dios, aunque en ese entonces, no estábamos conscientes de esto.

En las iglesias desde la Florida hasta Canadá, el Dr. Hamon había predicado y profetizado que, en los próximos años, el siguiente movimiento de Dios comenzaría en la costa del este de los Estados Unidos. Cuando él estableció la Escuela del Espíritu Santo, el Señor le dijo que vendría el tiempo cuando un mover soberano de Dios tomaría lugar en una de sus reuniones proféticas. Bill no entendía cómo el mover de Dios en una reunión podría ser parte del movimiento que comenzaría en el este, porque él estaba llevando a cabo sus reuniones en el oeste del Mississippi (el capítulo 7 revela cómo esto sucedió). No obstante, el Dr. Hamon había dicho: "*Dios siempre ha cumplido las profecías personales que han sido declaradas sobre mí, pero nunca en la forma, o en el tiempo, o en el lugar o con las personas que primero asumí las llevaría a cabo*".

El Dr. Hamon comenzó seminarios de profetas y del Espíritu Santo en las oficinas centrales de CI, en la Península de la Florida. Actualmente lleva a cabo nueve seminarios de la Red de Ministerios Proféticos de Christian International (CI-NPM, por sus siglas en inglés) en nuestra base de operaciones cada año. Él ahora permanece más tiempo en casa que viajando. Dios ha estado cumpliendo la palabra profética que le fue declarada en 1979, "*te colocaré en un terreno... ellos vendrán a ti, y tu no tendrás que ir a ellos*", pero esta profecía es solo una de las centenares que han sido declaradas sobre el Dr. Hamon y CI-NPM acerca de todo lo que nosotros ahora estamos haciendo y mucho más de lo que aún falta por cumplirse.

El Dr. Hamon fue pronunciado obispo sobre CI-NPM en 1989, por lo tanto como miembro de la Junta de Gobernadores de CI-NPM, él se convirtió en mi obispo. Centenares de profetas y ministros proféticos están siendo entrenados por el obispo Hamon y el personal de CI-NPM. Estoy agradecido por la forma cómo Dios ha activado mi propio ministerio espiritual y cómo me ha lanzado como un ministro profético fundamental. El manto para profetizar sobre muchas personas a la misma vez, que ha sido depositado en el obispo Hamon por todos estos años, fluye a través de mí de la misma manera.

El ministerio es real, pero es maravilloso saber que este hombre —de quien soy cuñado y colaborador— también es real. La Palabra de Dios declara que uno conoce a los ministros verdaderos o falsos por el fruto de sus vidas, más que por las manifestaciones de su ministerio espiritual. En el mundo de los negocios, teníamos un dicho que comunicaba la misma idea: *"Puedes conocer a un hombre bajo presión, pues mostrará verdaderamente lo que es"*.

He visto al obispo Bill Hamon muchas veces bajo gran presión, y aun así él ha permanecido accesible, razonable y dispuesto a recibir instrucción y orientación por parte de sus compañeros y de los que están bajo su autoridad. Aquellos que trabajan con él tratan de imitar este mismo espíritu de sabiduría y fe que obra con amor. Es un gozo saber que el ministro que ha sido llamado a ser mi supervisor —obispo— es más que un profeta: él es mi amigo, mi hermano y un verdadero siervo de Dios.

LEON WALTERS

MOTIVACIÓN Y PROPÓSITO

La respuesta al primer libro de esta serie, *Los Profetas y La Profecía Personal:* La Voz Profética de Dios Hoy, ha sido abrumadora y profundamente gratificante. Ahora en su quinta publicación de este primer libro, se han distribuido más de 40.000 copias en un poco más de dos años. Evidentemente, los cristianos alrededor del mundo tienen un deseo grande de conocer el ministerio profético y de experimentarlo personalmente.

El propósito del primer libro era el de proveer a los creyentes de pautas acerca de cómo recibir, entender y cumplir la profecía personal. Cada vez más cristianos, en situaciones variadas, han recibido palabras de Dios para sus vidas, pero usualmente han tenido poca o ninguna enseñanza de cómo manejar esas palabras. Por consiguiente, el primer tomo ha tratado de proveer instrucción sobre esta área. El libro cubre temas, tales como: los propósitos de Dios para los profetas; la naturaleza de la profecía personal; los cinco canales del ministerio profético; las bases bíblicas de la profecía; la terminología profética; la respuesta correcta hacia la profecía personal; y los impedimentos para el cumplimiento de la profecía personal.

Una gran parte del libro fue dedicada a mencionar muchos ejemplos de profecías que se han cumplido, y de las que yo he sido testigo en casi cuarenta años de experiencia en el ministerio profético. Estos ejemplos han tratado con palabras proféticas sobre sanidad divina, ministerios, dones y llamados; romances y matrimonios; proyectos comerciales y prosperidad financiera; embarazos, nacimientos y bebés, mudanzas, otras decisiones importantes y situaciones de vida o muerte.

Mi deseo al escribir el primer y segundo tomo en esta serie no fue el de presentar una disertación teológica larga y detallada para probar la validez de los profetas en la Iglesia hoy. Esta enseñanza se dará en otros tomos, cuando haya una necesidad mayor de responder a los críticos que se levantarán para oponerse a la restauración de los profetas y los apóstoles.

En vez de tratar de convencer a los que refutan la veracidad de los profetas, a los escépticos y a los incrédulos, les he escrito a aquellos que creen que los apóstoles y **profetas** existen en la Iglesia de hoy. Mi motivación al escribir este tomo es semejante a la del apóstol Juan cuando escribió su primera epístola a los creyentes y los participantes en el "Movimiento de la Iglesia Neotestamentaria", del cual Jesucristo es fundador y cabeza. Juan dijo: *"Les escribo estas cosas a ustedes que creen en el nombre del Hijo de Dios, para que sepan que tienen vida eterna"* (1 Juan 5:13). Estas cosas acerca de los profetas son escritas para que crea y sepa que está siendo partícipe de algo que es verdaderamente de Dios, a fin de que pueda continuar creyendo que Jesucristo está totalmente involucrado en la restauración, el reconocimiento y la activación de sus profetas en la Iglesia.

En este tomo, tengo la oportunidad de demostrar en forma detallada, por medio de pruebas bíblicas y de principios históricos, lo que llamaría **"el Movimiento Profético de Restauración"**, el cual está tomando lugar ahora y continuará difundiéndose por toda la Iglesia y el mundo. Este movimiento nació en la década de los 80 y continuará creciendo hasta alcanzar su completa madurez y manifestación en los 90. Aquellos que han experimentado el ministerio profético en cualquiera de sus formas necesitan más que las normas dadas en el primer tomo, también se necesita el conocimiento que nos ayudará a ubicar a todo el Movimiento Profético en el contexto más amplio de los planes eternos de Dios para la Iglesia.

Este libro tiene dos propósitos. En primer lugar, trata de **establecer la realidad y el alcance del movimiento profético.** En segundo lugar, **trata de ayudar a todos los que están participando en este movimiento,** para entender su historia, para aprovechar todos los beneficios de las verdades y las experiencias espirituales que son parte del movimiento, para recibir pautas y sabiduría que puedan mantener lo que han recibido con integridad y balance, pero al mismo tiempo, sin perder el poder y el propósito de Dios para este movimiento de restauración del Espíritu Santo.

Mi intención al escribir también podría ser comparada con la descripción de Lucas al dar la razón por la cuál él le escribe a Teófilo la historia de "El Movimiento de Jesús, el Mesías". Lucas escribió:

Muchos han intentado hacer un relato de las cosas que se han cumplido entre nosotros, tal y como nos las transmitieron los que desde el principio fueron testigos presenciales y servidores de la palabra. Por lo tanto, yo también, excelentísimo Teófilo, habiendo investigado todo esto con esmero desde su origen, he decidido escribírtelo ordenadamente, para que llegues a tener plena seguridad de lo que te enseñaron (Lucas 1:1-4).

Al comparar mi motivación al escribir este libro con la de Lucas, de ninguna manera estoy tratando de reclamar el mismo nivel de inspiración como el de los escritores del Nuevo Testamento. Estoy simplemente procurando demostrar un ejemplo de la motivación bíblica correcta, al escribir y registrar lo que Dios ha hecho. Solo un profeta falso creería o proclamaría que lo que él habla o escribe es equivalente en inspiración y autoridad a La Biblia.

Mi propósito al haber emprendido la tarea de "poner en orden las cosas que se han llevado a cabo entre nosotros" en este Movimiento Profético es asegurarnos de que todos los que lean puedan entender cómo este movimiento comenzó y cómo se relaciona con el propósito global de Dios. "Después de haber investigado con diligencia todas las cosas, me ha parecido también escribir un relato ordenado" acerca del advenimiento de la compañía de profetas de los últimos días durante este Movimiento Profético.

Los libros posteriores a esta serie enfocarán la atención en el entrenamiento del ministerio y la vida personal del ministro profético; otros presentarán una defensa bíblica para los escépticos que dudan de la validez del profeta moderno, la profecía personal y el Movimiento Profético. Mientras tanto, mi oración es que este tomo llene la necesidad de aquellos que desean entender los propósitos de Dios en el Movimiento Profético de restauración de hoy.

I

LA IMPORTANCIA DE ENTENDER EL MOVIMIENTO PROFÉTICO

"**¿Dónde están los Profetas?**". En todos los medios cristianos, oímos esta pregunta. No solo en las iglesias carismáticas y pentecostales, sino aun en las denominaciones antiguas y "tradicionales", donde los cristianos han estado experimentando el ministerio profético. Y están reconociendo a los ministros proféticos y preguntándose en qué dirección está el Espíritu Santo encaminándose en los años finales del siglo xx.

El plan restaurador de Dios. Creo que estamos en medio de un movimiento divino ordenado por Dios: **el Movimiento Profético**. Este movimiento ha sido establecido sobre todas las verdades y experiencias espirituales que se han renovado durante los últimos quinientos años de restauración de la Iglesia. El Movimiento Profético, de hecho, es una extensión de los Movimientos Protestantes, de Santidad, Pentecostal y Carismático.

Cada uno de estos movimientos ha tenido como propósito primordial la restauración de algún aspecto particular de la Iglesia. El propósito principal del Movimiento Profético es el de restaurar el don de ascensión de Cristo como el **profeta** en el ministerio y la estructura de la Iglesia, como fue establecido originalmente.

Una oleada se acerca. Los participantes en el Movimiento Profético necesitan estar conscientes de que el movimiento en sí no es la meta, sino más bien el medio para llegar al objetivo final. No tengo duda de que este es un movimiento de restauración, inspirado por el Espíritu

Santo y predestinado por Dios para el cumplimiento final de su propósito en la Iglesia y el planeta Tierra. Pero este no es el último movimiento de restauración que se llevará a cabo dentro de la Iglesia. Creo que otro movimiento del Espíritu Santo vendrá para restaurar el oficio del apóstol a su debida posición y poder en el Cuerpo de Cristo. Luego otro movimiento vendrá después de este, y finalmente aparecerá el movimiento más poderoso de restauración que haya tomado lugar dentro de la Iglesia o historia universal. Este movimiento final será mayor que la acumulación de todos los movimientos de restauración en los últimos quinientos años. Traerá consigo el cumplimiento final de todas las profecías que han sido declaradas por todos los **profetas** de Dios, desde que el mundo comenzó. Aunque sabemos que en estos días el mundo será más corrompido y que el anticristo se levantará, aun así la Iglesia verdadera de Cristo será triunfante y victoriosa. El movimiento final no solo llevará a la Iglesia de Cristo, su Novia, a su completa madurez y estatura, sino que también continuará barriendo por todas las naciones del mundo como una ola gigantesca de treinta mil metros de altura. El resultado final será el regreso del Señor Jesucristo para establecer su Reino en la tierra.

Los santos toman el Reino. Entonces finalmente, "los reinos del mundo [vendrán] a ser de nuestro Señor y de su Cristo". En ese tiempo "el Dios del cielo establecerá un reino que nunca será destruido; ni será el reino dejado a otro pueblo; desmenuzará y consumirá a todos estos reinos, pero él permanecerá para siempre (...) hasta que vino el Anciano de días, y se dio el juicio a los santos del Altísimo; y llegó el tiempo, y los santos recibieron el reino (...) y que el reino, y el dominio y la majestad de los reinos debajo de todo el cielo, sea dado al pueblo de los santos del Altísimo, cuyo reino es reino eterno, y todos los dominios le servirán y obedecerán." "Y nos has hecho para nuestro Dios reyes y sacerdotes, y reinaremos sobre la tierra" (Apocalipsis 11:15; Daniel 2:44; 7:22, 27: Apocalipsis 5:10 RVR 1960).

Mientras tanto, si entendiéramos los planes de Dios y sus propósitos para nuestra generación, entenderíamos sus planes y propósitos para el Movimiento Profético.

Los profetas son restaurados. Cuando Cristo ascendió a lo alto, Él le dio cinco dones importantes a la Iglesia, y uno de ellos fue el de los profetas: *"Él mismo constituyó a unos, apóstoles; a otros, profetas; a otros, evangelistas; y a otros, pastores y maestros"* (Efesios 4:11). El Señor Jesús los dio, y Dios los estableció en la Iglesia: *"En la iglesia Dios ha puesto, en primer lugar, apóstoles; en segundo lugar, profetas..."* (1 Corintios 12:28).

El **Movimiento Profético** ha sido diseñado por el Espíritu Santo, para traer debido reconocimiento, restauración y activación de los **profetas** y el ministerio profético. La Iglesia desesperadamente necesita una mayor claridad acerca del oficio del **profeta**. Ella necesita conocer la unción, la autoridad, el llamado, el ministerio y el propósito del **profeta**; cómo el **profeta** se relaciona con los otros cuatro ministerios; y cómo podemos responder en forma apropiada y con una actitud correcta a los **profetas** de Dios.

Todos necesitan participar. Todo cristiano necesita creer y conocer la dimensión del ministerio profético no solo los pocos que han sido llamados a ser **profetas**. **Todos** los creyentes tienen un papel que jugar. Todos en la Iglesia han sido llamados a aprovechar la oportunidad de participar en uno de estos tres grupos: (1) aquellos que han sido llamados a ser **profetas**; (2) aquellos ministros que no han sido llamados a ser **profetas**, pero aun así han sido llamados a ser ministros proféticos; y (3) todos aquellos creyentes que han sido llamados a fluir en los dones sobrenaturales del Espíritu Santo, para convertirse en el pueblo profético de Dios. El **Movimiento Profético** incluye todos los niveles de lo profético: los **profetas**, los ministros proféticos, el pueblo profético, la profecía personal, el presbiterio profético, los dones del Espíritu Santo, adoración profética, el canto profético, así como también la alabanza expresiva con señas, la danza con pompa, las numerosas formas de adorar a Dios en las artes y el drama (Efesios 4:11; 1 Corintios 12:7-11; Hechos 2:3-4).

El Movimiento Profético: el potencial más grande para beneficiar o perjudicar. Cada movimiento, desde el comienzo del gran período de restauración que se inició en el año 1500 d.c., ha acogido una fuerza mayor, trayendo consigo el gran potencial para salvar o autodestruir. El proceso es como la invención progresiva de las armas de guerra: de fusiles de pólvora y rifles de un solo tiro a escopetas de tiros múltiples y armas de asalto automáticas; de la dinamita y nitroglicerina a las bombas atómicas de hidrógeno y las armas espaciales de hoy.

Si el poder atómico y el rayo láser cayeran en las manos de terroristas que no tienen principios, y que son egocéntricos, ellos no vacilarían y no tendrían ningún escrúpulo al usar este poder para destruir muchas vidas y así fomentar sus fines egoístas. Ellos usarían estas armas para intimidar, manipular y controlar al pueblo y así construir su reino dictatorial.

El ministerio de los profetas y la profecía actúan casi de la misma forma. Estos son la última y más poderosa fuerza y arma espiritual revelada en la Iglesia, la cual tiene el mayor potencial de bendecir o destruir que cualquier otro movimiento de restauración durante los últimos quinientos años. Los **profetas** y la profecía tienen un gran poder para influenciar y afectar las vidas de las personas. Si el **profeta** no tiene un espíritu y una motivación correcta, el carácter de Cristo y los principios bíblicos, él o ella tendrán el potencial de controlar y manipular a las personas con conocimiento sobrenatural, visiones, revelación y milagros. Pero si un **profeta** tiene el espíritu y la motivación apropiada, entonces tiene el gran poder de influenciar al pueblo de Dios hacia la unidad, obediencia, humildad y carácter de Cristo.

Los profetas y el ministerio profético pueden traer vida o muerte, bendición o desintegración. Así como el poder atómico o el poder del láser, lo profético puede ser usado para el bien o para el mal. La energía atómica puede generar energía y dar calefacción a toda una ciudad o puede ser usada como una bomba y destruir a una ciudad entera. El poder del láser usado en la cantidad y proporción correcta puede realizar la clase de cirugía que traerá sanidad o puede ser usado como un arma para destruir. El átomo y el láser en sí mismos no son ni buenos ni malos, son las personas que tienen estas fuerzas bajo su control las que determinan el resultado final de su uso.

Aunque **los profetas y el ministerio profético son de Dios** y en sí buenos, aun así los **profetas** falsos, los ministros con la motivación errada, o santos inmaduros que comienzan a usar el ministerio profético incorrectamente, pueden causar gran destrucción en las vidas de muchas personas. Por esta razón, se necesitan las Escuelas del Espíritu Santo, llevadas a cabo a nivel nacional y en cada iglesia local, especialmente entre aquellos que planean participar en la propagación de lo profético.

De todos los cinco ministerios, creo que los **profetas** necesitan el mayor entrenamiento posible para así desarrollar sabiduría y seguir las prácticas correctas al ejercer su ministerio. Por esa razón, este tomo va seguido inmediatamente por el tercer tomo, *Los Profetas, Peligros y Principios*, que cubre los peligros personales que hay que evitar y las pautas para seguir, los principios apropiados y las prácticas que desesperadamente se necesitan para ejercer el ministerio profético verdadero. Los **profetas** deben tener conocimiento de los muchos peligros que deben evitar. No es suficiente llenar de gas un automóvil y arrancar; el conductor debe tener las instrucciones de a dónde ir y un mapa de la ruta si quiere usar el vehículo correctamente y alcanzar el destino deseado.

Crea y reciba a los profetas verdaderos de Dios. Crea en Dios y sea establecido en la verdad presente. Crea y reciba a los **profetas** de Dios y será prosperado y se convertirá en un amigo de Dios. Nuestro padre Abraham fue un **profeta**, y él era amigo de Dios (2 Pedro 1:12; Génesis 20:7; Santiago 2:23).

Aquellos que favorecen a los **profetas** verdaderos del Seños, encontrarán el favor de Dios en sus vidas. Él ha establecido a los **profetas** en el Cuerpo, para que estén activos a lo largo de la era de la Iglesia. Ellos no han sido reducidos en la dispensación ni son parte de una base que no funciona, al contrario son un elemento importante de todo lo que Dios ha hecho y hará en su plan eterno para la humanidad (1 Corintios 12:28; 2 Crónicas 20:20, Mateo 10:41; Lucas 11:45-52).

Dios ama a sus profetas verdaderos. Dios demuestra un orgullo e interés especial en sus **profetas**. Es el único ministerio del cual Él hace esta enfática declaración: "*¡No toquen a mis ungidos! ¡No maltraten a mis profetas!*" (1 Crónicas 16:22).

Dios es muy sensible acerca de sus **profetas**. Tocar a uno de ellos es tocar la niña de sus ojos. Ellos son los "videntes" del Cuerpo de Cristo. Rechazar el don de Cristo a su Iglesia como **profeta** es rechazar a Jesucristo. Fallar en reconocer a los **profetas**, o no permitirles hablar, es negarle a Dios el permiso de hablar y ministrar en esta capacidad.

Jesús se relaciona y se identifica con el **profeta** (Apocalipsis 12:10). Él era la manifestación plena de todos los cinco ministros incluido el **profeta,** en el cuerpo humano (Colosenses 2:9). Aunque Él era el Buen Pastor, nunca tuvo la oportunidad de ser pastor de una Iglesia, según lo entendemos hoy; su labor era solo discipular a los doce que viajaban con Él. Sin embargo, continuamente manifestaba el ministerio del **profeta** (Mateo 21:11; Juan 4:19).

En su ministerio terrenal, **Jesús era un profeta.** Él ha continuado este ministerio, dándole al **profeta** parte de su manto a los hombres y mujeres. Jesús todavía vive y está funcionando en su Iglesia como **profeta**. Él anhela comunicarse con su pueblo y hablarles directamente.

Jesús se alegra al ver la restauración de sus **profetas**. Él sabe que la gran compañía de **profetas** que se está levantando preparará el camino para la segunda venida así como el profeta Juan el Bautista preparó el camino para la primera (Isaías 40:3; Lucas 1:17).

El Logos tiene una autoridad única. Por supuesto, he afirmado enfáticamente que el Espíritu Santo inspiró a los creyentes a escribir, y más tarde dirigió a otros a que canonizaran los sesenta y seis libros que forman el Antiguo y Nuevo Testamento. Estos son llamados Escrituras o el **Logos**, La Palabra de Dios. Todas estas escrituras fueron dadas por la inspiración de Dios y son útiles para enseñar, para redargüir, para corregir y para instruir en justicia, a fin de que el hombre de Dios sea perfecto, enteramente preparado para toda buena obra (ver 2 Timoteo 3:16-17).

Las Sagradas Escrituras son completas; ningún documento escrito posteriormente u otras profecías han de ser añadidas o han de ser iguales a Las Escrituras del Logos. Jesús y el Espíritu Santo son inseparablemente únicos. Es así como Él nunca hablará en contra de lo que está escrito en el Logos por la inspiración del Espíritu Santo (1 Juan 5:7; 2 Pedro 1:21).

Jesús todavía quiere testificar en medio de su Iglesia. Él hace esto a través del espíritu de profecía: "… *porque el testimonio de Jesús es el espíritu que inspira la profecía*" (Apocalipsis 19:10). La obra del Espíritu Santo no ha reemplazado el ministerio personal de Jesús, al declarar una palabra personal, viva, actual y específica del rhema a su Iglesia a través de sus profetas y el ministerio profético.

Colaboradores con Cristo. Jesús ardientemente desea la restauración total de sus profetas y el ministerio profético, puesto que les da oportunidades mayores para expresarse plena y específicamente a su Iglesia y al mundo. Todo lo que el cielo ofrece es la colaboración con Cristo, para llevar a sus **profetas** al reconocimiento, la posición y el ministerio dentro de la Iglesia y el mundo.

Usted y yo también tenemos la oportunidad de colaborar con Cristo para cumplir su deseo (Marcos 16:20; 1 Corintios 3:9; 1 Samuel 14:45; 2 Corintios 6:1; Romanos 8:17). O podemos convertirnos en un obstáculo para su voluntad y para sus **profetas**. Tenemos la decisión de participar o perseguir, de compartir o de ignorar lo que Cristo está haciendo. Mi casa y yo hemos escogido aceptar la restauración de los **profetas** de Dios, convertirnos en **ministros proféticos** y ayudar a los miembros de la **Iglesia de Cristo** a convertirse en el **pueblo profético de Dios**.

2

LA NATURALEZA DEL MOVIMIENTO DE RESTAURACIÓN

El Espíritu Santo está activando hoy un movimiento de restauración en la Iglesia colectiva de Jesucristo. El propósito de este movimiento es el de **restaurar** el ministerio del don de ascensión de Cristo como **profeta**. Restaurar significa reactivar y restablecer algo a su estado y propósito original.

Los apóstoles y profetas son fundamentales. Dios estableció a los profetas en la Iglesia cuando esta fue originalmente establecida. La Iglesia es un edificio espiritual, de la cual Cristo es la piedra angular (1 Pedro 2:4-6), y el ministerio de los apóstoles y profetas son las piedras fundamentales de este edificio (Efesios 2:20). Dios ha establecido a los apóstoles y profetas en la Iglesia. En el libro de los Hechos, ellos eran los ministros más prominentes, que tuvieron un desempeño poderoso y un propósito claro. Ellos fueron ordenados por Dios para continuar su función, mientras la Iglesia mortal está activa en el planeta Tierra. Jesús dio profetas a la Iglesia, y en ningún lugar de La Biblia se registra que Dios tiene planes de revocar o cancelar su misión. Jesucristo es el mismo ayer, hoy y por los siglos (Hebreos 13:8).

Por qué algunos han negado a los apóstoles y profetas. Así que, si Dios no ha cambiado nada, entonces ¿por qué los profetas necesitan ser restaurados? Porque los líderes religiosos y maestros falsos suprimieron la verdad y pervirtieron las prácticas sobrenaturales, a tal grado que el Cuerpo de Cristo se desencaminó del patrón, los principios y las prácticas de la Iglesia del primer siglo. Para el quinto siglo, la Iglesia de Jesús se había desviado y había descendido al período de mil años, que los historiadores llaman "La Edad del Oscurantismo".

Razones por las cuales algunos niegan. Probablemente nunca sabremos todas las razones de por qué tantos maestros cristianos, a través de los siglos, negaron que los apóstoles y profetas todavía funcionan en la Iglesia. Algunos cristianos basan sus argumentos de la veracidad de La Escritura en sus orígenes apostólicos; esto es, decían que podemos confiar en la autoridad del Nuevo Testamento, porque cada libro había sido escrito por un apóstol o con la aprobación de un apóstol. Para estos cristianos, hablar de los apóstoles modernos es el equivalente a decir que ciertas personas hoy podrían escribir nuevas escrituras con la misma autoridad con la que lo hicieron los escritores del Nuevo Testamento. Ellos, consecuentemente, rechazaron la noción de que existen los apóstoles en la Iglesia de hoy y, por razones similares, de que existan profetas modernos.

Por supuesto, cada participante responsable en el Movimiento Profético insistirá en que las personas que fueron inspiradas a escribir Las Escrituras tenían autoridad única, y que las palabras de los profetas y apóstoles contemporáneos no están al mismo nivel de Las Escrituras. Decir que alguien es un apóstol o un profeta no es decir que sus declaraciones tienen un orden divino y, por lo tanto, son infalibles. Es más bien el reconocimiento de que Dios todavía tiene una obra apostólica y profética que hacer en la Iglesia de hoy y en el mundo, lo cual solo puede ser desempeñado por el oficio del apóstol y el profeta, descritos bíblicamente. El malentendido está en la definición de estos dos papeles.

El rechazo es el resultado de una reacción, en vez de la realidad bíblica. Quizá, otra razón por la cual algunos cristianos han negado la existencia de los profetas y apóstoles modernos ha sido porque estos títulos a veces eran usados por personas cuya autoridad ellos rechazan. Los protestantes en particular se inquietaron con los reclamos de la iglesia católica, de que el Papa era un apóstol moderno que había recibido su autoridad única por "la sucesión apostólica"; esto es, que el apóstol Pedro les había delegado su autoridad a sus sucesores, por medio de una cadena ininterrumpida de obispos romanos, através de las generaciones. Su reacción no solo era la de negar la existencia de una sucesión apostólica, sino también negar del todo la existencia misma de cualquiera de los apóstoles, después de la primera generación de la Iglesia.

Otros han reaccionado al hecho de que el título "profeta" a lo largo de la historia ha sido apropiado para un número de líderes herejes y no cristianos, incluido Mahoma, el fundador del Islam. Quizá el más famoso personaje que se autoproclamó como "profeta" en América fue Joseph Smith, quien estableció la secta de los mormones. Las actividades de Smith y las de otros muy bien pudieron haber provocado la reacción de los dispensacionalistas en 1800, que negaba enfáticamente que los apóstoles, profetas o aun los dones sobrenaturales del Espíritu pudieran ser activados en la Iglesia de hoy.

Las iglesias dispensacionalistas, típicamente, han enseñado que los dones cesaron con la Iglesia Primitiva. Ellos dicen que los apóstoles y profetas fueron usados para establecer el fundamento en la era de la Iglesia, y que estos dos oficios se convirtieron en un solo ministerio el cual cimentó el fundamento, de tal manera que no había necesidad de que continuara. Los cristianos de hoy han sido influenciados especialmente por la enseñanza de la dispensación, y la Iglesia del Señor tiene una necesidad urgente de instrucción bíblica, que restaure a los profetas y a apóstoles a su posición, poder y propósito original que Dios ha ordenado para ellos en su Iglesia.

"El Movimiento de Restauración", definición. La frase, el **movimiento de restauración**, es usada por los historiadores de la Iglesia y los teólogos, para describir el tiempo cuando el Espíritu Santo obra soberanamente en la Iglesia, restaurando una verdad bíblica o ministerio, a su orden y función apropiada. El **Movimiento Profético** es el tiempo de Dios, para que Cristo restaure su don de ascensión de

profeta a su Iglesia, que son parte de los "tiempos de restauración" profetizados por Pedro en Hechos 3:21. El Espíritu Santo ha sido comisionado para activar y propagar el ministerio profético dentro de la Iglesia. El Movimiento Profético es un movimiento ordenado por Dios, así como otros movimientos que han tomado lugar dentro de la Iglesia en los últimos quinientos años.

El libro de los Hechos es el patrón para la Era de la Iglesia Neo-testamentaria. Todas las verdades, los ministerios, las doctrinas y las manifestaciones sobrenaturales que existieron en la Iglesia Primitiva y que están descritas en el libro de los Hechos debieron haber continuado a través de la Era de la Iglesia. Este era el Nuevo Pacto que Dios había hecho con la Iglesia igual que el pacto de la circuncisión que había hecho con Abraham.

La Ley y el Tabernáculo dieron a conocer el Pacto de Dios para así poder tener una relación correcta con Él; desde el tiempo de Moisés en el Monte Sinaí hasta el tiempo de Jesús en la cruz. La muerte y resurrección de Jesús consumaron la Ley y el Pacto Antiguo, dando paso al Nuevo Pacto, el cual La Biblia identifica como el Nuevo Testamento. Los profetas y el ministerio profético recibieron una posición y un ministerio permanente dentro de la Iglesia Neotestamentaria (Génesis 17:10; Éxodo 20:1-26; Lucas 22:20).

Definición de las dispensaciones. Una explicación de la noción de "los tiempos" podría ser de ayuda aquí. Los teólogos han dividido la existencia del ser humano en la tierra, en épocas diferentes, llamadas "dispensaciones", "pactos" o "edades". Estas palabras normalmente son sinónimas.

Una **dispensación** es un período, en el cual Dios se relaciona con la humanidad de acuerdo a un conjunto de reglas y principios divinos, que deben ser seguidos por la raza humana, para que pueda tener comunión con Dios y llevar a cabo su voluntad. El plan y propósito de Dios para esta generación fue establecido a principios de la dispensación y continúa siendo la voluntad y dirección de Dios para la humanidad, hasta que Él cambie ese patrón, en otra dispensación, pacto o era.

Estas son las designaciones más aceptadas comúnmente por las diversas dispensaciones, pactos, edades o períodos:

DISPENSACIÓN	PACTO	PERÍODO (Aproximado)
Inocencia	Edén	Desde la creación hasta la caída del género humano (el Pasado Eterno)
Conciencia	Adán	Desde la caída del género humano hasta el Diluvio (1500 años)
Gobierno humano	Noé	Desde el Diluvio hasta el llamado de Abraham (500 años)
Ley	Moisés	Desde el Monte Sinaí hasta la venida de Cristo como el Mesías (1500 años)
Gracia	Iglesia	Desde Pentecostés hasta la segunda venida de Cristo (2000 años)
Milenio	El Reino	Desde el comienzo del Milenio hasta su final (1000 años)
Universal	Eternidad	Desde el final del Milenio hasta la Eternidad (Eternidad Futura)

Dentro de cada uno de estas edades, hay períodos más cortos que son conocidos como tiempos, épocas, años y tiempos finales, así como también las épocas de avivamiento y los movimientos de restauración. La Edad de la Iglesia incluye: los primeros días de la

Iglesia; la gran apostasía y el Oscurantismo; los tiempos del movimiento de restauración; los últimos días y los tiempos finales. Este libro se ocupará primordialmente de los tiempos del movimiento de restauración.

Cuatro movimientos principales. Los historiadores de la Iglesia reconocen el año 1517 como el comienzo del período oficial de restauración de la Iglesia. Han existido cuatro movimientos principales desde ese tiempo: el Protestante, el de Santidad, el Pentecostal y el Carismático. El Movimiento de Santidad realmente cubre un período de trescientos años e incluye tres verdades y varias prácticas cristianas que fueron restauradas. La Renovación Carismática ha incluido tres verdades distintas que fueron restauradas por los diferentes movimientos de la renovación. Si clasificamos en categorías estos movimientos individuales según el siglo y la década particular cuando cada verdad y cada ministerio fueron restaurados, esto sería de la siguiente manera:

AÑO	MOVIMIENTO DE RESTAURACIÓN	VERDAD MAYOR RESTAURADA
1500	Movimiento Protestante	Salvación por gracia por medio de la fe (Ef. 2:8-9).
1600	Movimiento Puritano	Bautismo en agua. Separación de la Iglesia y Estado.
1700	Movimiento Santidad	Santificación, Iglesia separada del mundo.
1800	Movimiento Sanidad Divina	Sanidad divina para el Cuerpo.

1900	Movimiento Pentecostal	Bautismo en el Espíritu Santo y el hablar en lenguas.
1950	Movimiento de la Lluvia Tardía	Presbiterio profético, alabanza y adoración.
1960	Movimiento Carismático	Renovación de toda la verdad restaurada.
1970	Movimiento de la Prosperidad	Confesiones de fe, prosperidad.
1980	Movimiento Profético	Profetas y los dones del Espíritu Santo.

3

LA PREPARACIÓN PROVIDENCIAL DE DIOS Y LOS PRINCIPIOS DE RESTAURACIÓN

Más de quinientos años de historia registrada acerca de la Iglesia y de los movimientos de restauración han provisto pruebas de los métodos consistentes que Dios el Padre usa. Él dirige al Espíritu Santo en el proceso de restauración de la pureza y madurez de la Iglesia de Cristo, al presentarla como la Novia preparada para Jesucristo, que es el Novio. Cuando Dios desea hacer algo nuevo, hace preparativos en ciertas áreas. Él prepara a un **pueblo**, un **producto** y un **lugar** para perpetuar su plan. El Señor Jesús entonces levanta a un hombre con un **mensaje** y un **ministerio**, lo cual produce un **movimiento** que cumple cabalmente su voluntad con la del Padre, por medio de diversos **métodos** y **maneras**.

Esto es evidente en la restauración de la tierra y la creación de la humanidad, al dar a luz a la nación de Israel, y con la llegada del Mesías para establecer la Iglesia. Por favor, tome nota de las palabras clave, **pueblo**, **lugares**, **productos**, **hombre**, **mensaje** y **métodos**.

La creación del planeta Tierra. En el pasado de la eternidad, cuando Dios estuvo listo para activar a la realidad su "... *eterno propósito realizado en Cristo Jesús nuestro Señor* " (Efesios 3:11), Él preparó un **lugar**, el planeta Tierra. Entonces creó a Adán y a Eva para dar a luz a su **pueblo**. El **producto** que debió ser usado para preservar, propagar y mantener su plan eran todas las criaturas de la tierra, los elementos y la atmósfera (Génesis 1:1-28).

El Hombre – el mensaje – los métodos. En el movimiento de Dios para restaurar el mundo a un estado correcto y eliminar la maldad de la humanidad por medio de un diluvio, Noé fue el **hombre**. El arrepentimiento era su **mensaje**. El arca fue la provisión para su preservación. El agua, fue el **método** por el cual los malvados fueron eliminados. El **lugar** para la preservación del arca fue permanecer encima del agua, hasta que el planeta estuvo listo para la emigración del género humano (Génesis 6:13, 18; 7:4; 8:4).

La restauración de la semilla de Abraham de regreso a Canaán. Dios siempre estuvo listo para liberar a los descendientes de Abraham, quienes se habían establecido en Egipto cuando José trajo a Jacob y a sus otros hijos a ese país. Él hizo la misma preparación y siguió los mismos principios. Moisés fue su **hombre**. ¡La liberación era su **mensaje**!: "Faraón, deja ir a mi pueblo".

Los hijos de Israel fueron el **pueblo**. El **producto** de Dios para hacer que el **mensaje** obrara fueron los milagros llevados a cabo en la naturaleza en contra de la oposición. El **lugar** del cual debían salir era Egipto, pero el **lugar** de su destino era Canaán, no simplemente libertad y provisión milagrosa en el desierto. Todos estos eran medios para conseguir un fin: "*Y nos sacó de allá para conducirnos a la tierra que a nuestros antepasados había jurado que nos daría*" (Deuteronomio 6:23; ver también Éxodo 5:1; 6:3-4).

La restauración de la humanidad hacia Dios y el establecimiento de la Iglesia. El hombre, Cristo Jesús, era la persona que Dios proveyó para traer la redención y la restauración del género humano. Jesús vino y murió en la cruz, dando la sangre de su vida para salvar a la humanidad de sus pecados. El salvar a la humanidad del pecado no era un fin en sí, sino más bien el medio para conseguir ese fin.

Jesús saca a la gente de la esclavitud del pecado de Satanás para hacerlos miembros de su **Iglesia**. El propósito redentor de Cristo era el de crear un pueblo que sería el pueblo de Dios llamado la **Iglesia**. Si usted no entiende que el propósito eterno de Dios gira en torno a

Jesucristo y a su Iglesia, entonces nunca podrá comprender la necesidad y el propósito de la restauración de esta.

Jesús obrará a través de su Iglesia. Todo lo que Jesús hizo desde el día de Pentecostés hasta la interminable eternidad lo hará con su Iglesia. Él es la Cabeza, y la Iglesia es el Cuerpo de una sola unidad. Este Cuerpo de Dios escogido es el instrumento para ejecutar todos sus propósitos eternos.

Jesús ama a la Iglesia y se dio a sí mismo por ella. Jesús compró la Iglesia con su sangre. La muerte de Jesús en la cruz pagó el precio redentor para toda persona que se convertiría en un miembro de la Iglesia. La resurrección de Jesús autorizó la manifestación de la Iglesia, y la venida del Espíritu Santo en el día de Pentecostés dio a luz a la Iglesia (Hechos 20:28; Efesios 5:25-27; Efesios 2:13-16; Colosenses 1:18-29; 1 Pedro 1:18-19).

Jesús proveyó **todas las cosas** para el nacimiento, el crecimiento y la madurez de su Iglesia (Juan 17:4; 19:30). Él la planeó, compró, produjo y le otorgó poder. Él diseñó los **métodos**, la **manera** y la **provisión** para su perfección y presentación como una Novia gloriosa, sin mancha y sin arruga, perfecta en pureza y madurez.

El **producto** fue el precio que el Señor pagó con su sangre preciosa, por los hombres pecadores, para que se conviertan en miembros santos de la Iglesia de Cristo. El **mensaje** que Jesús predicó fue: *"De veras te aseguro que quien no nazca de nuevo no puede ver el reino de Dios (...) Yo SOY el camino, la verdad y la vida (...) El reino de Dios está cerca. ¡Arrepiéntanse y crean las buenas nuevas!"* (Juan 3:3; 14:6; Marcos 1:15). La Iglesia es el lugar donde Dios habita, y donde tiene sus oficinas generales en la tierra; el lugar de residencia de Dios y el cuartel general en la tierra; es el Cuerpo colectivo como la expresión física y extensión de sí mismo para la humanidad. El **producto** que hacía que el **mensaje** de Jesús como Mesías fuera aceptable eran los milagros, las señales y los prodigios que Él realizaba.

La Iglesia es el punto central de los propósitos de Dios. A través de la muerte, sepultura y resurrección de Cristo, su ascensión y llegada del Espíritu Santo, la Iglesia fue establecida como parte central de los propósitos eternos de Dios. La **Era de la Iglesia** es una **dispensación** y un pacto continuo que Dios ha hecho con la **Iglesia mortal**. La tipología de las dimensiones del Lugar Santo en el Tabernáculo representa la Era de la Iglesia, la cual está destinada a permanecer por, aproximadamente, dos mil años.

Todo lo que ha sido establecido en la Iglesia debe continuar funcionando hasta que la Iglesia mortal sea inmortalizada en la Iglesia eterna. Entonces los miembros de esta se convertirán en colaboradores con Dios para administrar sus asuntos y ejecutar sus propósitos eternos mientras se sientan juntamente con Cristo Jesús en el trono de su Padre (Apocalipsis 2:26-27; 3:21; 1 Corintios 3:9).

La provisión de Dios para la Iglesia. Los santos de la Iglesia han sido limpiados por la sangre de Jesús y han sido llamados por el nombre de Cristo (cristianos). Ellos han sido cubiertos con el manto de justicia, la prenda de alabanza como su vestuario y la armadura del cristiano como su protección. La Palabra de Dios es la espada del Espíritu para guerrear en el nombre de Jesucristo. Los dones del Espíritu Santo son las armas de guerra (Juan 1:7; Marcos 1:17; Isaías 61:3, 10; Efesios 6:10-18; 1 Corintios 12:7-11; 2 Corintios 10:4-5).

El fruto del Espíritu Santo es la habilidad preservadora que los hace la sal de la tierra y lo que trae conformidad a la imagen de Jesucristo. Los cinco ministerios: los apóstoles, profetas, evangelistas, pastores y maestros han sido dados por Cristo como una extensión de su ministerio de dirección para perfeccionar, capacitar y madurar a los miembros de la Iglesia hacia la plena estatura y madurez en Cristo. Todos estos productos, provisiones y principios fueron establecidos como el patrón y el propósito de Dios al comienzo de la Iglesia y fueron ordenados para que continuaran a lo largo de la era de la Iglesia mortal (Gálatas 5:22-27).

Los profetas profetizaron el período de la Iglesia de la Gran Restauración. Numerosas escrituras proféticas desde las épocas más remotas hablan de la restauración. El apóstol Pedro y el apóstol Pablo, por medio del espíritu de revelación y el conocimiento de los propósitos de Cristo, declararon que estos profetas estaban hablando de la llegada de Cristo como el Mesías. Ellos también aplicaban estas profecías a la Iglesia (Efesios 1:17-23; 3:1-11).

Estos hombres hablaron de la apostasía de la Iglesia y de los "tiempos de restauración" que seguirían. Estos movimientos de restauración continuarían hasta que todas las cosas fueran restauradas en la Iglesia y ella haya sido traída a la madurez que Dios requiere, antes de que Cristo pueda regresar por su Novia.

La profecía de Pedro. La Escritura clave de la restauración de la Iglesia proviene de la presentación profética del apóstol Pedro en Hechos 3. Pedro y Juan habían sanado al hombre cojo en la puerta del templo. Esto trajo como resultado que todo el pueblo judío se reuniera alrededor de ellos en el Pórtico de Salomón.

Él proféticamente les predicó que su Mesías ya había venido, pero los líderes religiosos habían rechazado a Jesús y lo habían crucificado. No obstante, este Jesús de Nazaret era ciertamente el Mesías y esto había sido confirmado por su resurrección, por la sanidad de este hombre en el nombre de Jesús y por el poder del Espíritu Santo.

Los tiempos de restauración. Pedro concluyó su declaración acerca de que Jesús era el Mesías prometido con estas palabras en el versículo 18: *"Pero de este modo Dios cumplió lo que de antemano había anunciado por medio de todos los profetas: que su Mesías tenía que padecer"*. Entonces él comenzó a predicar acerca del presente y a profetizar acerca del futuro.

Por tanto, para que sean borrados sus pecados, arrepiéntanse y vuélvanse a Dios, a fin de que vengan **tiempos de descanso** de parte del Señor, enviándoles el Mesías que ya había sido preparado para ustedes, el cual es Jesús. Es necesario que él permanezca en el **cielo hasta que llegue el tiempo de la restauración** de todas las cosas, como Dios lo ha anunciado desde hace siglos por medio de sus **santos profetas** (...) Porque quien no le haga caso será eliminado del pueblo. En efecto, a partir de Samuel todos los **profetas** han anunciado estos días. Ustedes, pues, son herederos de los **profetas** y del pacto que Dios estableció con nuestros antepasados al decirle a Abraham: "Todos los pueblos del mundo serán bendecidos por medio de tu descendencia" (Hechos 3:19-21; 23-25).

Note que Pedro declaró en los versículos 19 y 20 que los "tiempos de restauración" (restitución o refrigerio) vendrían primero, antes de que Cristo Jesús regrese otra vez. Entonces en el versículo 21, él profetizó que "el cielo" es el lugar que recibió a Cristo cuando Él resucitó de entre los muertos y es el lugar donde estará, hasta que todos los "tiempos de restauración" hayan tomado lugar, lo cual Dios declaró por boca de todos sus santos profetas desde que el mundo comenzó.

Otras traducciones del versículo 21 se leen así: *"Jesucristo debe ser detenido en el cielo hasta el período de la gran restauración"* (Moffatt). *"Cristo **debe** permanecer en el Cielo hasta que la recuperación final de todas las cosas del pecado, como ha sido profetizado en tiempos antiguos"* (La Biblia al día). *"Cristo Jesús, a quien el cielo debe recibir (y retener) hasta el tiempo de la restauración completa de todo lo que Dios ha hablado por boca de sus santos profetas"* (Amplificado).

De todos los muchos comentarios que he investigado, los siguientes comentarios, creo, dan la exposición más exacta y balanceada de Hechos 3:21:

(21) A quien el cielo debe recibir. Las palabras tienen una fuerza embarazadora; "Debe recibir y debe mantener". Hasta el tiempo de restitución de todas las cosas. Los "tiempos" deben ser distinguidos de las "épocas" como algo más permanente. Este es el único pasaje en el cual la palabra traducida como "restitución" se encuentra en el

Nuevo Testamento. Etimológicamente, comunica la idea de restaurar a la forma inicial y en un estado mejor, que solo el acto de ser consumado o terminado, lo cual en cierto modo es aparente en el contexto inmediato. También se encuentra un paralelo interesante entre los "cielos nuevos y la tierra nueva" —involucrando, la restauración de todas las cosas a su verdadero orden— de 2 Pedro 3:13. No necesariamente involucra, como algunos han creído, la salvación final de todos los hombres, pero sí sugiere un estado en el cual "la justicia" y no "el pecado" tendrá dominio sobre el nuevo mundo creado y redimido; y la idea sugiere un enfoque más amplio acerca de las posibilidades de crecimiento en sabiduría y santidad, o aun de arrepentimiento y conversión, en el mundo nunca visto, y con lo que el cristianismo ha estado satisfecho. El verbo correspondiente se encuentra en las palabras, "Elías [Elías] verdaderamente **vendrá primero** y **restaurará** todas las cosas" (Charles John Ellicot, gen ed., *Comentario en la Biblia Entera Ellicot, Grand Rapid* Michigan: Zondervan, 1954, vol. 7, "Los Hechos de los apóstoles", E. H. Plumtree, p. 19, énfasis añadido).

Juan Bautista fue el profeta que vino en el espíritu de Elías para preparar el camino del Mesías. Es la **compañía de profetas** que capacitarán a la Iglesia en el espíritu y el poder de Elías para preparar el camino para la segunda venida de Jesús como Rey (Malaquías 4:5; Mateo 11:7,15).

El cumplimiento antes del fin. Un principio particular manifestado a través de La Escritura y de la naturaleza revela que ciertos eventos no pueden llevarse a cabo, hasta que haya un cumplimiento progresivo de otras cosas que permiten, autorizan o hacen posible que este acontecimiento tome lugar.

En la naturaleza, encontramos que los cultivos fructíferos no pueden ser cosechados **hasta** que el proceso de siembra, crecimiento y madurez se haya cumplido. Una mujer no puede quedar embarazada, **hasta** que la concepción haya tomado lugar y no puede dar a luz, **hasta** que el tiempo de desarrollo y los dolores de parto se hayan cumplido.

Este mismo principio es revelado en La Biblia. Especialmente se aplica a la primera venida de Jesús como Mesías y a la segunda venida al llegar al final de la era de la Iglesia. Una palabra revela este principio más que otros. Cualquiera que tenga duda acerca de este principio tiene solo que hacer un estudio bíblico de la palabra "hasta".

El tiempo asignado por Dios. Cristo fue sujeto en los cielos por cuatro mil años, antes de que tuviera permiso para venir a la tierra como redentor de la raza humana, *"Pero cuando se cumplió el plazo, Dios envió a su Hijo…"* (Gálatas 4:4). Cristo Jesús ha sido mantenido en cielo hasta el tiempo señalado por el Padre. Los términos "tiempo señalado" y "la plenitud del tiempo" no solo significan una fecha arbitraria que Dios escogió sin razón alguna. El "tiempo" es cuando todo se ha cumplido y está listo para que un evento tome lugar.

Muchas profecías acerca de naciones, pueblos y lugares tenían que ser cumplidas y estar en el orden correcto para la llegada del Mesías. Jesús provenía del Padre, pero había muchas escrituras proféticas que tenían que ser realizadas antes de que pudiera ascender de regreso al Padre. Él tuvo que vivir muchas profecías mesiánicas.

Muchas profecías hablaban acerca de su lugar de nacimiento, ministerio, sufrimiento, muerte, sepultura y resurrección. Sus mayores enemigos no pudieron apresarlo o matarlo hasta que Él cumplió todas estas escrituras. El apóstol Pedro declaró por la inspiración divina de todas esas escrituras mesiánicas en el Antiguo Testamento: *"Dios cumplió lo que de antemano había anunciado por medio de todos los profetas…"* (Hechos 3:18).

Muchos tomos se han escrito sobre las pruebas de Jesús como el Mesías prometido. De hecho, él cumplió cincuenta y nueve profecías mesiánicas; especialmente, debemos tomar nota de que cumplió muchas de estas profecías acerca de su muerte y resurrección en los últimos días de su existencia, y no a lo largo de su vida. De manera similar, la Iglesia cumplirá cabalmente La Escritura en la última generación de la Iglesia mortal que lo que se ha cumplido durante los últimos diecinueve siglos.

Las profecías acerca de la Iglesia deben cumplirse. Así como Jesús no podía ascender **de regreso** al Padre en cielo **hasta** que ciertos eventos se hubieran cumplido, aun ahora, Él no puede descender del cielo **de regreso** a la tierra, **hasta** que la Iglesia lleve a cabo ciertas cosas. Ciertas profecías dadas por los profetas en el Antiguo Testamento, por Jesús, por los apóstoles y por los profetas en el Nuevo Testamento deben ser cumplidas antes de que el evento llamado la **segunda venida de Cristo** tome lugar.

Las Escrituras enfáticamente declaran esta realidad en varios lugares. Por ejemplo, cuando Jesús resucitó de entre los muertos y estableció la Iglesia, se sentó a la diestra de la Majestad en las alturas al mandato de su Padre. Él debía permanecer en esa posición por un tiempo específico: *"…Siéntate a mi derecha, hasta que ponga a tus enemigos por estrado de tus pies"* (Hebreos 1:13).

Pedro dijo de Jesús: *"Es necesario que él permanezca en el cielo hasta que llegue el tiempo de la restauración de todas las cosas, como Dios lo ha anunciado desde hace siglos por medio de sus santos profetas"* (Hechos 3:21). Los cinco ministerios de ascensión deben funcionar, **hasta** que cada miembro esté ministrando, y la Iglesia se haya convertido en un hombre perfecto, aun hasta la plenitud de madurez en Cristo (Efesios 4:8-15). *"Los gentiles pisotearán a Jerusalén, hasta que se cumplan los tiempos…"* y *"Parte de Israel se ha endurecido, y así permanecerá hasta que haya entrado la totalidad de los gentiles"* (Lucas 21:24; Romanos 11:25).

¿Por qué Cristo no ha regresado? Aunque el deseo más grande de Cristo sea el de regresar a la tierra para resucitar y trasladar a su Iglesia a la inmortalidad y unidad con Él, no puede hacer esto, hasta que ciertas cosas predeterminadas por el Padre se cumplan y lleven a su Novia a la plenitud de su pureza y madurez. Algunos cristianos se han hecho esta pregunta, la cual necesita una respuesta: si Cristo Jesús es Todopoderoso y puede hacer lo que Él desea y si realmente quiere regresar, entonces ¿por qué no lo hace?; ¿por qué su "regreso inminente" no se llevó a cabo en el primer o segundo siglo de la Iglesia?

En ese tiempo, millones de cristianos se habían convertido en mártires, y muchos millones estaban todavía vivos en la tierra. El evangelio había sido predicado a toda criatura debajo del sol (Colosenses 1:23). La Iglesia estaba demostrando todo el poder y los principios registrados en el libro de los Hechos; y era la Iglesia Apostólica Neotestamentaria con milagros y ministerios poderosos. Entonces, ¿por qué Cristo no regresó en aquella época?

Hay respuestas para todas estas preguntas. Pero es suficiente decir, que aquí parece que cierto número de miembros de la Iglesia de Cristo necesitan formar parte del Cuerpo eterno que Él desea. Aquellos miembros vencedores que reinarán y gobernarán con Él deben llegar a cierto lugar de madurez y ministerio.

Evidentemente, Israel y la Iglesia están involucrados en la cantidad, la calidad, el desempeño y el cumplimiento de ciertos propósitos predestinados para las naciones del mundo. La copa de iniquidad del mundo debe alcanzar su plenitud, así como el pecado de los amorreos tuvo que llegar a su llenura antes de que los descendientes de Abraham pudieran poseer Canaán (Génesis 15:16). Las promesas que Dios juró con un juramento a Abraham acerca de Israel y de la tierra de Palestina tenían que llegar a su cumplimiento.

Los profetas son la clave. La clave para el cumplimiento de las profecías acerca de Israel y del mundo es la restauración de la Iglesia y el cumplimiento de las profecías que hacen referencia a ella. **La compañía de profetas es la llave** que Dios ha introducido en la cerradura de la Iglesia, y que abre una nueva revelación de los tiempos, para la restauración y el cumplimiento de la verdad en la Iglesia (Amos 3:7; Lucas 6:22; 11:47-52; Efesios 3:5).

Sorprendentemente, a algunos ministros se les hace difícil aceptar este principio divino. Si los cristianos no creen que la Iglesia debe cumplir ciertas escrituras y que debe llevar a cabo ciertos propósitos —y si no creen que la Iglesia tiene un destino progresivo, de ser, de convertirse y de hacer algo antes de que Cristo regrese—, entonces su propósito principal será tratar de salvar del infierno a tantos como sea posible, y mantener la salvación suficiente como para llegar al cielo y "perseverar hasta el fin", hasta que la muerte o la venida de Jesús los saque de este mundo perverso.

La Generación Josué. Cuando los cristianos reciban una revelación y visión del propósito restaurador de Cristo y los eventos que la Iglesia debe llevar a cabo antes de que Jesús regrese, esta realidad moverá la fe y el celo del Señor con un espíritu militante para así dejar el desierto, atravesar el Jordán y echar fuera a todos los "eos" de la tierra que Dios le ha prometido a la Iglesia. Ella tiene una gran comisión y un propósito predestinado, así como Israel, de poseer y ocupar la tierra hasta que Jesús venga (Lucas 19:13).

El evangelismo profético. Este término "ocupar" implica más que una resistencia pasiva. Se refiere a una fuerza militante que ocupa implementando el gobierno del rey vencedor. La Iglesia recibirá energía con un nuevo celo profético, y como resultado no solo veremos un aumento en la visión para la evangelización del mundo al enviar profetas a las naciones, sino también oiremos un grito mayor del Espíritu para ver a la Iglesia madura, purificada y llevada al nivel de un "varón perfecto" (Efesios 4:13).

El evangelismo profético revelará los secretos del corazón humano y hará que la gente se postre, adore a Dios y dé testimonio de sus obras poderosas (1 Corintios 14:24-25). Y como en los días de Daniel, a través del ministerio del profeta, todas las naciones se volverán hacia Dios y recibirán el testimonio de su poder (Daniel 4:1-37). La voz profética y apostólica del Señor que está siendo añadida comenzará a intensificar la evangelización mundial y su obra perfeccionadora dentro de su Iglesia, lo cual nos preparará para ir y tomar nuestra posesión prometida.

Cuando la Iglesia haya puesto bajo sus pies a todos los enemigos de Cristo, que Él ha ordenado que ella doblegue, entonces Cristo podrá ser enviado del cielo para regresar como la cabeza manifestada de su Iglesia resucitada y trasladada. Jesús provisionalmente ha puesto todas las cosas bajo sus pies, y los pies están en el cuerpo no en la cabeza. La Iglesia es su Cuerpo, así que Él ha puesto todas las cosas bajo nuestros pies.

Ahora es el tiempo para que la Iglesia comience a andar con esos pies vencedores como la "Generación Josué" y tal como la promesa fue dada a Josué, así será con la generación profética: *"Tal como le prometí a Moisés, yo les entregaré a ustedes todo lugar que toquen sus pies"* (Josué 1:3).

4

UNA HISTORIA BREVE DE LA RESTAURACIÓN DE LA IGLESIA

Centenares de denominaciones cristianas, organizaciones e iglesias independientes existen dentro de la línea principal del cristianismo. Basados en su participación en la restauración de la Iglesia, sus doctrinas y prácticas, estas pueden ser divididas en cinco categorías principales:

(1) Católicos/Ortodoxos; (2) Protestante Histórico; (3) Santidad Evangélicos; (4) Pentecostales y (5) Lluvia tardía/Carismáticos. (El siguiente resumen histórico de estos grupos es tomado de mi estudio acerca de la historia de la Iglesia titulado *La Iglesia Eterna*).

Las iglesias católicas y ortodoxas, durante el Oscurantismo, mantuvieron la fe cristiana a pesar del ataque feroz de los bárbaros y los fanáticos de la religión de Mahoma, el Islam; pero estas no formaron parte de la gran restauración de la Iglesia. El Movimiento Protestante forjó el comienzo de la Restauración de la Iglesia.

Cuatro movimientos principales. Todos los cristianos que han recibido la verdad presente de Dios aceptan estos últimos cuatro grupos: el Protestante, Santidad/Evangélicos, los Pentecostales y los de la Lluvia Tardía/Carismáticos como los movimientos que fueron dirigidos por el Espíritu Santo y establecidos por Dios. Estos son los llamados movimientos principales, porque cada uno ha restaurado una de las siete doctrinas de Cristo que han sido mencionadas en Hebreos 6:1-2:

Por eso, dejando a un lado las enseñanzas elementales acerca de Cristo, avancemos hacia la madurez. No volvamos a poner los fundamentos, tales como el **arrepentimiento de las obras que conducen a la**

muerte, la **fe en Dios**, la instrucción sobre bautismos, la imposición de manos, la resurrección de los muertos y el juicio eterno.

Las siete doctrinas de Cristo. Las doctrinas mencionadas aquí —el arrepentimiento de obras muertas, fe hacia Dios, la doctrina de bautismos, la imposición de manos, resurrección de los muertos y el juicio eterno— tienen aplicación no solo para el creyente individual, sino también para el proceso de restauración corporal de la Iglesia.

Cuando las primeras seis doctrinas sean restauradas, entonces la séptima, la última perfección, podrá ser restaurada. La quinta doctrina, la resurrección de los muertos, y la sexta doctrina, el juicio eterno, producirán un movimiento de restauración de la Iglesia antes de la resurrección general y del gran trono blanco del juicio eterno. Todos los otros movimientos del Espíritu Santo de restauración como ciertos ministerios, verdades menores, los cinco ministerios, la alabanza y la adoración —así como la renovación de la verdad restaurada— también son movimientos verdaderos de restauración; pero no han sido denominados como movimientos principales de restauración porque no han restaurado una de las siete doctrinas de Cristo. Así que el movimiento profético de restauración y aun el movimiento apostólico que se aproxima son movimientos de restauración, de orden menor, que prepararán y traerán la restauración de la quinta y sexta doctrina, y luego de la séptima doctrina.

LA DOCTRINA DE CRISTO	FECHA APROXIMADA	MOVIMIENTO DE RESTAURACIÓN MAYOR
1. El arrepentimiento de obras muertas	1500	Protestante Histórico
2. Fe hacia Dios	1800	Santidad / Evangélicos

3. La doctrina de bautismos	1900	Clásico Pentecostal
4. Imposición de manos	1950	Lluvia Tardía / Carismáticos
5. La resurrección de los muertos	?	?
6. El juicio eterno	?	?
7. La última perfección	?	?

RESUMEN DE LOS CUATRO MOVIMIENTOS DE RESTAURACIÓN PRINCIPALES

El Movimiento Protestante Histórico. Tres denominaciones nacionales de la iglesia fueron establecidas en el Movimiento Protestante: el Luterano en Alemania; el Presbiteriano en Escocia y el Anglicano en Inglaterra (llamado el Episcopal en América).

Históricamente, las iglesias protestantes entraron en existencia porque Martín Lutero, John Knox, Thomas Cranmer y muchos otros ministros se apartaron de la iglesia católica, luchando por y estableciendo el derecho de ser iglesias separadas del catolicismo.

Espiritualmente, el movimiento vino a la existencia, porque un hombre de Dios recibió una revelación de verdad, lo que hizo que fuera imposible que hiciera que él continuara en el mismo sistema religioso, el cual él creía, era contrario a La Palabra de Dios. Lutero habría tenido que negar su conocimiento de La Biblia, su conciencia y su nueva experiencia espiritual, para permanecer como un sacerdote que ha fomentado las doctrinas y prácticas de la iglesia católica.

Según la restauración, el Protestantismo vino a la existencia, porque el Espíritu Santo había iniciado este período de restauración de la Iglesia. Las iglesias protestantes trajeron de vuelta la revelación, una aplicación apropiada y el restablecimiento de la primera doctrina de Cristo: **el arrepentimiento de obras muertas.**

El **propósito** del movimiento era activar el período de la gran restauración de la Iglesia. Europa fue el **lugar** de su nacimiento y su crecimiento. Los sacerdotes y las **personas** que salieron de la iglesia católica fueron los que propagaron el movimiento. El nuevo **producto** que le dio la publicidad a estas verdades de la restauración fue la máquina impresora.

El **hombre** clave que fue usado por Dios fue Martín Lutero. El **mensaje** era el arrepentimiento de obras muertas: la enseñanza de que somos justificados por la misericordia y gracia de Jesucristo por medio de la fe y nada más. El **ministerio** fue la predicación de La Palabra. El **método** era la fe en Dios y el uso de todos los medios disponibles. El **resultado** fue que el Cuerpo de Cristo, su Iglesia, había despertado de su letargo y de su apostasía, tomando el primero de siete pasos para la última perfección.

El Movimiento de Santidad/Evangélico. El propósito de este movimiento era restaurar a la Iglesia eterna de Cristo **la fe hacia Dios.** Este movimiento fue concebido en Europa, pero América se convirtió en el **lugar** de su nacimiento y crecimiento hacia la madurez. Los hombres que Dios usó fueron muchos; John Wesley es quizá el hombre más notable, el cual impulsó el Movimiento de Santidad. Las **personas** que participaron y los ministros que propagaron la verdad provenían de las iglesias del Movimiento Protestante.

El **mensaje** era triple: el bautismo del creyente por la inmersión, la santificación y la sanidad divina. El **ministerio** era la predicación de La Palabra acompañada por cantantes especiales, gran convicción, bendición, las manifestaciones emocionales y las sanidades físicas. Los nuevos **productos** que llevaban el mensaje a los confines de la tierra fueron el buque de vapor y el ferrocarril.

El **resultado** fue que la Iglesia eterna cruzó su Mar Rojo del bautismo en agua, se santificó y se separó del mundo, y luego siguió su peregrinaje para recibir la obra redentora de Cristo de la sanidad divina. Así que este fue el segundo paso gigante que tomó la Iglesia en el camino de restauración hacia su "Canaán" de la completa madurez en Cristo Jesús.

El Movimiento Pentecostal Clásico. El **propósito** de este movimiento era el de restaurar el desempeño poderoso del Espíritu Santo en la Iglesia. Al dotar al creyente con el bautismo del Espíritu Santo y hablar en "otras lenguas", y al desatar los dones del Espíritu en la Iglesia, Jesús restauró la tercera doctrina: **la doctrina de bautismos**. El **lugar** de su nacimiento fue los Estados Unidos, el cual después se extendió por todo el mundo, con el porcentaje más grande de crecimiento entre los cristianos en Latinoamérica.

El Movimiento Pentecostal no reclama a una sola persona como su fundador. Sin embargo, Charles F. Parham y W. H. Seymour son los hombres que asumieron el papel y que pueden ser identificados como los líderes. Las **personas** que participaron y los ministros que propagaron la verdad de los pentecostales provinieron de las iglesias del Movimiento de Santidad.

El **mensaje** fue el bautismo del Espíritu Santo con la evidencia del hablar en "otras lenguas". El **ministerio** era la predicación de La Palabra acompañada por sanidades, milagros, hablar en otras lenguas y los dones del Espíritu Santo. Toda clase de instrumentos musicales y cantos fueron usados para adorar a Dios y evangelizar. El término "danzando en el espíritu" se convirtió en una manera aceptada de expresión incontrolable de alabanza dirigida por el Espíritu. El **producto** nuevo que fue usado para propagar esta verdad de la restauración hasta los confines de la tierra fueron el automóvil y la radio.

Así, la Iglesia avanzó en su viaje de restauración a través del desierto a su experiencia de "agua de la Roca". El **resultado** fue un desempeño poderoso en el ministerio, un evangelismo mayor y un "río de agua viva" fluyendo de lo más profundo de los santos en **otras**

lenguas. El Movimiento Pentecostal fue otro paso progresivo en el camino de la Iglesia eterna hacia su tierra prometida, Canaán.

El Movimiento de la Lluvia Tardía/Carismático. El **propósito** de Dios para el Movimiento de la Lluvia Tardía fue restaurar la realidad de la práctica bíblica de la **imposición de manos**, restaurando de esta manera en la Iglesia la cuarta doctrina de Cristo. El **lugar** de su nacimiento fue Canadá, luego se difundió por todos los Estados Unidos y alrededor del mundo.

Los líderes del Movimiento de la Lluvia Tardía. El Movimiento de la Lluvia Tardía nunca ha reconocido a un hombre o un grupo como cabeza del movimiento, pero ciertos hombres han sobresalido al hacer conocer y mantener la doctrina de la imposición de manos: la imposición de manos para la sanidad, Oral Roberts; la imposición de manos con profecía personal por el presbiterio (llamado "presbiterio profético"), Reginald Layzell; la imposición de manos con profecías, sanidades y milagros, William Branham.

Los líderes carismáticos. Los hombres clave que fueron instrumentos en activar y propagar la renovación carismática fueron Dennis Bennett, David du Plessis y Demos Shakarian. Derek Prince hizo que los carismáticos históricos fueran conscientes de la realidad del mundo espiritual y de la actividad demoníaca. Kenneth Hagin se ha convertido en el padre del mensaje de fe para la prosperidad y la sanidad.

La mayoría de las **personas** que participaron y los **ministros** que propagaron las verdades del evangelismo de liberación y las verdades de la Lluvia Tardía provenían de las iglesias del Movimiento Pentecostal. Aquellos que originalmente fueron llamados carismáticos eran ministros y miembros de denominaciones protestantes históricas, pero luego vinieron aquellos de las iglesias católicas y ortodoxas, de santidad, evangélicas, y las iglesias fundamentalistas. Finalmente, muchos líderes pentecostales y de la Lluvia Tardía con renuncia aceptaron la palabra "carismática" para identificar aquellos cristianos de la verdad presente, llenos del Espíritu Santo, que hablan en lenguas y que alaban a Dios.

El mensaje del Movimiento Carismático. El **mensaje** de la renovación carismática era triple:

(1) La **imposición de manos** para sanidad, el bautismo del Espíritu Santo, liberación, ministerio de membresía en el Cuerpo de Cristo y la activación de los dones del Espíritu Santo.

(2) La proclamación de las verdades del Movimiento Pentecostal y de la Lluvia Tardía a los **cristianos denominacionales**. Esto era principalmente llevado a cabo por ministros denominacionales que habían sido recientemente bautizados en el Espíritu Santo.

(3) La proclamación de los ministros de la verdad presente y de la fe, del **Cuerpo de Cristo en el proceso de madurez** y de los cristianos **viviendo en victoria** —espiritual, física y financieramente.

El **ministerio** fue la predicación de La Palabra acompañada de sanidades, profecías y dones de revelación. Esto trajo como resultado la salvación de muchas almas, un crecimiento espiritual en los cristianos, un crecimiento numérico en las iglesias y gran prosperidad entre los santos.

Hora de proseguir. El **resultado** fue que la Iglesia eterna llegó a su experiencia en el Monte Sinaí y permaneció allí hasta que el orden divino fue establecido a fin de que todo el cristianismo tuviera la oportunidad de proceder hasta llegar a la línea fronteriza de la verdad presente. La Iglesia acampó en esa montaña de la verdad (el Movimiento Carismático) por cuarenta años (1948-1988). El ángel de la Iglesia en el cielo ha tocado la trompeta, y la compañía de profetas ahora se está oyendo con una palabra profética clara: "¡Iglesia, bastante has rodeado este monte!" (Deuteronomio 2:3).

La "Generación Josué" está al frente, y los pastores sacerdotales llevan el arca de la presencia de restauración de Dios a través del Jordán. El viaje del Movimiento Carismático ha cumplido su propósito de llevar a la Iglesia al río Jordán. Ahora la nube del día y el fuego de la noche han sido quitados, y los profetas y ministros proféticos se han levantado para proveer protección, dirección y tiempo para el traslado de la Iglesia. El maná ha cesado, y ahora es el tiempo de comer el maíz de Canaán, beber la leche y ser fortalecido por la miel.

La voz profética está tocando la trompeta: *"Proclamen esto entre las naciones: ¡Prepárense para la batalla! ¡Movilicen a los soldados! ¡Alístense para el combate todos los hombres de guerra! Forjen espadas con los azadones y hagan lanzas con las hoces..."* Nosotros ahora hemos entrado en una guerra que no podemos finalizar hasta que la Iglesia de Jesucristo haya poseído las posesiones prometidas que Dios ha predeterminado para la Iglesia perfeccionada. (Joel 3:9-10).

Una ola gigantesca final de restauración se aproxima. Cuatro olas grandes de restauración han tomado lugar durante los últimos quinientos años, y entre ella otras olas más pequeñas de restauración y renovación. Algunas de estas olas pequeñas de restauración y de renovación espiritual de verdades y ministerios diversos han tomado lugar desde 1948, y más se aproximan.

Una época como nunca antes. Los profetas, sin embargo, están viendo en el horizonte de los propósitos de Dios para su Iglesia una ola de restauración de gigantescas proporciones, como una oleada de trescientos metros. Es tan incomprensible que deja estupefacta la imaginación y fe de aquellos que proféticamente la han visto y que han oído de ella. Será mayor que todos los movimientos previos de restauración. Como el profeta Joel declaró, nunca ha habido un tiempo como este antes y nunca lo habrá después (Joel 2:2).

Será el tiempo de Apocalipsis 10:7: *"En los días en que hable el séptimo ángel, cuando comience a tocar su trompeta, se cumplirá el designio secreto de Dios, tal y como lo anunció a sus siervos los profetas"*. Esto traerá la activación de Apocalipsis 11:15: *"Tocó el séptimo ángel su trompeta, y en el cielo resonaron fuertes voces que decían: El reino del mundo ha pasado a ser de nuestro Señor y de su Cristo, y él reinará por los siglos de los siglos".* Esto cumplirá Hechos 3:19-25 acerca de la restauración de todas las cosas, las cuales Dios ha hablado por la boca de todos sus santos profetas que han sido desde tiempos antiguos.

En ese tiempo, se cumplirán todas las cosas necesarias para permitir que Jesús descienda de los cielos. La ola gigantesca de restauración bajo la dirección de Cristo tendrá tal fuerza y tal altura que barrerá a todos los principados y poderes del maligno en los lugares celestiales y limpiará los reinos de este mundo. Esto hará que el Reino de nuestro Señor Jesús y la Iglesia de Cristo ungida sea establecida en los lugares celestiales y en la tierra.

Un principio de restauración como "una bola de nieve". Si usted hace una bola de nieve dura y la deja rodar cuesta abajo por la parte lisa de una pendiente cubierta de nieve, esta comienza a agrandarse y a deslizarse más rápidamente. De esta misma manera, opera la restauración de la Iglesia. El Movimiento Protestante fue el que hizo la bola de nieve en la cima de la montaña. Luego, con cada movimiento de restauración, la Iglesia, como la bola de nieve, se ha agrandado, y los movimientos ocurren con más rapidez. Por ejemplo, la Edad del Oscurantismo tomó mil años; luego en 1500 comenzó la restauración de la Iglesia. Trescientos años más tarde, en el siglo xix, el Movimiento de Santidad surgió. Cien años más tarde, en 1900, el Movimiento Pentecostal apareció. Cincuenta años más tarde nació el Movimiento de la Lluvia Tardía/Carismático. Ahora, desde 1950, ha habido un movimiento nuevo de restauración o una renovación espiritual cada década (1000-300-100-50-10).

Los cinco ministerios restaurados. En cada una de las últimas cinco décadas de la Iglesia del siglo xx, uno de los cinco ministerios (Efesios 4:11) ha sido enfatizado de nuevo o restaurado, y ciertas verdades bíblicas y varias formas de adoración han sido reactivadas en la Iglesia por el Espíritu Santo.

DÉCADA	CINCO MINISTERIOS	MOVIMIENTO / AVIVAMIENTO
1950	Evangelista	Evangelismo de Liberación
1960	Pastor	Renovación Carismático
1970	Maestro	Movimiento de Enseñanza de la Fe
1980	Profeta	Movimiento Profético
1990	Apóstol	Movimiento Apostólico

Aun en los últimos cuarenta años, desde el último gran movimiento de restauración, ha habido hombres y movimientos menores que han añadido vigor al marco de trabajo del Cuerpo de Cristo. Siempre debemos recordar que Dios levanta a **hombres** y **movimientos** para ampliar el **mensaje** de Cristo y el **ministerio** a su Iglesia, y no para exaltar al hombre y al movimiento; pero Dios escoge a los **hombres clave** para ser pioneros, para que establezcan y propaguen ciertas **verdades** y **ministerios** dentro de su Iglesia.

La necesidad de restaurar los cinco ministerios. ¿Por qué tuvieron que ser restaurados los cinco ministerios? En el pasado, los teólogos dispensacionalistas tomaron un versículo que Pablo le había escrito a los efesios, acerca de los apóstoles y profetas, y lo interpretaron de tal forma que cambiaron el significado de lo que Pablo o el Espíritu Santo querían decir. Pablo le dijo a los efesios que ellos habían sido traídos a la Iglesia y habían sido edificados en el ministerio fundamental del apóstol y el profeta, con Jesucristo como la piedra angular, en quien todo edificio debe ser alineado (Efesios 2:20-21).

Esto significaba que Pablo el apóstol y Silas el profeta fueron los que primero fueron a Éfeso y les llevaron a Cristo, permaneciendo allí hasta que fueron establecidos y edificados en una iglesia. Ellos exaltaron a Cristo Jesús como la Cabeza soberana de la Iglesia y la piedra angular principal (1 Pedro 2:6).

Algunos teólogos, sin embargo, han interpretado incorrectamente este versículo, para decir que la era de la Iglesia y sus actividades fueron llevadas a cabo bajo el ministerio de los apóstoles y profetas, pero tan pronto toda la Iglesia fue establecida (en cierta época del primer siglo), el ministerio del apóstol y el profeta fue eliminado. Por consiguiente, estos ministerios cesaron en la dispensación.

Con este punto de vista, La Biblia entonces se convirtió en el fundamento de la Iglesia como la voluntad revelada y completa de Dios, por consiguiente esto elimina el ministerio fundamental y revelador del apóstol y del profeta. Esta posición es difícil de mantener, porque La Biblia no había sido canonizada y organizada como un libro hasta el tercer siglo.

No fue sino hasta que llegó el Movimiento de Restauración de la Lluvia Tardía en 1948 que la revelación y la enseñanza acerca de los apóstoles y los profetas fue dada. Y aunque estos hermanos de la restauración enseñaban que en la actualidad sí hay profetas y apóstoles, nunca estuvieron dispuestos a dar el reconocimiento público a aquellos que habían sido dotados con el ministerio de apóstol o profeta.

Descripción de las últimas cuatro décadas. Creo que en la mente de Dios está el hacer énfasis sobre estos tres oficios, los cuales ya han sido aceptados pero no totalmente conocidos (evangelista, pastor, maestro), y luego completamente aclarará, amplificará y magnificará aquellos dos ministerios que no han sido entendidos, aceptados o reconocidos.

El evangelista. En 1950 el ministerio de la hora era el del evangelista. Los evangelistas como Oral Roberts llevaban a cabo grandes reuniones en tiendas de campaña. Un ministerio de dos facetas, el de evangelismo y el de liberación de las enfermedades y los demonios proveían el enfoque principal del evangelista. La imposición de manos para la sanidad y el evangelismo masivo era los ministerios más prominentes.

Durante esta década, el ministerio del evangelista fue enfatizado y ampliado más, sin embargo, en esa misma década, centenares de evangelistas y las reuniones grandes de tiendas de campaña disminuyeron. En los años 50, la gran ola de restauración y amplificación del evangelista verdadero con los dones de sanidad y milagros alcanzó el lugar de su cumplimiento y retrocedió al océano del ministerio de la Iglesia de los últimos días.

El pastor. En la década de los 60 el ministerio del pastor fue enfatizado y traído a la perspectiva correcta. Dos movimientos de restauración del Espíritu Santo contribuyeron para traer esto a la realidad. El primero comenzó en 1948 con la enseñanza de restauración que hacía énfasis en el orden divino correcto para la iglesia local. Este conocimiento daba a entender que la iglesia local debe ser autónoma y autóctona, con Cristo siendo la cabeza soberana, y el pastor local sirviendo bajo la dirección directa de Él.

Las iglesias también llegaron a darse cuenta de que el pastor había sido nombrado por Dios y no es elegido por una junta de ancianos, diáconos o por una congregación. El pastor ejerce su función en el lugar de Cristo, y su posición no es determinada por el voto de aquellos a quienes él ministra, de la misma manera que los ángeles y los veinticuatro ancianos en el cielo no votan cada milenio para determinar si Dios permanece como cabeza del universo. El pastor debe tener la libertad y la autoridad de llevar a cabo la visión que Dios ha dado para edificar la iglesia local.

La segunda ola que contribuyó a la ampliación del ministerio pastoral fue la renovación carismática, que sacudió a todas las denominaciones que forman parte del cristianismo. Millones de personas religiosas fueron bautizadas con el Espíritu Santo, y miles salieron de sus denominaciones para andar en la llenura de la verdad presente. En la década de los 60 y 70, muchas iglesias fueron comenzadas por ministros carismáticos, de restauración y fe, y luego de tres o cuatro años, se transformaron en congregaciones de miles. De esta manera, los pastores se convirtieron en el ministerio más prominente de los años 60. De este modo, el ministerio del pastor fue restaurado a su lugar legítimo y ampliado por el Espíritu Santo a su debido honor y autoridad.

El maestro. La década de los 70 fue la época para el reconocimiento apropiado, la aceptación y la ampliación del ministerio de Cristo: el maestro. Los ministros católicos y protestante carismáticos que fluían en la verdad presente no eran grandes expositores en sus predicaciones como lo eran sus hermanos de los Movimientos de Santidad y Pentecostales. Ellos se desenvolvían mejor en la enseñanza que en la predicación. Es así como los ministros líderes de los Movimientos Carismáticos y de Fe presentaban más por medio de la enseñanza que por la predicación.

Miles viajaban centenares de kilómetros para sentarse y escuchar por horas a maestro tras maestro. Las cintas de casetes eran hechas y distribuidas en innumerables cantidades. El oficio del **maestro** fue restaurado a su lugar legítimo de respeto y autoridad, y se posicionó como un ministerio dado por Cristo a su Cuerpo.

El profeta. El profeta Glenn Foster hizo la observación, que un ministro profético poderoso pasó por su iglesia en los años 1950, y profetizó que el día vendría cuando los profetas se levantarían y el ministerio profético entraría en prominencia. La profecía también decía que el movimiento profético todavía no surgiría, sino hasta dentro de treinta años.

Una de las raras ocasiones en que un poco de ánimo fue ofrecido fue a principios de los años 50. Cierta persona que tenía un ministerio ungido vino y nos habló del día de gloria y de poder que vendría, y lo denominó: "el día de los profetas". Esta persona decía que "el día" no sería, sino hasta treinta años después, porque el Señor estaba preparando cosas mayores. La promesa era que muchos ministros maduros proféticos encabezarían un nuevo día de avivamiento y de restauración. (Glenn Foster, *El Propósito y Uso de la Profecía*, Glendale, Arizona, Sweetwater Publications, 1988, p. 16).

Muchos de nosotros, que hemos estado en el ministerio profético por muchos años, habíamos oído lo mismo de parte de Dios y nos preparábamos para los años 80 como la década del profeta. No nos decepcionamos. En los 80, el Espíritu Santo comenzó a restaurar el don de ascensión de Cristo, el Profeta, para que tuviera su debido reconocimiento, aceptación y autoridad en la Iglesia.

Los profetas serán los que revelarán la última verdad de la restauración, la cual llevará a la Iglesia a su madurez y finalizará la preparación de la Novia, que es la Iglesia, para el regreso de su Novio, Jesús. Los dones vocales y de revelación del Espíritu Santo fueron ampliados por el oficio del profeta en los 80. Así que los profetas serán un cuerpo, cumpliendo la profecía de Malaquías 4, para la segunda venida de Cristo. Así como Juan el Bautista era un solo profeta que preparaba el terreno para la primera venida del Señor. Los profetas también traerán revelación, restauración y preparación para la ampliación total del oficio ordenado por Dios, el del apóstol.

El apóstol. La década de 1990 será la del apóstol. La restauración total del apóstol.

Los 90 traerán una renovación de autoridad apostólica total y también las señales y prodigios del don de fe y las obras de milagros. El oficio ordenado por Cristo y el ministerio del apóstol serán reconocidos, aceptados y ampliados poderosamente por todo el mundo cristiano.

El movimiento de discipulado y pastoral vio una vislumbre de esta verdad en los años 70, y trataron de restaurarlo. Pero muchos abusos ocurrieron debido a la falta de balance y madurez. No obstante, el tiempo para la completa restauración de la autoridad y función de los cinco ministerios comenzará a ser evidente en los 90 y el resultado final será la unidad en la Iglesia. El temor reverencial de

Dios y su justicia serán reestablecidos en la Iglesia a medida que el juicio comienza en la casa de Dios. Los reinos religiosos edificados por los humanos y el sistema babilónico registrados en La Biblia serán sacudidos a medida que los juicios de Dios son ejecutados por los ministerios proféticos y apostólicos de los últimos días (1 Pedro 4:7; Hechos 5:1-13; Apocalipsis 11:3-10).

Ministros pioneros. La última mitad del siglo xx, hasta ahora, ha sido un tiempo emocionante de restauración en la Iglesia. Probablemente ningún otro período de cuarenta años en la historia ha activado de nuevo en la Iglesia tantas verdades bíblicas nuevas y ministerios. Es asombroso ver la cantidad de hombres pioneros que han vivido durante este tiempo, que todavía siguen activos en sus ministerios. Aquí están aquellos que representan diferentes aspectos de la restauración del Espíritu Santo y de la renovación de la Iglesia.

HOMBRES VIVOS EN 1990, QUE REPRESENTAN CUARENTA AÑOS DE RENOVACIÓN

Oral Roberts	Imposición de manos para la sanidad; la semilla de fe
Billy Graham	Evangelismo y la experiencia del nuevo nacimiento
Paul Cain	La demostración de los profetas en la Iglesia
Dick Iverson	Presbiterio profético y la iglesia local
T. L. Osborne	Evangelismo masivo acompañado de milagros
David Wilkerson	Ministerio en las calles y pandillas; El Movimiento de Jesús
Demos Shakarian	Renovación cristiana entre los hombres de negocios
Pat Robertson	Cadena Cristiana de Televisión; su propio CBN

Paul Crouch	TBN Ministerios en la Iglesia y Evangelismo televisado
Dennis Bennett	Renovación Carismática; don del Espíritu Santo
Carlos Simpson	Discipulado, responsabilidad y relación
Kenneth Hagin	Fe, prosperidad en las finanzas y liberación
Yongghi Cho	Megaiglesias, células, oración intercesora
Earl Paulk	Mensaje acerca del Reino de Dios, testimonio y ministerio
Larry Lea	Oración matutina diaria y de guerra
Bill Hamon	Los profetas, ministerio profético, alabanza guerrera

Con esta visión general de la historia de restauración de la Iglesia, nosotros ahora podemos enfocar nuestra atención en la naturaleza y el papel del **Movimiento Profético**.

RESTAURACIÓN Y DESTINO DE LA IGLESIA

(Movimientos restauradores y verdades restauradoras del N.T. relacionadas con sucesos históricos del A. T.)

MOVIMIENTOS DE RESTAURACIÓN DE LA IGLESIA	EXPERIENCIAS BÍBLICAS ESPIRITUALES	DOCTRINAS DE CRISTO (HEB. 6:1-2)	VIAJES DE LOS HIJOS DE ISRAEL	VALLE DE LOS HUESOS SECOS DE EZEQUIEL (EZ. 37)	AGUA DEL TEMPLO (EZ. 47)	TABERNÁCULO DE MOISÉS (EX. 25-50)
1. Protestante	1. Justificación	1. Arrepentimiento de las obras muertas	1. Pascua	1. Hago entrar espíritu	1. Hasta los tobillos	1. Altar de bronce
2. Santidad	2. Santificación	2. Fe en Dios	2. Mar Rojo, riberas, aguas de Mara	2. Pondré tendones sobre vosotros	2. Hasta las rodillas	2. Fuente, mesa para el pan de la proposición
3. Pentecostal	3. Manifestación	3. Doctrina de bautismos	3. Agua de la roca	3. Haré subir sobre vosotros carne	3. Hasta los lomos	3. Candelero
4. Carismático	4. Ministración	4. Imposición de manos	4. Monte Sinaí	4. Los cubriré de piel	4. Pasar a nado	4. Altar del incienso
Posición de la Iglesia en su viaje de restauración – PROFETAS PREPARANDO EL CAMINO – para que el cuerpo de cristo cruce su Jordán "GENERACIÓN JOSUÉ"						
5. Cuerpo de Cristo	5. Glorificación	5. Resurrección de los muertos	5. Cruce del Jordán	5. Viviréis	5. Vida	5. Velos y coberturas
6. Ejército del Señor	6. Adjudicación	6. Juicio eterno	6. Conquista de Canaán	6. Ejército grande en extremo	6. El lugar fangoso es juzgado	6. Arca y contenidos
7. Iglesia reina	7. Administración	7. Última perfección	7. Canaán conquistada	7. Reinado de David, un Pastor	7. Descanso y vida	7. Propiciatorio
8. Iglesia eterna	8. Continuación	8. Nueva tierra y nuevos cielos	8. Gobierno y posesión de Canaán	8. Tabernáculo de Dios con el hombre	8. Templo de Dios con el hombre	8. Templo nuevo

1500 D. C. – 2000+ D.C. RESTAURACIÓN DE LA IGLESIA 1500 D.C.– 2000+ D. C.

FECHA APROX.	EXPERIENCIAS ESPIRITUALES	DOCTRINAS DE CRISTO (HEB. 6:12; HCH. 3:21)	EVIDENCIAS DEL BAUTISMO	MOVIMIENTOS DE RESTAURACIÓN
1500 D.C.	**Justificación** Estudio de La Palabra Oración Paz	**1 Arrepentimiento de las obras muertas** Gracia y fe Ef. 2:8-9	Sangre	**Protestante** Luterano Episcopal Presbiteriano
1800 D.C.	**Santificación** Convicción Fe, himnos Gozo, cánticos	**2 Fe en Dios** Sanidad divina por la fe Stg. 5:14-15	Agua	**Santidad** Bautista Metodista (Todos los Evangélicos) Iglesia de Dios Alianza C & M
1900 D.C.	**Manifestaciones** Otras lenguas Aplausos Gritos, ayunos Danzas en el Espíritu Instrumentos musicales	**3 Doctrina de bautismos** Dones: 1 Co. 12:7-11 Mensaje en lenguas Interpretación de lenguas	Espíritu	**Pentecostal** Asamblea de Dios Pent. Santidad Firmes Pent. Ig. de Dios Ig. Unida Pentecostal
1950 D.C.	**Ministración** Cánticos – alabanzas Canciones espirituales Adoración, Salmos Ministerio del cuerpo Alabanza con danzas Actos de fe Artes – Drama	**4 Imposición de manos** Dones: Profecías, sanidades, fe Palabras de conocimiento, palabras de sabiduría Imposición de manos para Sanidad Liberación, Espíritu Santo Revelación del lugar en el Cuerpo de Cristo Impartición de dones a través del Espíritu Santo	Cuerpo de Cristo	**Carismático** Lluvia Tardía Discipulado Fe Reino

LA COMPAÑÍA DE LOS PROFETAS ... PREPARAN EL CAMINO... MOVIMIENTO PROFÉTICO

199? D.C. - Tiempos eternos DESTINO DE LA IGLESIA 2000 -D.C. - Eternidad

FECHA APROX.	EXPERIENCIAS ESPIRITUALES	DOCTRINAS DE CRISTO (HEB. 6:12; HCH. 3:21)	EVIDENCIAS DEL BAUTISMO	MOVIMIENTOS DE RESTAURACIÓN
199?+ D.C.	Glorificación Supremas alabanzas Justicia Amor Ágape Unidad divina	5 Resurrección de los muertos Dones: Obra de milagros Discernimiento de espíritus Preludio: Purificado, sin mancha Completa madurez en Cristo Jesús Resultado: redención del cuerpo Mortalidad terminada en la vida Victoria sobre el último enemigo	Fuego	Cuerpo de Cristo Una Iglesia unida y perfecta
20?? D.C.	Adjudicación 7 formas del Espíritu	6 Juicio eterno Dones: Todos los dones y frutos Ejército del Señor de Joel Manifestación de los Hijos de Dios Santos ejecutan el juicio escrito	Amor	Ejército del Señor Vencedores Novia de Cristo
20?? D.C.	Administración	7 Última perfección Séptimo día de descanso de Dios 1000 años: reinado de paz sobre la tierra Reinado de los vencedores con Cristo	Sabiduría	Iglesia reina Reino sobre la tierra
Tiempos eternos	Continuación	8 Cielos nuevos y tierra nueva Redención de la creación Restauración de la tierra La Iglesia comienza el ministerio eterno	Plenitud	Iglesia eterna Reino universal

5

El MOVIMIENTO CARISMÁTICO COMPARADO CON EL MOVIMIENTO PROFÉTICO

Cada movimiento de restauración en los últimos quinientos años ha sido ejemplificado por las diversas experiencias de los hijos de Israel en su peregrinaje de Egipto a la tierra prometida de Canaán (1 Corintios 10:1-11). El Movimiento Protestante es paralelo a la Pascua (salvación); El Movimiento de Santidad, al Mar Rojo (bautismo en agua), las riberas (la santificación) y las aguas de Mara (sanidad divina); el Movimiento Pentecostal, al agua de la roca (el bautismo del Espíritu Santo); el Movimiento de la Lluvia Tardía, el Monte Sinaí (el presbiterio profético). El Movimiento Carismático los llevó a todos a Cades barnea al borde de la tierra prometida.

El Movimiento Profético es la nueva Generación Josué atravesando el Jordán, para ir y comenzar a poseer nuestras posesiones prometidas proféticamente. Israel estuvo en el desierto por treinta y ocho años más después de dos años de jornada para llegar al borde de Canaán. La mayoría no tuvieron la fe para ir y desalojar a los "eos" de Canaán y poseer lo que Dios había prometido proféticamente, ellos tuvieron que vagar en el desierto hasta que una generación nueva pudo ser levantada para así poder entrar.

La compañía de David de los últimos días. En el tiempo de David, Saúl y su ejército habían sido desafiados por Goliat por cuarenta días demandando que le enviaran a un israelita a pelear con él (1 Samuel 17:16). David apareció en la escena y salió en contra de él con fe en Dios. Un ministerio probado y la palabra profética de juicio fueron lo que causó la caída de Goliat. David era un profeta (Hechos 2:30) y no fue en contra del enemigo en su fuerza, sino en el nombre del Señor. Él dependía de Dios para defender su causa al darle la capacidad de derrotar al gigante que desafiaba al pueblo.

Hoy, Dios está levantando la compañía de David de creyentes que no teman salir de en medio de la multitud de personas religiosas como los del ejército de Saúl y convertirse en instrumentos en la mano de Dios para destruir el sistema satánico mundano gigante que desafía el propósito del Señor para su pueblo. La generación de Josué, con fe y la dedicación de David, está ahora atravesando el Jordán para enfrentarse a los gigantes, que están viviendo en la tierra prometida de Canaán. El Movimiento Profético no solo tiene la generación nueva, sino también a los ministros mayores y maduros con el espíritu de Josué y Caleb, quienes creen que "son capaces" de hacer todo lo que Dios proféticamente ha prometido que ellos podrían hacer. Ellos son los líderes apostólicos maduros y proféticos que Dios está trayendo al primer plano, para guiar a la generación más joven hacia la conquista de Canaán.

Comparación de los Movimientos Carismático y Profético. El Movimiento Carismático fue la época en la que Dios le dio a los cristianos en todas las denominaciones una oportunidad de ser establecidos en toda la verdad presente y de recibir todas las experiencias espirituales que han sido restauradas en la Iglesia durante los últimos quinientos años. Este fue el tiempo cuando la Iglesia estuvo "dando vueltas" hasta que todos tuvieran la oportunidad de ser actualizados, y una generación nueva pudiera ser preparada. El Movimiento Profético, por otra parte, es la compañía de profetas dirigiendo a la Iglesia a través del Jordán para comenzar a poseer su Canaán prometido. El Movimiento Carismático produjo una multitud de ministerios e iglesias independientes. En el Movimiento Profético, vemos un reconocimiento nuevo de la necesidad de trabajar conjuntamente en una "unidad de fe" (Efesios 4:13) y permitir que los "padres" de la fe se levanten para proveer liderazgo, supervisión y cobertura (1 Corintios 4:15). Como Malaquías profetizó: el espíritu de Elías "*hará que los* *padres se reconcilien con sus hijos y los hijos con sus padres, y así no vendré a herir la tierra con destrucción total"* (Malaquías 4:6) Como el ángel declaró en Lucas, esto "*... preparará un pueblo bien dispuesto...*" (Lucas1:17). Con esto en mente, podemos hacer la siguiente comparación.

Los caminantes del desierto contra conquistadores de Canaán. En el desierto, el mana cayó de cielo; todo lo que el pueblo tenía que hacer era recogerlo y comer. En Canaán, el maíz tenía que ser tostado, las vacas, ordeñadas y las colmenas, robadas para disfrutar la tierra que fluía con leche y miel. El Movimiento Carismático tenía la revelación de alabar a Dios por su presencia. Pero el Movimiento Profético ha avanzado en la revelación de la alabanza de guerra para echar abajo las fortalezas del enemigo. Hemos descubierto que la alabanza profética a Dios es su instrumento de interferencia que entorpece los canales de comunicación del enemigo, a fin de que ellos se confundan y se maten entre ellos como los ejércitos enemigos lo hicieron cuando el pueblo de Josafat fue en su contra con alabanza de guerra (2 Crónicas 20:12-25).

En el desierto, el pueblo obtuvo milagros de preservación, mientras en Canaán tuvieron milagros para poseer. En el desierto, el proceso primordial era el de actualizarse y mantenerse, pero en Canaán era el de avanzar y tomar el reino por la fuerza de la fe. Antes el pueblo vagaba como caminantes errantes del desierto, pero ahora el desafío es para que nosotros seamos los valientes conquistadores de Canaán.

La nube apostólica y el fuego profético. En la travesía del desierto, el pueblo estuvo cubierto y protegido al abrigo de una nube durante el día y calentados, iluminados y dirigidos por el fuego de noche. En el Movimiento Profético en Canaán, el apóstol es la cobertura y la nube protectora, y el profeta es el fuego iluminador que da dirección. Esta es una de las razones por la cual los apóstoles y los profetas deben ser restaurados antes de que la Iglesia pueda cumplir su propósito predestinado de los últimos tiempos en la tierra.

La guerra se ha intensificado. En el desierto, el pueblo era refrescado constantemente y solo confrontado con batallas ocasionales. Pero en Canaán la guerra era constante con momentos de refrigerio. En el pasado, era la libertad de hacer lo que se quería, pero ahora es la fidelidad de luchar como un soldado sin violar su rango (Joel 2:7). En el desierto, se gozaba de la libertad de la esclavitud religiosa; pero ahora nos hemos arrepentido del egoísmo, dejando a un lado nuestros derechos y permitiendo que su justicia obre en nosotros.

La **compañía de profetas** ha sido llamada como los Marinos de los EE. UU., quienes preceden al ejército principal para asegurar un territorio para el desembarco. Ellos han sido llamados como la comisión de parte de Cristo, para ser la compañía profética de David que arriesgan sus vidas para destruir a los gigantes enemigos, para que el resto del ejército de Dios se levante y desaloje al enemigo de su tierra. Ellos son como Jonatán, su escudero y los trescientos hombres de Gedeón: se expusieron al enemigo, luego vieron a Dios moverse en forma milagrosa hasta que este comenzó a huir. Entonces el resto de los israelitas pudieron unirse a ellos para destruir a los enemigos completamente.

Los profetas y los adoradores de guerra son los llamados a ir en frente del ejército regular. Ellos vencen por la sangre del Cordero y la palabra de su testimonio, y llegan al tercer nivel, **menospreciando sus vidas hasta la muerte** (Apocalipsis 12:11; 17:14).

Los profetas son como pioneros y exploradores espaciales: "valientemente van donde nadie ha ido antes". Esta es una de las razones por las cuales ellos sufren mayor persecución y, con frecuencia, son mal entendidos más que otros ministros. Quizá esta sea la razón por la que Santiago nos dice: *"Hermanos, tomen como ejemplo de sufrimiento y de paciencia a los profetas que hablaron en el nombre del Señor"* (Santiago 5:10).

Ninguno de nosotros en nuestra mente natural desearía ser un profeta; más bien tendríamos que estar en la mente de Cristo. El medroso y el temeroso no deben apegarse a los profetas o al movimiento profético, ya que ellos han entrado a un combate que

no cesará hasta que todos los "eos" de Canaán hayan sido eliminados, y los reinos de este mundo se hayan convertido en los reinos de
nuestro Señor Jesucristo y su Iglesia victoriosa (Deuteronomio 20:8;
Jueces 7:3; Apocalipsis 11:15).

6

¿QUÉ ES EL MOVIMIENTO PROFÉTICO?

El Movimiento Profético es parte de la obra continua del Espíritu Santo para llevar a la Iglesia a su completa restauración. La restauración del don de ascensión de Cristo como **profeta** es absolutamente esencial para que se cumpla el propósito total de Dios en la Iglesia. No es simplemente la restauración de los cinco ministerios, sino el llevar adelante a toda una compañía de ministros proféticos. Los profetas inspirarán a todos los cinco ministerios a que sean más proféticos.

El papel de los profetas en la restauración. La compañía de profetas ayudará a los apóstoles a ser restaurados a su debido lugar en la Iglesia. La restauración total de los apóstoles y profetas en la Iglesia traerá orden divino, unidad, pureza y madurez en el Cuerpo de Cristo. Los santos serán activados y capacitados en el poder sobrenatural de Dios para ser testigos y demostrar, a todas las naciones, el reino poderoso de Dios.

Esto traerá consigo el fin de este sistema mundial de la humanidad y el reinado de Satanás. El cumplimiento de todas estas cosas desatará a Cristo, quien ha estado sentado a la diestra del Padre en el cielo, para que regrese y establezca su reino eterno sobre toda la tierra. Como el profeta Daniel lo predijo, la piedra (la Iglesia) que fue tallada de la montaña (Cristo) continuará creciendo en fuerza y, como una bola de nieve rodando desde una montaña, golpeará los pies de los gigantes imperios mundiales, haciéndoles que se desmoronen y entren en sumisión a Cristo Jesús (Daniel 2:44).

¿Qué es lo que incluye el Movimiento Profético? El Movimiento Profético incluye todos los niveles proféticos: los profetas, ministros proféticos, pueblo profético, profecía personal, presbiterio profético, dones del Espíritu Santo, adoración profética, canto profético, como también la alabanza de señas, danzas, pompa y las numerosas maneras de adorar a Dios en las artes y en el drama. Así que el movimiento toca todo los medios naturales y sobrenaturales de comunicación de la palabra, la voluntad y el ministerio milagroso de Dios a la humanidad. También involucra la obra continua de purificación y de perfección de los santos (esto es, todos los creyentes) en el carácter de Cristo, como también la activación de los miembros de la Iglesia y ministros en su más alto llamado en Cristo Jesús.

El Movimiento Profético es para proclamar a los profetas de Dios, para propagar lo profético, activar a otros para que se conviertan en ministros proféticos y producir a un pueblo profético para el propósito de Dios. Todas estas verdades y ministerios restaurados en el Movimiento Profético son edificados y operan basados en las doctrinas bíblicas, verdades y ministerios fundamentales que han sido restaurados en la Iglesia durante los últimos quinientos años.

Procure el ministerio profético. El apóstol Pablo usa la palabra "profetizar" para representar a todo el ministerio profético. Este es el único ministerio que a los cristianos se les ha mandado a procurar: *"ambicionen el don de profetizar"* (1 Corintios 14:39).

Otras escrituras nos dicen que no debemos ser ignorantes del ministerio profético, sino que debemos tener un conocimiento experimental de él (1 Corintios 12:1); que seriamente lo procuremos; que seamos fervientes en buscar el ministerio profético (1 Corintios 14:12). Debemos hacer del amor "ágape" parte del carácter en semejanza a Cristo nuestra meta progresiva final, mientras continuamente debemos desear y ministrar los dones espirituales, especialmente el de profetizar, el cual es el don clave que abre la puerta para el ministerio profético (1 Corintios 14:1).

No desprecien, no apaguen. A todos los ministros y cristianos se les ha mandado a tomar una actitud de apreciación y de confianza en la profecía, porque Dios dice "*no desprecien las profecías*" y "*No apaguen al Espíritu*" (1 Tesalonisenses 5:19-20). Cuando el ministerio profético es despreciado, este se apaga (restringe, doblega, suprime, obstaculiza) e impide al Espíritu Santo llevar a cabo su mandato profético de Cristo Jesús. El profeta Joel profetizó que en los últimos días Dios derramaría su Espíritu a toda carne, y nuestros hijos y nuestras hijas profetizarían (Joel 2:28-29). El apóstol Pedro, por inspiración divina, declaró que "esos días" eran los de la Era de la Iglesia (Hechos 2:17; Hebreos 1:2).

Muchas escrituras acerca de la profecía. Hay más versículos en el Nuevo Testamento que hablan acerca del ministerio profético y de instrucciones para seguir, que acerca de otras importantes verdades bíblicas que los cristianos practican regularmente, tales como: la santa cena, el bautismo en agua, membresía de la iglesia, diezmos y ofrendas, y ministerio de música. Sin embargo, las iglesias hacen un número de cosas que no son respaldadas con ejemplos en el Nuevo Testamento, como los conciertos especiales, la Escuela Dominical, adoración con instrumentos musicales, la "danza de alabanza" carismática o la "danza en el Espíritu" de la manera pentecostal, coros, un orden por escrito para todo un culto, bodas cristianas —aun los funerales cristianos— (en los tres funerales a los cuales Jesús asistió, se nos dice que Él resucitó a los que estaban muertos; ¿es este nuestro ejemplo?). Además podríamos mencionar todas las cosas que las iglesias hacen hoy con la electrónica moderna, las diferentes formas de transporte y los medios de comunicación.

Prácticas aceptadas sin ningún ejemplo bíblico. Todas estas son prácticas aceptables en la mayoría de las iglesias, sin embargo no hay ejemplos, y son muy pocas las escrituras relacionadas a estas actividades en el Nuevo Testamento. Pero hay muchas escrituras y ejemplos en el Nuevo Testamento acerca del ministerio profético. Así que, ¿por qué no todos los cristianos que basan su fe y prácticas en La Biblia aceptan el ministerio profético neotestamentario y lo practican de la misma manera que lo hacen con la santa cena, bautismo en agua o diezmo?

Los ministros proféticos. Los **ministros proféticos** de la verdad presente son aquellos ministros que no han sido llamados al oficio de profeta, pero no obstante creen que hay apóstoles y profetas en la Iglesia de hoy, y que pueden fluir en los dones sobrenaturales del Espíritu Santo. Ellos pueden ministrar proféticamente por el espíritu de profecía y la palabra de ciencia, o cualquiera de los otros dones que el Espíritu Santo les ha dado, como parte de su herencia espiritual. Todos los ministros de los cinco ministerios han sido llamados y capacitados para ministrar proféticamente por medio de la predicación profética, conocimiento revelado, dones del Espíritu y su propio don de ascensión.

Santos proféticos y el pueblo profético. Usted no tiene que tener uno de los dones de ascensión de Cristo como apóstol, profeta, evangelista, pastor o maestro para ser un **santo profético**. Los santos proféticos tienen uno o más de los dones del Espíritu Santo, ministerios y otras habilidades divinas para el servicio del Reino de Dios. El **pueblo profético** son aquellos santos que han sido educados, motivados y activados en sus ministerios de membresía en el Cuerpo de Cristo.

Procuren profetizar. Cuando el apóstol Pablo les decía a los santos en la iglesia de Corinto que **procuraran profetizar**, él tenía en mente algo más que varios de los conceptos pentecostales de lo que es el ministerio profético. El conocimiento en la mayoría de las denominaciones pentecostales del pasado consistía estrictamente en el uso de los dones de lenguas, la interpretación de lenguas y la ministración de la profecía a la congregación. En las iglesias del Movimiento Pentecostal, ellos primordialmente tenían en sus servicios el hablar en lenguas y la interpretación. También enseñaban que un mensaje en lenguas con interpretación es lo mismo que profetizar, esto es, Dios expresando sus pensamientos al pueblo presente.

En las iglesias de la Lluvia Tardía, casi nunca tenían mensajes en lenguas o interpretación, pero frecuentemente profetizaban en cada servicio. Las iglesias Carismáticas y de Fe tenían una combinación de los dos. El antiguo concepto era el de pararse en medio de la congregación y dar en voz alta una palabra profética de exhortación, edificación y consuelo. Estas profecías congregacionales eran usualmente dadas durante o al final de la adoración.

Nuevas formas de ministrar proféticamente. Estas prácticas son bíblicas y válidas, pero son solo una aplicación y dimensión del ministerio profético. Profetizar es expresar el corazón, los pensamientos, los deseos y los propósitos de Dios, dando palabras específicas en el tiempo adecuado, en el lugar correcto, a la persona o las personas que Él ha ordenado que reciban su mensaje. Dios ahora está revelando y añadiendo muchas maneras nuevas y medios de ministrar proféticamente.

En el capítulo 5 del primer tomo de esta serie, *Los Profetas y La Profecía Personal*, hay cinco fuentes bíblicas o instrumentos de ministerio profético, los cuales han sido descritos así: (1) el oficio y don de ascensión del **profeta**; (2) **la predicación profética**; (3) **el presbiterio profético**; (4) el **don** del Espíritu Santo de **profecía**; y (5) el **espíritu de profecía y el canto profético**. Solo el profeta puede ministrar en la autoridad, el oficio y la dimensión del profeta, pero todos los otros ministros pueden funcionar en las otras dimensiones.

Desarrollando los dones en los santos. El **movimiento profético** también ha traído consigo la revelación y la aplicación para activar a los santos en los dones del Espíritu Santo. Una de las características de un movimiento verdadero de restauración (vea el capítulo 7 para estudiar otras) es que el Espíritu Santo da sabiduría divina y habilidad a los líderes para entrenar a otros en los dones espirituales o ministerios que están siendo restaurados.

El **Movimiento Protestante** trajo el don de la **vida eterna** de pocos a muchos. También trajo el conocimiento bíblico de cómo llevar a otros para que reciban el don de la vida eterna. Los movimientos posteriores revelaron otras formas de cómo obtener el mayor beneficio de ese don de vida para vivir una vida victoriosa.

El **Movimiento Pentecostal** hizo lo mismo con el **don del Espíritu Santo**, con la subsiguiente manifestación de hablar en otras lenguas. Los pentecostales llevaron este concepto de los pocos a los muchos, la revelación del conocimiento de que esto era para todos los que habían recibido el don de la vida eterna. Pero no fue sino hasta la Renovación Carismática que el conocimiento por revelación y aplicación fue llevado a cada denominación cristiana, aun hasta los católicos de la prerrestauración.

Los carismáticos también recibieron más principios de fe para administrar el don del Espíritu Santo a otros. Una verdad de restauración toma un don de la soberanía exclusiva de Dios y enseña a hombres y mujeres espirituales los principios divinos de cómo recibir y ministrar este don a otros. Esto no es cuestión del sometimiento de la soberanía de Dios a la fe humana ni de limitar a los santos a que operen en los dones espirituales solo cuando el Espíritu Santo, soberanamente, lo desea, sino es el fluir en los dones dados por fe divina y gracia (Romanos 12:6; Efesios 2:8-9).

El entrenamiento en la operación de los dones. Los pentecostales clásicos y los carismáticos creen que pueden educar a alguien bíblicamente acerca del bautismo del Espíritu Santo y ayudarlos para que hable en lenguas. Aun dan instrucciones paso a paso y llevan a cabo algunos actos de fe, los cuales son necesarios para activar el don del Espíritu Santo en ellos para que puedan orar en su propio lenguaje de alabanza.

En forma similar, el **Movimiento Profético** está trayendo conocimiento revelador, métodos, maneras de enseñar, activación y madurez a los santos en los **dones del Espíritu Santo** y en los ministerios espirituales. Yo he llevado a cabo cientos de Escuelas especiales del

Espíritu Santo con este propósito y tengo el testimonio de numerosos miembros de la iglesia y ministros que dicen que sí funciona. La siguiente gráfica resume estos tres dones y el movimiento que restauró a cada uno a este nivel.

DON	FECHA	MOVIMIENTO
El Don de la Vida Eterna	1500	Movimiento Protestante
El Don del Espíritu Santo	1900	Movimiento Pentecostal
Los Dones del Espíritu Santo	1988	Movimiento Profético

Las **iglesias del Movimiento Protestante** fueron establecidas por Dios para proveer un lugar muy necesario donde los santos podían oír la enseñanza positiva de la revelación acerca de este don, capacitándolos para creer y recibir el don de la vida eterna. Las iglesias del Movimiento Pentecostal se levantaron para proveer revelación, predicando en un lugar donde los creyentes podían creer y recibir el don del Espíritu Santo. Las **iglesias del Movimiento Profético** están siendo establecidas hoy por Dios para proveer un lugar donde los ministros de los cinco oficios sean manifestados para que puedan llevar a cabo la obra de capacitar a los santos. Estas iglesias enseñan, entrenan y activan a los creyentes en el uso de los dones del Espíritu Santo.

Es hora de activar a los santos. Los ministros que tratan de seguir a la par con el Espíritu Santo en su obra de restauración en la Iglesia deben comenzar a activar a los santos en sus dones y llamados. Hemos sido llamados no solo para purificar a la Iglesia, sino también para madurarla y capacitarla para el Día del Señor. Estamos siendo desafiados a que levantemos soldados para el ejército de Dios, no a preparar a un pueblo para la jubilación y unas vacaciones divinamente eternas como "vagabundos aleluyas".

Los ministros de los cinco ministerios han sido expresamente comisionados por Dios para perfeccionar, madurar y capacitar a los santos (Efesios 4:11-12). Así que debemos entrenarlos en el uso de los dones del Espíritu Santo, nuestras armas de guerra. Lamentablemente, por siglos, los ministros cristianos solo han tratado de vestir a los santos con su armadura cristiana (Efesios 6:10-18). Pero la armadura no es suficiente, es principalmente para propósitos de protección, defensivos y de conservación.

La única parte ofensiva en la armadura es la espada del Espíritu, la cual es La Palabra de Dios. Así que la revelación vocal y los dones poderosos del Espíritu deben ser activados junto con las otras expresiones de la palabra poderosa de Dios, para que nosotros podamos correctamente hacer guerra espiritual. Esta es la hora en que los dones deben ser activados como parte integral en la vida y el ministerio de cada santo.

Un asunto serio. Estoy convencido de la seriedad de lo que el Espíritu Santo está haciendo: creo que Él le ha dicho a las iglesias y a los ministros que no colaboran con Él en cumplir la comisión de Cristo, que ellos declinarán. Si los pastores rehúsan capacitar a sus santos en los dones, entonces ellos serán quitados del pastorado, o las personas que desean los dones saldrán de esas congregaciones e irán a otros pastores que están haciendo la voluntad de Dios.

Todas las excusas dadas en el pasado, acerca de la razón por la cual no han activado a los santos en los dones del Espíritu Santo, serán inaceptables ante Cristo. Él ha determinado traer a todos los miembros de su Cuerpo en su ministerio de membresía (Hechos 17:30).

Algunos ministros dicen que la activación de los santos trae confusión, y que los santos no son lo suficientemente maduros para poder ministrar los dones. Pero si los santos no son maduros y no están debidamente preparados, entonces ¿quién es culpable, la congregación o el pastor? Los santos solo aprenden haciendo, "... *para los que tienen la capacidad de distinguir entre lo bueno y lo malo, pues han ejercitado su facultad de percepción espiritual*" (Hebreos 5:14).

Por supuesto, es más fácil dar a luz hijos de Dios, que madurarlos hasta su hombría y ministerio. Pero esa es la parte de la obra del ministerio. Nosotros los ministros de esta generación tendremos que dar cuentas y ser responsable ante Dios, de restaurar los dones del Espíritu Santo en cada santo.

Enseñanza contra activación. No estamos hablando solamente acerca de enseñar a los santos. Los creyentes de la verdad presente han sido enseñados acerca de los dones del Espíritu por los últimos ochenta años. La enseñanza sola ya no cumplirá cabalmente la responsabilidad del ministro. Todos los ministros de la verdad presente ahora deben motivar, activar y madurar a los santos en sus dones y llamados.

Hemos vestido a la Novia de Cristo correctamente en su prenda de alabanza. Ahora es hora de desarrollarla en los dones del Espíritu, hasta el mismo nivel en que la hemos desarrollado en la adoración y la alabanza. Es hora de avanzar más allá de solo cantar coros acerca del ejército del Señor, para realmente entrenar a los santos en el uso de sus armas de guerra.

Las formas y maneras de hacer esto están ahora siendo reveladas. Las escuelas, los seminarios y las iglesias proféticas están activando a los santos en muchos lugares. Este es el tiempo de visitación para la manifestación total de los dones en cada ministro y santo.

UN TESTIMONIO PERSONAL

Todos los creyentes pueden ser entrenados. Mi experiencia personal con el ministerio profético a través de los años —comenzando con mi experiencia pentecostal y luego con el Movimiento de la Lluvia Tardía en los años cincuenta— ilustra muy bien la forma en la cual el Movimiento Profético ha llegado a demostrar que todo los creyentes pueden ser entrenados para practicar los dones del Espíritu Santo.

En 1950, el día que cumplía los dieciséis años, en un servicio bajo una enramada, en Oklahoma, acepté al Señor y fui bautizado en el Espíritu Santo. Durante dos años estuve asistiendo a unas iglesias pentecostales y allí fui establecido en la doctrina pentecostal y en sus formas de adoración.

La base de la Lluvia Tardía. En 1952, comencé a asistir a una iglesia que estaba siguiendo la dirección del Movimiento de la Lluvia Tardía, la cual estaba influenciando a todas las iglesias pentecostales de ese tiempo. Las congregaciones de la Lluvia Tardía se caracterizaban por los coros que cantaban, las alabanzas melodiosas, la profecía personal y el presbiterio profético.

Experimentando al profeta. Mi primera experiencia con la profecía personal por medio de un profeta ocurrió en 1952. Después de esto, comencé a profetizar consistentemente en la congregación. En 1953, comencé a asistir a un Instituto Bíblico en Portland, Oregon, ellos también estaban participando en el Movimiento de la Lluvia Tardía. En la universidad, había varios maestros y profetas. Mientras estuve allí, recibí una profecía personal extensa de parte de tres ministros de la facultad. Al ser transcritas, las profecías cubrían varias páginas, y estas palabras profetizaban mi llamado, dones y ministerio.

Ministerio pastoral. Después que salí del Instituto Bíblico, fui a pastorear una iglesia pequeña por seis años en el estado de Washington. Durante este tiempo, asistí a la Conferencia anual de Crescent Beach, en la que estaban enseñando acerca de la función de los presbiterios proféticos (1 Timoteo 4:14) de acuerdo al conocimiento de la restauración y a la Confraternidad de Iglesias y Avivamiento. Desarrollé un fundamento sólido en la enseñanza y práctica de estas iglesias, lo cual proveyó ciertas directrices y procedimientos para los candidatos que deseaban recibir la imposición de manos y la profecía de parte de los presbiterios proféticos.

Costumbres del presbiterio profético. La verdad experimental de la profecía personal fue soberanamente restaurada por Dios a la Iglesia en febrero de 1948 (vea la historia de este evento en el capítulo 10, de *La Iglesia Eterna*, "El Movimiento de la Lluvia Tardía"). En años subsiguientes, varios patrones, costumbres y procedimientos acerca del ministerio profético personal, gradualmente, habían sido desarrollados.

Estos eran muy similares a aquellos practicados en el Instituto Bíblico, donde habían recibido el ministerio profético en 1953.

En el Instituto, un domingo, el presidente anunció que el siguiente jueves por la noche, el presbiterio profético estaría ministrando. Cualquiera que quería ser un candidato para el ministerio profético tenía que ayunar un mínimo de tres días para recibir ministración. Ayuné más de lo requerido para ser considerado como candidato. El jueves nosotros los candidatos estuvimos en un tiempo de oración y alabanza que duró cerca de una hora.

Después, los ministros que debían formar el presbiterio profético se unieron en oración y estaban reunidos en un grupo como jugadores de fútbol (americano). Ellos procedieron a llamar a un estudiante del grupo y le pidieron que se arrodillara enfrente de una silla, luego oraron por él por algunos minutos. Ellos entonces profetizaron sobre él. Finalmente, oraron para "sellar" las palabras proféticas declaradas sobre él y le pidieron que regresara a su asiento.

Los ministros volvieron a su grupo de oración otra vez, mientras la congregación oraba y alababa al Señor. Después de varios minutos, uno de los ministros me llamó para que fuera el siguiente candidato. Siguieron el mismo procedimiento, excepto que después de que recibí el ministerio profético, me pidieron que me pusiera de pie y profetizara.

Después que regresé a mi asiento, uno de los ministros anunció que ellos creían que nosotros dos éramos los únicos que Dios quería que recibiéramos ministerio profético esa noche. Casi cien estudiantes habían ayunado por tres días y estaban a la expectativa de recibir ministración, por lo que los demás se desanimaron profundamente; aun algunos se resintieron, y para empeorar las cosas, ese fue el único presbiterio profético que llevaron a cabo en ese año escolar.

¿El máximo del Espíritu Santo? Durante los siguientes veinte años, ayudé a dirigir un número de presbiterios proféticos y ministré individualmente como profeta a un número de personas. Durante este tiempo, nunca les profetizaba a más de diez personas en un evento o servicio. El mayor número de personas a quienes les profeticé durante una de las sesiones de presbiterio profético era de cuatro a seis parejas, o de diez a doce personas. Creía que este era el "orden divino" para lo profético o tal vez el número máximo del Espíritu Santo para un solo servicio. Pero Él rompió mi "viejo odre" con respecto a esto cuando, en 1973, experimenté un mover soberano de Dios en mi vida.

En octubre de 1972, recibí una profecía personal de parte de un profeta que decía que dentro de tres meses recibiría una visitación de Dios, que abriría de mi interior un flujo interminable de profecía. La profecía decía que el fluir sería tal, que continuaría de un día a otro. A veces tendría que tomar un descanso y luego regresar a una hora designada, para continuar profetizando sobre muchas personas hora tras hora.

Un mover soberano de Dios. En enero de 1973, salí de nuestras oficinas generales de Christian International en San Antonio, Texas, para asistir a la conferencia anual de Confraternidad de Avivamiento en Yuba City, California. Después de la conferencia, me detuve para visitar a un ministro en Sacramento. Allí, un estudiante a quien le había enseñado en el Instituto Bíblico —el evangelista David Cook— estaba predicando las dos últimas noches de una campaña de avivamiento que había llevando a cabo por dos semanas. Él no tenía idea de que yo venía, porque no había planeado estar en Sacramento o en esa iglesia en particular. La providencia de Dios simplemente me había permitido pasar por allí de improviso.

David había mencionado, al comienzo de las reuniones de avivamiento, que él había sentido que Dios quería hablarles a muchos en la iglesia a través de la profecía personal; pero les dijo que él no sabía cómo esto podría ocurrir, porque él no profetizaba, y la única persona que conocía como profeta y que podría ministrar a personas con la profecía personal era uno de sus maestros del Instituto Bíblico en Texas. ¡Así que usted puede imaginar su sorpresa y su emoción cuando me vio entrar a la iglesia!

David me pidió que guiara a la congregación en la adoración para que fueran liberados y pudieran danzar y regocijarse ante el Señor. Él me explicó lo que le había dicho a la gente y me preguntó si podría profetizar sobre algunos de ellos como el Señor me dirigiera. Así que por más de una hora y media ministré llamando a cuatro parejas y a varias personas para que recibieran profecía personal.

El viejo odre roto. Esta era la mayor cantidad de personas que habían sido ministrados en un servicio, así que pensé que el Espíritu Santo había llegado a su máximo esa noche. Pero, ya que la mayor parte de las personas presentes nunca habían experimentado o habían visto una manifestación de profecía personal, les sugerí que todos formaran un círculo alrededor del salón de reunión a medida que los ministros formaban una fila doble enfrente, de esta manera todos al menos podían pasar por la fila de los ministros, y podíamos imponer las manos sobre ellos para pedir la bendición de Dios.

A medida que imponía manos sobre ellos, el espíritu de profecía comenzó a moverse y a hervir dentro de mi espíritu. Las palabras proféticas comenzaron a llenar mi mente hacia la persona. Pero mis "odres viejos" de los procedimientos anteriores y la experiencia me recordaban que ya había ministrado al máximo para ese servicio. Así que me refrené de profetizar a ese individuo, pero lo mismo sucedió cuando puse mis manos en las siguientes dos personas.

No apague el flujo profético. Cuando impuse las manos sobre la cuarta persona, había un burbujeo tan fuerte de la unción profética y un gran fluir de pensamientos proféticos hacia la persona, que comencé a debatir en mi mente con Dios acerca de lo que estaba sucediendo. Le dije que no había pedido esto y le pregunté si este era su mover soberano. ¿Estaba yo dispuesto a desatar este flujo profético a la gente?

Él me habló claramente y me dijo que permitiera que el fluir profético fuera dado a la persona siempre y cuando este se mantuviera burbujeante. Así lo hice. La cuarta persona recibió una profecía y así lo hice con todos los demás. Las primeras tres personas regresaron a la fila para recibir el ministerio profético que el profeta no había tenido fe para darles la primera vez. Todas las ochenta y cinco personas presentes recibieron la imposición de manos con profecía personal. Eran las 2:30 cuando la última persona recibió ministración.

Así que la profecía se había realizado: en tres meses había fluido proféticamente de un día a otro.

El fluir continúa. Esa noche pensé que este era un mover soberano de Dios y que nunca se repetiría otra vez. Dos semanas después, estaba en Pensilvania, donde ciento cincuenta personas se habían reunido para oír acerca del ministerio profético. Prediqué por una hora y quince minutos, y luego me sentí dirigido a orar por algunas personas. Cuando comencé a imponer las manos sobre la gente, la unción profética comenzó a fluir poderosamente dentro de mí y continuó hasta las 3:00, cuando la última persona recibió la imposición de manos y el ministerio profético.

Después de este servicio, y en todos los lugares a donde iba, Dios se movía en una forma similar. Hubo muy pocos servicios durante los siguientes doce años, en los cuales no profetizaba sobre personas hasta después de la medianoche.

Entrenando y activando a otros. En 1984, comenzamos a llevar a cabo seminarios en Christian International, donde el presbiterio profético era provisto para aquellos que asistían. En los primeros seminarios se les profetizaba a todos los participantes, y los diez o doce ministros de Christian International presentes apoyaban y ocasionalmente daban una profecía corta o una palabra de ciencia. Pero en 1987, la facultad ministerial y los ministros proféticos habían madurado y tenían la suficiente experiencia y sabiduría para dirigir los equipos proféticos. En la conferencia profética de mayo de 1989, los ministros de Christian International formaron doce equipos proféticos que en dos tardes les profetizaron a cuatrocientos cincuenta asistentes a la conferencia.

Ya que Christian International todavía no tiene suficiente habitaciones para acomodar a todos aquellos que asisten a los seminarios, nuestras reuniones se llevan a cabo en locales, con grandes salones de reunión. Estas se realizan con la cobertura correcta del supervisor apostólico —profético de la Red de Ministerios proféticos de Christian Internacional—, el pastor de la Iglesia de Christian International y el cuerpo administrativo ministerial de la organización. En estos seminarios y otros eventos, hemos entrenado personalmente a cientos de profetas, quienes fluyen proféticamente por horas ministrando a muchas personas, así como yo lo había hecho por doce años viajando continuamente por todos los Estados Unidos y muchos otros países.

¿Cómo opera esto? Algunas personas que no han ministrado proféticamente de esta manera no pueden entender cómo logran acordar un tiempo y lugar para profetizar sobre personas. Aun algunos que han participado en presbiterios proféticos no pueden entender cómo nuestros profetas pueden ministrar a todos aquellos que vienen a una sesión de ministración.

Debo admitir que no tengo palabras para explicar en detalle cómo este ministerio opera, así como no puedo explicar en la lógica natural cómo nací de nuevo y cómo me convertí en una criatura nueva en Cristo Jesús. No puedo explicar completamente cómo recibí el lenguaje de oración del Espíritu Santo simplemente pidiendo, creyendo y recibiendo de Jesucristo. No sé cómo puedo orar ese lenguaje de oración en cualquier momento.

Pero sí sé que la vida eterna, el Espíritu Santo y las lenguas desconocidas son dones divinos o habilidades. Los dones de Cristo simplemente permiten que el espíritu humano opere en la habilidad de Cristo.

Dados, no prestados. Pedro declara que hemos venido a ser participantes de la naturaleza divina de Cristo (2 Pedro 1:4). Pablo decía que cada cristiano había recibido una manifestación especial del Espíritu Santo (los nueve dones del Espíritu Santo; 1 Corintios 12:7-11).

Estos dones no son **prestados** al creyente; son **dados**. Los cinco dones de ascensión de Jesús y los dones del Espíritu Santo son manifestaciones de la naturaleza divina de Cristo. El espíritu humano redimido ha sido dotado con capacidades especiales y características de la naturaleza divina de Cristo y la habilidad de ministrar.

Así la persona que recibe el **espíritu de profecía** tiene su espíritu redimido, bautizado y capacitado con la parte del Espíritu de Cristo que le dio la habilidad de hablar y conocer la mente de Dios en el tiempo correcto para la gente correcta. Aquellos que reciben el don de la sanidad tienen la habilidad que le permitía a Cristo imponer las manos sobre los enfermos y sanarlos. Así que si a usted le es revelada la habilidad especial que ha recibido, y si cree verdaderamente que tiene esa habilidad divina, entonces puede ministrar con esa habilidad a individuos, según la proporción de fe que ejercita. Pablo dice: *"Tenemos dones diferentes, según la gracia que se nos ha dado. Si el don de alguien es el de profecía, que lo use en proporción con su fe"* (Romanos 12:6).

Similarmente, el fruto del Espíritu que recibimos cuando hemos nacido de nuevo no crece automáticamente. Debemos tener fe y la disposición de hacer uso del amor, la alegría, la paz y la paciencia de Dios y todos los otros frutos.

Todo por fe. Todo atributo divino y habilidad son recibidos, activados y ministrados por fe. *"... sin fe es imposible agradar a Dios..."* (Hebreos 11:6). Hebreos 11 declara que todos los grandes hombres y mujeres de Dios, antiguamente, lograron por fe todas sus grandes proezas para Dios.

Una vez que un individuo recibe uno de los cinco ministerios —apóstol, profeta, evangelista, pastor o maestro— él o ella reciben esa parte de la habilidad divina de Cristo en esa área. Un **pastor** recibe la buena naturaleza y habilidad de Cristo para pastorear en cualquier momento y en cualquier lugar a cualquiera de las ovejas de Dios en su rebaño. El **evangelista** tiene la habilidad de Cristo para ministrar vida eterna en cualquier momento a cualquier persona que esté dispuesto a recibir el mensaje. Un **profeta** tiene su espíritu habilitado con la capacidad del Espíritu profético de Cristo que le ha hecho conocer cosas que no pueden ser conocidas por el conocimiento natural acerca de otras personas. Esto le permite discernir llamados y ministerios que el pueblo de Dios ha recibido; y declarar el consejo futuro y los propósitos de Dios.

El espíritu del profeta sujeto al profeta. Jesús no fue movido para ministrar simplemente las necesidades de la gente, más bien ministraba bajo la dirección del Padre (Juan 5:19-20). Si bien, todo es por gracia, fe y por la capacidad divina, aun así, no siempre es oportuno, en orden o por la guía del Espíritu que las profecías dadas sean manifestadas. El espíritu del profeta está sujeto al profeta en refrenar y activar. Es importante actuar sobre el discernimiento y la discreción del ministro profético para determinar si el ministerio profético es apropiado, oportuno o prudente (1 Corintios 14:32).

Dios lo sabe todo acerca de la persona. Cada santo tiene dones divinos, talentos y ministerios, y Dios tiene consejos y propósitos para cada miembro en el Cuerpo de Cristo. Por eso, un profeta o una profetisa pueden profetizar algunas de estas cosas a cualquier cristiano que se presenta a él o a ella. El profeta profetiza según sus sentidos espirituales desarrollados y de acuerdo a su fe madura para ministrar según su don particular de Dios.

¿Puede usted hacer que Dios hable? Alguien una vez le preguntó a mi esposa: "¿Cómo puede su esposo profetizar sobre todas las personas a quien él les impone sus manos? ¿Puede él 'por fe' hacer que Dios le hable a cualquiera en cualquier momento?". Ella le explicó que cuando yo profetizaba, no estaba obligando a Dios a que hablara de acuerdo a mi voluntad, de la misma manera que el hablar en lenguas no obliga al Espíritu Santo a que hable, cada vez que el creyente bautizado desea orar en el Espíritu.

El padre siempre tiene algo que decirle a sus hijos. Para ilustrar cómo podría haber una palabra para todos, ella sugirió un paralelo terrenal en nuestras relaciones en casa: "Si usted fuera el padre de diez niños —ella le preguntó—, y cada uno viniera y se parara delante de usted queriendo escuchar algo, ¿no tendría algo que decirle a cada uno? Usted podría darle simplemente una palabra de aprobación a uno y a otro podría decirle, simplemente, 'te amo' mientras que con los otros podría aprovechar la ocasión para darle varias páginas de instrucción, corrección, ánimo y dirección".

"Un padre verdadero no miraría a uno de sus hijos y no le diría nada ni declararía: 'Lo siento; no tengo nada que decirte'. Creo que Cristo Jesús toma cada oportunidad para comunicar sus pensamientos y propósitos hacia sus hijos."

El profeta nabi. Tenemos que aprender acerca de las diferentes clases de profetas: algunos son "videntes" que profetizan según visiones, sueños u otro conocimiento revelado que han recibido, otros son los que llamaría el profeta "nabi", de la palabra hebrea *profeta* que significa "rebosante o burbujeante". Un profeta nabi conoce en parte y profetiza en parte. La mayoría de las veces, cuando él o ella ve con los ojos del Espíritu, es como el mirar *"… como en un espejo"* (1 Corintios 13:9-12).

Soy un profeta nabi; cuando profetizo a muchas personas de corrido, no ministro por visiones, sueños u otro conocimiento previamente recibido. Sino más bien, recibo las palabras directamente en mi espíritu, que ha sido capacitado por Dios, tal como lo hago cuando hablo en lenguas (1 Corintios 14:14-15). Veo los pensamientos que han de ser expresados en palabras, solo unos microsegundos antes de que sean declarados, con suficiente tiempo para decidir si tengo la fe para profetizar, si tengo la terminología correcta o si es sabio declarar lo percibido (1 Corintios 14:32; Romanos 12:6).

Personalmente, rara vez recibo conocimiento revelado acerca de una persona, antes de imponer las manos sobre ella para profetizar. Mi mente natural no tiene forma de saber si las cosas que están siendo profetizadas son acertadas. He envidiado a los profetas como William Branham, Kenneth Hagin y más recientemente a Paul Cain, quienes han recibido su información profética en un sueño muy claro, en visión o de parte de un ángel. Pero en su caso como en el mío, la fe es necesaria: tienen que tener la fe para repetir lo que han visto o han oído, mientras que yo debo tener fe para abrir mi boca a cada momento y ministrar por medio del Espíritu Santo.

He ayunado y he orado, rogándole a Dios que me dé más visiones, sueños y detalles divinos en el conocimiento natural. Pero Él continuamente me dice que no me ha llamado a funcionar como esa clase de profeta. En lugar de eso, Él me ha llamado a ser un profeta que capacita al pueblo por medio de enseñanza, activación, adiestramiento y madurez en el ministerio profético ordenado por Dios.

Enseñando a otros a ministrar proféticamente. El profetizar por fe y gracia me ha capacitado para enseñar a otros profetas y ministros proféticos cómo ejercitar sus sentidos espirituales (Hechos 5:14) con una percepción mayor y cómo crecer en gracia y conocimiento (2 Pedro 3:18) para aumentar su fe y manifestar más de la mente de Cristo a otros (1Corintios 2:16; 1 Pedro 4:11). He enseñado, entrenado y activado a cientos de profetas en sus llamados como profetas. He encontrado que aquellos que han sido **llamados a ser profetas** pueden ser entrenados a ser profetas, así como aquellos que han sido **llamados a ser pastores, evangelistas o maestros** pueden ser entrenados en su llamado ordenado por Dios.

Muchos de estos profetas al principio tenían limitaciones y disposiciones mentales, acerca de cuándo, dónde y a cuántas personas ellos podrían ministrar a la vez. Pero después de que trabajé con ellos por un tiempo, podían pararse por horas y ministrar a cada persona sobre las que colocaban sus manos.

La palabra de Dios permanece. Debo decir que si bien, algunas veces, me he quejado con Dios por hacerme profetizar por fe, confiando totalmente en la inspiración del Espíritu Santo y en la habilidad del don de Cristo como profeta, Él ha sido fiel al hablar exactamente y con gran unción, de tal manera que muy pocas de las profecías dadas han caído a tierra o no han llegado a su realización. El dilema para los profetas es que, si insinúan infalibilidad, entonces son tildados como herejes, pero si demuestran su falibilidad al no acertar, entonces son denominados profetas falsos (1 Samuel 3:19; Deuteronomio 18:20-22; vea el capítulo 9).

Prueba en el fruto del ministerio. Yo le he profetizado aproximadamente a más de 20.000 personas y menos de una décima de un por ciento (aproximadamente 20 personas) me han acusado en persona o por escrito de haber fallado completamente en lo que les he profetizado. (Estoy seguro de que el porcentaje sería mucho más alto si hubiera habido oportunidad para hacer un seguimiento a cada uno de los ministrados). Muchas de estas profecías han revelado diez o quince hechos acerca del pasado, presente o futuro, a la misma vez. He profetizado con conocimiento revelado acerca de condiciones físicas, y hay numerosos testimonios de sanidades y milagros, incluidos algunos de enfermedades incurables. El reporte que oigo con más frecuencia acerca de las personas a quienes les he profetizado es este: "La palabra que usted me dio fue acertada, se está cumpliendo y está obrando en mi vida".

Usted puede preguntar, ¿cómo le puedo profetizar a cualquier persona en cualquier momento? Por el don divino de Dios, por gracia y fe, de la misma forma que recibí y he apropiado el don de la vida eterna y el don del Espíritu Santo. Por supuesto, todavía estoy sujeto a la unción, sabiduría, discreción y autorización divina de Cristo para ministrar proféticamente.

Un pueblo profético debidamente capacitado. Antes de que el Movimiento Profético haya terminado su curso, los santos en todas partes estarán consistentemente ministrando los dones del Espíritu Santo, así como el Movimiento Protestante ha traído ministración consistente del don de la vida eterna, y los Movimientos Pentecostales y

Carismáticos, al ministrar el don del Espíritu Santo, con la oración y lenguaje de alabanza para la edificación personal.

Dios proféticamente me ha mostrado que Él de veras quiere a un pueblo profético capacitado en sus armas de guerra, incluidos los dones del Espíritu Santo. En 1990, todos los verdaderos ministros de la verdad presente recibirán la visión de Cristo y la carga para capacitar a la Iglesia en el ministerio profético y los dones del Espíritu Santo. Las oportunidades y los lugares serán provistos para enseñar, activar, entrenar y madurar a los santos, y así ministrar los dones espirituales de una manera apropiada y en el momento oportuno.

Los soldados aprenden cómo usar las armas de guerra en la base militar de su país, antes de oponerse al enemigo en el extranjero. Los santos deben aprender cómo ejercer los dones en las reuniones de la iglesia, antes de ministrar afuera en las calles de la ciudad.

Los cinco ministerios capacitan. Los cinco ministerios han sido establecidos y colocados en la Iglesia para la capacitación de los santos en sus ministerios de membresía, a fin de que todo el Cuerpo de Cristo llegue a su más alto grado de madurez y ministerio (Efesios 4:11-13). Esto cumplirá uno de los propósitos del Movimiento Profético: "*preparará un pueblo bien dispuesto*" para la venida del Señor (Lucas 1:17). Cristo Jesús dio a los apóstoles, profetas, evangelistas, pastores y maestros, para capacitar a los santos en sus ministerios, a fin de que todo el Cuerpo de Cristo pueda llegar a la madurez (Efesios 4:11).

El evangelio del reino. El último mensaje que será predicado antes de la venida de Cristo es: "*Y este evangelio del reino se predicará en todo el mundo como testimonio a todas las naciones, y entonces vendrá el fin*" (Mateo 24:14). Este evangelio no será predicado y demostrado simplemente por algunos grandes ministros evangelistas o poderosos profetas y apóstoles. Las Escrituras revelan que son principalmente los **santos** los que llevarán el mensaje del Reino y ministerio, a todo el mundo.

No nos enfocaremos en algunos ministros poderosos o en el acto de una sola persona; en lugar de eso: *"pero los **santos** del Altísimo recibirán (demostrarán) el reino (mensaje), y será suyo para siempre, ¡para siempre jamás!"* (Daniel 7:18) a fin de que todo el mundo pueda ver a Jesús demostrado como Rey sobre todos los dominios de la tierra.

*"Entonces vino el Anciano y emitió juicio en favor de los **santos** del Altísimo. En ese momento los **santos** recibieron el **reino**"* (Daniel 7:22), *"Entonces se dará a los santos, que son el **pueblo** del Altísimo, la majestad y el poder y la grandeza de los reinos. Su **reino** será un reino eterno, y lo adorarán y obedecerán todos los gobernantes de la tierra"* (v. 27).

El resultado final será el cumplimiento de Daniel 2:44 y Apocalipsis 11:15: *"En los días de estos reyes el Dios del cielo establecerá un **reino** que jamás será destruido ni entregado a otro pueblo, sino que permanecerá para siempre y hará pedazos a todos estos **reinos**"* (...) *"... El **reino** del mundo ha pasado a ser de nuestro Señor y de su Cristo, y él reinará por los siglos de los siglos"* (Apocalipsis 11:15).

La última gran cosecha segada por los santos. Estos **santos** proféticos cumplirán la oración que Jesús les enseñó a orar y a seguir: *"venga tu reino, hágase tu voluntad en la tierra como en el cielo"* (Mateo 6:10). Jesús revela en su parábola de la Gran Cena, que el último avivamiento mundial sería el de los **santos**, yendo por los caminos y vallados, forzando a las personas a entrar por medio del poder convencedor de los dones sobrenaturales de Dios, a fin de que la casa (la Iglesia) de Cristo pueda estar llena (Lucas 14:16-23). La última gran cosecha será segada no solo por los ministros de los cinco oficios, sino también por las **personas** con poder apostólico y ministerio profético sobrenatural.

7

SIETE PRINCIPIOS DE UN VERDADERO MOVIMIENTO DE RESTAURACIÓN

Hay una diferencia entre un movimiento nuevo de restauración del Espíritu Santo y un avivamiento o una renovación de verdades y experiencias bíblicas que ya han sido restablecidas durante los últimos quinientos años de restauración de la Iglesia. Para que cierta actividad del Espíritu Santo pueda ser denominada como un **Movimiento de Restauración**, debe contener ciertos elementos y lograr ciertas cosas específicas. Hay por lo menos siete características principales de un movimiento soberano de Dios con el objetivo de restaurar la verdad a la Iglesia de Cristo. Si estos siete principios son evidentes, entonces un movimiento puede correctamente ser llamado un Movimiento de Restauración y no, simplemente, una renovación espiritual temporal o un énfasis en la actividad de algunas personas.

Todos los movimientos mencionados en los capítulos previos, manifestaron estas siete características.

1. Iluminación divina y conocimiento revelado de la verdad.
2. El individuo ocasional contra la compañía consistente.
3. Nueva unción y autoridad para establecer verdad.
4. Un comienzo pequeño en un lugar insignificante.
5. El poder para reproducirse por medio de enseñanza, entrenamiento, activación y maduración de los santos.
6. Practicando y publicando hasta ser debatible y controversial.
7. Cantos nuevos, coros y otra música que representan el mensaje de restauración.

Aquí presentaremos, en forma más específica, cómo el Movimiento Profético demuestra las características de un movimiento verdadero de restauración.

1. ILUMINACIÓN DIVINA Y CONOCIMIENTO REVELADO.

Un movimiento verdaderamente inspirado por el Espíritu Santo traerá iluminación de ciertas escrituras que revelan verdades y prácticas que se perdieron durante la era del Oscurantismo de la Iglesia y que no han sido entendidas y practicadas correctamente desde los días de la Iglesia Primitiva. El espíritu de revelación, en el conocimiento del propósito de Cristo para su Iglesia, comenzará a iluminar e inspirar a los ministros, para que proclamen estas nuevas perspectivas y actividades divinas. Esto hará que la Iglesia pueda experimentar una verdad vivificadora nueva y que avance hacia el ministerio nuevo que ella previamente no ha sabido cómo recibir o manifestar (Efesios 1:17-18; 3:1-5).

El Movimiento Profético ha traído y continúa trayendo iluminación divina y conocimiento por medio de la revelación de Las Escrituras, que demuestran que Dios está levantando una compañía de profetas que cumplirán cabalmente lo que dice Malaquías 4:5 e Isaías 40:3-5 colectivamente, de la misma forma que Juan el Bautista, como profeta, cumplió las profecías (Mateo 11:9-14; 17:11). El Movimiento Profético está trayendo entendimiento a la cristiandad de que sí hay profetas cristianos en nuestros días. Esta enseñanza se está diseminando en iglesias, seminarios y conferencias; cintas de audio y videos están produciéndose, y libros están siendo escritos para propagar este conocimiento hasta los confines de la tierra.

Los profetas están enseñando y demostrando los propósitos de Dios en la restauración de su don de ascensión de profeta. El conocimiento por revelación está mostrándonos el propósito de Dios al levantar una compañía de miles de profetas en estos últimos días. Las oportunidades y los lugares están disponibles para enseñar, entrenar, activar y madurar a aquellos que han sido llamados a ser profetas.

Martín Lutero. Este primer principio de restauración, de traer conocimiento por medio de la revelación y comprensión bíblica de una verdad olvidada, fue establecido en el primer movimiento principal de restauración, el Movimiento Protestante. El profeta que Dios usó para traer este conocimiento de revelación fue un joven sacerdote católico, que pastoreaba una iglesia local y enseñaba en una universidad pequeña e insignificante. Cuanto más este joven profeta estudiaba y enseñaba Las Sagradas Escrituras, más frustrado se sentía consigo mismo, con Dios, la jerarquía de la Iglesia y el sistema religioso de su día. Él había desarrollado un deseo insaciable de conocer a Dios para obtener paz divina y seguridad en su corazón.

Aunque Martín Lutero era graduado de una universidad religiosa, profesor de religión y un sacerdote ordenado en su denominación, todavía no sabía cómo obtener la experiencia del nuevo nacimiento. Él no tenía paz con Dios ni tenía la seguridad de que si moría iría al cielo. Había observado todas las ordenanzas que su Iglesia enseñaba para ser santo y para tener paz con Dios.

Él había vivido una vida monástica por años. Había practicado el ascetismo extremo, aun hasta el grado de flagelación, con ayunos interminables y casi cualquier cosa que pudiera infligir castigo a sí mismo. Este tipo de autonegación y penitencia eran la garantía de la iglesia católica para obtener paz con el Señor.

Lutero estaba frustrado por un Dios duro de corazón y tirano, que demandaba tanto y que daba tan poco a cambio. Su superior había recomendado que, si se daba al estudio de Las Escrituras, quizá él podría encontrar su paz con Dios. Este fue el mejor consejo que recibió de los líderes de la Iglesia.

Las Escrituras cobran vida. Después de años de estudio interminable y enseñanza de Las Escrituras, el espíritu de revelación descendió.

Las Escrituras en las que él había meditado por años, de pronto, cobraron vida con un nuevo significado y una realidad experimental. Romanos 1:17 y 5:1, Efesios 2:8-9 y Tito 3:5 cobraron una nueva revelación y aplicación para Lutero y se convirtieron en las verdades fundamentales del Movimiento Protestante.

Todos los movimientos de restauración comienzan cuando Dios le da a una persona una experiencia espiritual sobrenatural que hace que entienda una verdad bíblica. Debemos captar esta verdad de la experiencia personal y del testimonio de Lutero:

> Grandemente deseaba entender la Epístola de Pablo a los Romanos, y nada estorbaba esto a excepción de la expresión, "la justicia de Dios", porque pensé que significaba que Dios es justo y castiga justamente al injusto. Día y noche deliberé hasta que (...) capté la verdad de que la justicia de Dios es esa justicia que es por gracia y pura misericordia, que Él nos justifica por la fe. Por tanto me sentí como si hubiera nacido de nuevo de haber pasado por puertas abiertas al paraíso. Todas las Escrituras cobraron un significado nuevo, y considerando antes que "la justicia de Dios" me había llenado con odio, ahora se convirtió en un amor grandemente inexplicable. Este pasaje de Pablo se convirtió en la puerta al cielo. (*Manual de Eerdman de la historia de la Cristiandad*, Grand Rapids, William B. Eerdman Publishing Co., 1977; "La Reforma", por James Atkinson, p. 366.)

Un hombre con una experiencia espiritual de una base bíblica nunca está a merced de los líderes religiosos con tradición religiosa y doctrinas de hombres. Lutero predicó la verdad recién descubierta y su experiencia, hasta que causó una gran controversia dentro de la Iglesia. Él amaba su denominación y quería que ella recibiera la misma paz y experiencia vivificadora que él había recibido. Jesús usó la analogía del odre para demostrar la futilidad de tratar de introducir la cristiandad en el judaísmo: *"Ni echa nadie vino nuevo en odres viejos. De hacerlo así, el vino nuevo hará reventar los odres, se derramará el vino y los odres se arruinarán"*

(Lucas 5:37). Lutero aprendió la difícil lección al querer aplicar la verdad protestante al catolicismo.

Los odres viejos no servirán. Usted no puede poner una verdad y experiencia nueva de restauración en una denominación antigua con sus doctrinas establecidas, sus artículos de experiencias cristianas aceptables y sus prácticas, a las cuales están ligados como cemento —el cual es tan duro e inflexible como el viejo cuero de cabra que ha tenido vino añejo en él por años—. En quinientos años de numerosos movimientos de restauración, no hay registro de que las grandes denominaciones principales que fueron establecidas por una verdad previa hayan incorporado, dentro de sus artículos de fe, la nueva verdad restaurada y sus prácticas. De hecho, la historia ha comprobado que aquellos que han sido perseguidos por participar en un movimiento de restauración se han convertido en los perseguidores principales del siguiente movimiento de restauración de la verdad.

El sistema religioso nunca cambia, aunque muchos de sus ministros sí avanzan a la verdad nueva. Cuando un movimiento está en su apogeo, todos los que han tenido contacto con él participarán o lo perseguirán. Es difícil ser neutral o un discípulo secreto. Lutero fue declarado por la jerarquía religiosa como un hereje, y su enseñanza, herejía. Él fue excomulgado de su iglesia y tuvo que escapar para salvar su vida.

Aplicaciones nuevas de la verdad restaurada. No solo un movimiento de restauración reactivará una verdad que ha estado escondida o inactiva, sino que aun traerá una iluminación nueva y aplicación de las verdades que ya han sido restauradas. Por ejemplo, Lutero recibió conocimiento por la revelación de la restauración de cómo orar apropiadamente a Dios. A él le fue revelado que no es necesario acudir a un sacerdote para llegar a Dios, repetir palabras memorizadas mientras se toca un rosario u orar con libros de oraciones.

En lugar de eso, Lutero aprendió que una persona podía orar directamente a Dios con una oración de arrepentimiento, y recibir perdón de pecados y respuestas a sus oraciones sin necesidad de los sacerdotes, de María, de una penitencia o cualquier otro requisito religioso excepto por fe y gracia. Su revelación inicial de restauración acerca de la oración lo trajo de regreso a su base bíblica correcta pero todo movimiento desde ese entonces ha añadido nueva profundidad y habilidad en los métodos, propósitos y poder de la oración. Lo mismo es cierto en cada experiencia espiritual en los frutos y los dones del Espíritu Santo, ministerio y adoración. Esto es también cierto para las seis doctrinas principales de Cristo, cuatro de las cuales han sido restauradas y experimentadas, y las otras dos, que seguramente entrarán a la realidad experimental durante los tiempos de restauración que se aproximan.

2. EL INDIVIDUO OCASIONAL CONTRA LA COMPAÑÍA CONSISTENTE.

Un movimiento de restauración cambiará una verdad, una experiencia bíblica o un ministerio de ser un suceso ocasional, a una práctica consistente en la que miles participan. Por ejemplo, antes del Movimiento Pentecostal, algunos ministros de la denominación de santidad y otros cristianos, mientras oraban, recibieron la experiencia espiritual de hablar en lenguas desconocidas. Ellos llamaban a esto expresiones espirituales, oración intercesora con gemidos o éxtasis espiritual. Sabían que se sentían bien, y que Jesús era mucho más real, pero no tenían idea de qué era lo que les había sucedido, cómo llamarlo o si otros podían recibir la misma experiencia.

Sin embargo, cuando el Movimiento de restauración Pentecostal comenzó en 1900, por revelación se comprendió que esta era la misma experiencia que los ciento veinte discípulos de Jesús habían recibido el día de Pentecostés cuando Dios derramó al Espíritu Santo prometido. Jesús había prometido el bautismo con el Espíritu Santo, y los pentecostales llamaron a esta experiencia de hablar en otras lenguas "el bautismo del Espíritu Santo". Debido a la proclamación de Pedro de que todo el que se arrepintiera y fuere bautizado en el nombre de Jesucristo podía recibir el don del Espíritu Santo, algunos lo llamaron el "don del Espíritu Santo" (Mateo 3:11; Hechos 1:5; 2:38).

Cuando el conocimiento de revelación fue dado acerca de que la experiencia bíblica podía ser recibida por cada cristiano que estuviera buscando y creyendo en ella, entonces miles recibieron y consistentemente han recibido, y hasta ahora millones continúan recibiendo la verdad de esta experiencia por fe y gracia. Este mismo principio tiene aplicación para cada verdad que ha sido y está siendo establecida en cada movimiento.

El individuo y los muchos. Este principio del **individuo** y los **muchos** se aplica igualmente al Movimiento Profético. Los historiadores de la Iglesia se han referido a Lutero y a otros líderes de restauración como "profetas". Pero sus contemporáneos no los llamaron profetas ni se veían a sí mismos como profetas. No fue sino hasta 1948, durante el Movimiento de la Lluvia Tardía que el conocimiento de revelación y enseñanza surgió diciendo que hay apóstoles y profetas en la Iglesia de hoy.

Algunos hombres como William Branham fueron reconocidos y, ocasionalmente, fueron llamados profetas por sus contemporáneos. Pero eso era simplemente algo ocasional aquí y allá. Muchos manifestaron los dones de sanidad y palabras de ciencia como parte del movimiento de **evangelismo de liberación**. Hubo profetas en el **Movimiento de la Lluvia Tardía**, pero al único que oí que se lo llamaba regularmente como profeta por sus compañeros era a David Schock. En este movimiento, practicaban la nueva revelación de la imposición de manos y la profecía a individuos. Dentro de las congregaciones, hubo manifestaciones consistentes del don de profecía. El espíritu y el don de profecía fueron totalmente restaurados.

El **oficio de profeta** era todavía el **individuo ocasional**. Aun aquellos que habían recibido y enseñaban que hay profetas en la Iglesia no tenían fe y libertad para identificar a un hombre como tal. Presentaban a un ministro como "evangelista" o "el pastor fulano de tal", pero no "el profeta fulano de tal". El Movimiento Profético está trayendo conocimiento, aceptación y reconocimiento acerca de la compañía de profetas que Dios está levantando en la Iglesia. Ellos libremente presentan a aquellos que han demostrado que son profetas y apóstoles. Nosotros presentamos a un orador en nuestras conferencias como el profeta Webster, profetisa Painter, o el apóstol Anderson tan fácil y libremente como otros presentan al pastor Smith o al evangelista Graham.

Muchos profetas se han levantado en los 80 y muchos más aparecerán en los 90. El principio del "individuo y los muchos" está obrando poderosamente en el Movimiento Profético. Los profetas pronto serán tan numerosos y consistentes en el ministerio que serán comúnmente aceptados como los pastores.

3. NUEVA UNCIÓN Y AUTORIDAD PARA ESTABLECER UNA VERDAD.

La más grande unción se ha posado en los pioneros de la verdad presente. La fuerza máxima de la presencia de Dios está en la cresta de la ola de la verdad de Dios que se está restaurando. Él dará autoridad y unción especial a aquellos que paguen el precio para ir fuera del campamento de la cristiandad y establezcan un ministerio nuevo que el Señor quiere que sea activado en su Iglesia.

Ellos reciben más del espíritu de revelación en el conocimiento de Cristo, de acuerdo a sus propósitos a tiempo. La sabiduría y autoridad nueva son concedidas para propagar y establecer verdades y ministerios de restauración dentro de la Iglesia. La gracia adicional es dada para resistir y ajustarse a los conflictos, las controversias y la persecución que provienen de los movimientos del antiguo orden.

Los ministros de restauración son sobrenaturalmente capacitados para realizar señales y prodigios, y para confirmar la verdad predicada. La adoración y la alabanza traen un nuevo gozo. La iluminación viene, revelando formas de adoración y nuevos propósitos para alabar a Dios. Los coros nuevos son escritos con melodías diferentes, comunicando las verdades que están siendo restauradas. Las expresiones nuevas de adoración son añadidas y son suficientemente diferentes de aquellas que pertenecen a los movimientos pasados, para hacer que sean criticados e inicialmente rechazados. La alegría máxima, el gozo y el entusiasmo espiritual están entre aquellos que proclaman y participan de la verdad presente que está siendo restaurada.

4. UN COMIENZO PEQUEÑO EN UN LUGAR INSIGNIFICANTE.

La mayoría de los movimientos de restauración comienzan en algún lugar insignificante y oscuro. Jesús, quién encabezó el "Movimiento de la Iglesia Neotestamentaria", nació en un establo en el pequeño pueblo de Belén. De las millones de personas en el planeta Tierra, menos de una docena sabían que algo importante había ocurrido.

Cuarenta años después, Lucas registró el nacimiento de Jesús e hizo que esto fuera un suceso histórico importante que otros podían leer. El pequeño bebé Jesús nació de María y fue colocado en el lugar usado para alimentar animales, llamado pesebre, no en un cuarto caro del hospital ni en un cuarto de hotel. Aun así, este acontecimiento era el nacimiento del "Movimiento del Mesías". Esto estableció el patrón para el nacimiento de todos los movimientos espirituales futuros de restauración dentro de la Iglesia.

He pasado veinticinco años investigando y tres años escribiendo el libro **La Iglesia Eterna**, el cual cubre los dos mil años de historia de la Iglesia. He estudiado, he indagado sobre cada avivamiento y movimiento que he podido encontrar y que ha sido registrado por personas a través de los años. Este principio de un comienzo pequeño en un lugar insignificante ha sido consistente.

Años de preparación. El proceso también es similar: Dios prepara a un hombre con años de disciplina y desarrollo, para su día de responsabilidad en esta área. Como una mujer embarazada, la verdad es concebida en el vientre de su espíritu y crece a través de los años hasta el tiempo del nacimiento. Él entra en dolores de parto espirituales, y el ministerio es entonces nacido en la Iglesia. Un movimiento de restauración progresa como Jesús lo hizo. Desde la cuna hasta cuando tuvo treinta años de edad. Jesús solo fue conocido por unos cuantos, pero cuando el tiempo de Dios para la proclamación pública llegó, entonces el "El Movimiento del Mesías Jesús" se convirtió en un evento nacional, que causó conflicto, confusión y gran controversia dentro del establecido mundo religioso del judaísmo.

Los orígenes protestantes. Deberíamos examinar más a fondo este principio de "orígenes pequeños en lugares insignificantes" y el principio histórico de establecer la hora oficial y el lugar en que el movimiento nace en la Iglesia y comienza a conocerse en el mundo. El Movimiento Protestante es conocido como el comienzo del período de la gran restauración. Este período comenzó con un movimiento, pero está destinado a tener movimientos permanentes de restauración hasta que la Iglesia tenga la estatura total de Cristo en el carácter, poder y propósito.

Los historiadores protestantes de la Iglesia han registrado el 31 de octubre de 1517, como el día oficial en que el Movimiento Protestante fue establecido. Pero si usted hubiera sido un ciudadano común o un miembro de la iglesia en esa época y en ese lugar, no hubiera percibido que algo importante acababa de suceder ese día. El acontecimiento aun no se hubiera convertido en noticia, y si lo hubiera hecho, probablemente ocuparía algunas pocas líneas en una página de atrás, algo como:

> Martín Lutero, sacerdote de la pequeña parroquia del Castillo aquí en Wittenburg, Alemania, fue visto usando un martillo en la puerta de su iglesia antes del servicio matutino. Al examinar la puerta, se encontró que había clavado un documento que contenía una lista que, según él, son las noventa y cinco prácticas no bíblicas y las creencias de su

propia denominación, la iglesia católica romana. Muy pocos se apercibieron de que estaban allí, pero ha sido reportado que alguien fue visto haciendo copias del documento.

Parece ser solo un suceso insignificante en un lugar pequeño y oscuro, pero cuando las copias de las "Noventa y Cinco Tesis" comenzaron a salir a la luz en los castillos de los príncipes alemanes, seminarios, la jerarquía religiosa y aun en las recámaras del Papa en Roma, las palabras de Lutero produjeron el conflicto y la controversia más grande en la historia del cristianismo.

La iglesia luterana comienza. Fue hasta varios años después que Lutero salió de la iglesia católica. Pero cuando lo hizo, él inspiró a muchos otros sacerdotes a que salieran y establecieran iglesias independientes.

Lutero había escrito muchos libros y folletos acerca de sus revelaciones y sus convicciones sobre Las Escrituras y las prácticas no bíblicas de su denominación. Aquellos que establecieron iglesias independientes y seguían los escritos de Lutero y sus doctrinas eran llamadas iglesias "luteranas". En 1529, algunos príncipes alemanes hicieron una protesta formal a la jerarquía de la iglesia católica, por condenar las enseñanzas de Lutero como herejía. Esto dividió los estados alemanes, en católicos en el norte y protestantes en el sur. Aquellos que seguían las enseñanzas de Lutero se llamaron los protestantes, y sus herejías y su rebelión fueron conocidos como la religión "protestante".

Un tiempo y lugar predestinado. Dentro de este principio, hay otra característica de los movimientos de restauración de la Iglesia. Dios ordena muchos años de preparación por medio de muchas personas, hasta que su tiempo predestinado y el lugar para el lanzamiento es manifestado. Por ejemplo, hace más de un siglo, John Huss propagó algunas de las mismas enseñanzas que Lutero e intentó traer reformas a su iglesia. Pero fue puesto a juicio por los líderes de la Iglesia, declarado un hereje, y quemado en una estaca en el terreno de la iglesia.

Otros reformadores igualmente se levantaron tratando de traer cambios. En el tiempo que un movimiento de restauración es manifestado, usualmente hay varios hombres de Dios enseñando y ministrando las mismas verdades. Pero el principio de restauración de la Iglesia y sus movimientos espirituales son que **alguien** en **algún momento** en **algún lugar insignificante** será usado para **lanzar lo que Dios quiere activar**.

Esto no significa que el ministro seleccionado para ser el instrumento es más justo, o el lugar, más favorecido. Simplemente quiere decir que Dios prepara a un hombre, un lugar y un tiempo para el lanzamiento de su propósito, a fin de restaurar la verdad y el ministerio en su Iglesia. Después de que el movimiento es emprendido, entonces alguien estudia y evalúa lo que ha ocurrido, determinando el tiempo, el lugar y el incidente que parece haber sido usado por Dios, como la acción clave que ha abierto la puerta para que ese movimiento salga y sea expuesto a todo el cristianismo y el mundo.

Los mismos principios, prácticas y rasgos característicos han estado involucrados en cada movimiento de restauración que ha sido registrado por los historiadores de la Iglesia en los últimos quinientos años.

El nacimiento del Movimiento Pentecostal. Algunos historiadores del Movimiento Pentecostal han registrado el 31 de diciembre de 1900, como la fecha de nacimiento de su movimiento. El lugar fue Topeka, Kansas, en el Instituto Bíblico del Reverendo Charles Fox Parham. El incidente o evento que dio a luz este movimiento fue una vigilia de oración.

La preparación inmediata fue que la facultad y los estudiantes habían estado estudiando ese semestre de la escuela para determinar la evidencia bíblica consistente del "bautismo del Espíritu Santo". Todos ellos concluyeron que eran "lenguas desconocidas". A petición de una estudiante, ellos impusieron sus manos, y para su sorpresa recibió la habilidad sobrenatural de hablar en una lengua desconocida para ella y para aquellos presentes. Ese fue el comienzo de la revelación para la aplicación y la activación de los cristianos del siglo xx en el bautismo del Espíritu Santo.

Otros historiadores pentecostales eran aquellos cuyas raíces denominacionales no provenían de Topeka, Kansas, donde fue dado el gran Avivamiento de la Calle Azusa que comenzó en Los Ángeles en 1906, como el cumpleaños del Movimiento Pentecostal. Topeka era el momento y el lugar donde la revelación de que las personas podían recibir el bautismo del Espíritu Santo, hablando en otras lenguas como un acto deliberado de fe, fue recibida. El acontecimiento fue sacado así del ámbito de "la sola elección soberana de Dios", al ámbito de "quienquiera que pueda creer, puede recibir". En otras palabras, uno puede establecer un tiempo y lugar, luego creer y orar por personas para que reciban el don del Espíritu Santo, con la evidencia de hablar en lenguas.

La revelación no se difundió inmediatamente por todo el mundo desde Topeka. En lugar de eso, un predicador negro que había sido influenciado por ellos, el reverendo William Seymour, se fue a Los Ángeles y comenzó reuniones en un lugar insignificante en la calle Azusa. Allí un avivamiento pentecostal comenzó y continuó por tres años. Muchas personas vinieron de todas partes del mundo a descubrir el nuevo evento que Dios había derramado. Este lugar se convirtió en el centro para la multiplicación del movimiento alrededor del mundo.

Hay muchos libros que están disponibles y que dan el testimonio personal de aquellos que estuvieron presentes en estos servicios. Algunos dan detalles extensos acerca del lugar, la preparación anterior y las personas involucradas. Es un material sencillo e interesante. Mi propósito, al dar algunos ejemplos breves del nacimiento de los movimientos de restauración, es revelar el principio de que comenzaron en un lugar insignificante, un inicio pequeño con unas pocas personas (comparativamente hablando), quienes no saben que en ese momento algo importante podría estar tomando lugar.

El ORIGEN DEL MOVIMIENTO PROFÉTICO

El Movimiento Profético y sus comienzos han seguido el patrón típico de restauración. Al igual que los otros movimientos de restauración, antes de su nacimiento, se ha llevado a cabo por años un trabajo progresivo en las vidas de muchas personas de revelación, preparación y aplicación. Muchos han estado embarazados con este movimiento por años, antes de que dicho movimiento fuera dado a luz en la Iglesia.

Mi papel en el movimiento comenzó cuando Dios primeramente me reveló que había sido llamado a ser profeta, por medio de palabras dadas por el presbiterio profético en 1953 (descrito en el capítulo previo y en el prólogo de *Los Profetas y La Profecía Personal*). La semilla de revelación acerca del ministerio de los profetas al final de los tiempos —en la Iglesia— fue colocada en mi espíritu en aquel entonces. Por varios años, y muy a menudo, prediqué esta revelación específica, mientras ministraba como un profeta individual.

Las Escuelas del Espíritu Santo. Mi trabajo en el llamado, el entrenamiento y la activación de profetas y de un pueblo profético no comenzó, sino hasta unos veinticinco años más tarde. Dios me dio una comisión en 1979, para que pusiera en marcha las "Escuelas del Espíritu Santo", activando a los santos en los dones del Espíritu Santo y, de esta manera, capacitarlos para que se convirtieran en un pueblo profético.

Después de que el libro *La Iglesia Eterna* fue publicado en 1981, Dios comenzó a hablarme más acerca de la gran compañía de profetas que Él levantaría en los años 80 y 90. Ya yo había estado ministrándoles por años a miles, en la profecía personal. Ya que muchos otros profetas iban a levantarse haciendo lo mismo, algunos libros desesperadamente necesitaban ser escritos, dando pautas de cómo dar y recibir profecías personales. Y ambos, los profetas y los santos que profetizan, necesitaron ser enseñados y entrenados en cómo ministrar en el espíritu y en la palabra.

En aquel entonces, comencé a recibir muchas profecías de mis compañeros profetas, que yo debía escribir el libro (yo les decía a otros que ellos debían escribirlo). Reuní material de investigación, conocimiento y experiencias para este libro, y comencé a escribir el manuscrito, un proceso que tomaría varios años.

Entretanto, cuando empecé el libro, Dios comenzó a darme una carga y visión mayor por los profetas y el ministerio profético. Así que pusimos en marcha conferencias de profetas en el otoño de ese año, 1982. Durante este tiempo, continuamos la Escuela del Espíritu Santo los viernes por la noche.

Entonces en 1984, Dios nos dirigió a que nos mudáramos a las oficinas generales de Christian International en la península de la Florida. Allí, comenzamos a tener los seminarios de profetas trimestralmente, luego bimestralmente, y luego cada seis semanas. Durante este mismo tiempo, dirigíamos conferencias de profetas a todo lo largo de los Estados Unidos e igualmente en otros países. Nosotros ahora hemos llevado a cabo más de cincuenta seminarios y conferencias de profetas.

El libro **Los Profetas y La Profecía Personal** fue finalmente publicado en septiembre de 1987. Ahora en su quinta impresión, hemos distribuido un total de 50.000 copias impresas. Pero aun así, me di cuenta de que todo lo que se necesitaba decir sobre este tema no podía ser cubierto en un libro. Es así como una serie de cuatro tomos fueron planeados, incluido el presente.

Dolor de parto profético. Estuvimos embarazados con este ministerio por algún tiempo. Cuando una mujer está embarazada, lo está normalmente por nueve meses, pero cuando un hombre de Dios está embarazado con una visión que está destinada a convertirse en un movimiento de restauración en la Iglesia, lo lleva por años. Los dolores de parto pueden comenzar un año y seguir hasta que el nacimiento tiene lugar hasta un año más tarde.

Nuestros primeros dolores de parto llegaron en la Primera Conferencia Nacional de Profetas de Christian International en Destin, Florida.

(Hasta se puede determinar por la investigación histórica, que fue la primera conferencia nacional de profetas alguna vez llevada a cabo en la historia de la Iglesia). Más de setecientas personas asistieron a esta reunión. El viernes 23 de octubre de 1987 —la tercera noche de la conferencia— Dios se movió de una manera soberana con su Espíritu, a las diez de la noche. Un espíritu de guerra intercesora de alabanza y oración se originó espontáneamente en todas las personas presentes, y durante los siguientes cuarenta y cinco minutos, hubo una guerra celestial en el Espíritu como pocos han presenciado.

Visiones y profecías fueron dadas por muchos de los presentes, que revelan lo que justamente se había llevado a cabo. El énfasis principal de las palabras dadas era que la batalla había sido ganada, para así desatar y activar la gran compañía de profetas que Dios había predeterminado se levantaría en este siglo y aun en esta misma hora. El movimiento soberano de Dios en ese servicio fueron los dolores de parto preliminares que colocaron al movimiento profético "bebé" en posición correcta a lo largo del "canal de nacimiento" para "dar a luz" al año siguiente.

El nacimiento del Movimiento Profético. Un año más tarde, la segunda Conferencia Internacional de Profetas CI-NPM se reunía en el salón de baile del Balneario de la Playa Sandestin, en Sandestin, Florida, simplemente veinticuatro kilómetros al oeste de nuestras oficinas de CI. Fue el 15 de octubre de 1988, la tercera noche de la conferencia, a las 10:15, cuando había terminado la predicación sobre los propósitos de Dios para su gran compañía de profetas que está siendo traída a la luz, un espíritu de gemido se originó dentro de mí, y una poderosa unción se posó sobre mí, y comenzaron los dolores de parto en el nacimiento espiritual. El mismo espíritu se derramó por toda la audiencia de más de ochocientas personas, y por los siguientes cincuenta minutos, la mayoría de nosotros gemimos en oración profética intercesora.

Esto se intensificó tanto en mi espíritu, que sentía que mi alma estaba desgarrándose a medida que alzábamos la voz en gemidos de dolores por el nacimiento. Casi me desmayo debido a la intensidad de la unción y de los dolores espirituales del nacimiento. Finalmente, todo mi cuerpo se sentía "débil como agua", como si la misma vida se me fuera.

Caí sobre mis rodillas e inmediatamente fui llevado en el Espíritu. Entonces vi en una visión, que Dios me estaba levantando a mí y a muchos otros a un nivel más alto. Él me dio una visión de los miles de profetas a quienes Él estaba trayendo a la luz en esa hora.

Un bebé nuevo. Esta compañía de profetas estaba en las manos de Dios como un bebé que ha salido del vientre. Él me preguntó si yo sería uno de aquellos que ayudarían a formar lo que Él había dado a luz. El Señor declaró que una nueva unción y autoridad había sido concedida con este propósito a quienes estaban allí y a aquellos alrededor del mundo que habían recibido su visión, la compañía de profetas quienes recibirían la misma unción.

A medida que ascendía con Él en el Espíritu, todos los presentes también comenzaron a ascender y empezaron a formar una estructura que propagaría lo profético. Miré y vi otras estructuras levantándose en todo el mundo. Él me dijo que esta había sido la estructura que Él me había dado, y que las demás eran muchos otros grupos proféticos que Él estaba levantando. Yo debía trabajar para ayudar a traer unidad, relación y un sistema de redes entre los diferentes campamentos de profetas.

La compañía de profetas de Cristo. Dios reveló otras cosas esa noche acerca de su propósito para los profetas. Claro está que lo que quiero enfatizar aquí es que aquellos presente sintieron la realidad de la revelación de que un decreto oficial había sido dado en cielo para la activación y proclamación de la compañía de profetas de Cristo. Algunos de estos profetas habían estado en la preparación progresiva por largos años; otros estaban escondidos en el desierto como el profeta Moisés. Muchos profetas se levantaban en ese momento. Esta compañía ahora comenzaba a manifestarse en la tierra. Ellos guiarían al pueblo de Dios a salir de la esclavitud religiosa y darían proclamaciones proféticas a líderes nacionales y a los sistemas, diciéndoles: "Deja que el pueblo de Dios salga".

El "despegue" profético. La "plataforma de lanzamiento" de preparación y la "nave espacial" del Movimiento Profético habían estado en un estado de preparación por años hasta el tiempo señalado de Dios para lanzarlo. La cuenta regresiva había comenzado varios años antes y, finalmente, había progresado hasta el momento de despegue.

El tiempo y la historia lo contarán todo. Siendo un historiador de la Iglesia, sé que solo el tiempo y la historia pueden determinar la realidad objetiva de una revelación y declaración profética. Estoy totalmente convencido de que la visitación divina de Dios y todo lo que recibí de Cristo el 15 de octubre de 1988 fue el lanzamiento de lo profético para mí mismo y, a la vez, para hacer del CI-NPM un movimiento profético. Esa noche me rendí incondicionalmente a Cristo Jesús, al recibir la comisión de Él, de llevar a cabo un papel responsable en el propósito de Dios para su compañía de profetas, lo cual personifica y perpetúa su propósito divino para su Iglesia en el planeta Tierra.

Solo el tiempo y la historia revelarán si uno de los principios divinos de restauración de la Iglesia estaban allí esa noche: ALGUIEN en ALGÚN LUGAR INSIGNIFICANTE debe ser usado para LANZAR lo que DIOS quiere que sea ACTIVADO. Personalmente creo que el propósito oportuno de Dios para sus profetas nació oficialmente en la Iglesia mundial el 15 de octubre de 1988, y fue lanzado en lo que se ha conocido en los años 90 como el Movimiento Profético.

Fue un lanzamiento exitoso, y el Movimiento Profético ahora se mueve en órbita alrededor del propósito eterno de Dios para su Iglesia y el planeta. Dios ha tenido en mente que los profetas continuaran creciendo en número, madurez y poder hasta que se haya cumplido cabalmente su propósito de **preparar a un pueblo bien dispuesto** y **preparar el camino** para el regreso de Cristo como Rey de Reyes y Señor de Señores (Isaías 40:3-5; Lucas 1:17).

Nunca habíamos tenido un servicio como ese antes ni hemos tenido uno así desde ese entonces. Usted no puede por fe generar un movimiento soberano del Espíritu Santo como este; solo puede fluir cuando este llega. He consultado a otros profetas importantes alrededor del mundo, y ellos también han experimentado algunas visitaciones soberanas y revelaciones de Dios, que han traído confirmación y acuerdo de que el lanzamiento de la compañía de profetas y el parto del Movimiento Profético fue en 1988.

Cuarenta años. Un elemento interesante, con un tiempo de cuarenta años, está involucrado aquí. Fue en 1947 —cuarenta años antes de los dolores iniciales en nuestra conferencia— que William Branham, Paul Cain y algunos otros hombres se levantaron como profetas dentro de la Iglesia. Pero ellos eran pocos y comenzaron a desaparecer del ministerio público durante un tiempo.

Entonces, fue el 14 de febrero de 1948, que el Movimiento de la Lluvia Tardía nació sobrenaturalmente en una reunión pequeña de casi setenta ministros y estudiantes del Instituto Bíblico en North Battleford, Saskatchewan, Canadá. La verdad particular restaurada en ese tiempo fue la enseñanza y la práctica de la profecía personal para las personas, por medio de profetas, y el presbiterio profético, y el conocimiento de revelación de que hay apóstoles y profetas en la Iglesia del siglo XX. El movimiento empezó en un lugar pequeño, insignificante, pero en algunos años, se había dispersado por todo el mundo. En los años 50, este movimiento causó una gran controversia entre las iglesias pentecostales.

Fueron exactamente cuarenta años de 1948 a 1988 —entre el Movimiento de la Lluvia Tardía, que se reveló que hay profetas, y un Movimiento Profético—, lo cual nos mostró y proclamó que Dios quiere traer en esta hora una gran compañía de profetas. Fueron cuarenta años desde el tiempo en que Moisés personalmente recibió el deseo de salvar al pueblo de Dios de la esclavitud egipcia hasta el tiempo en que él sacó toda la compañía de israelitas de Egipto. Él primero salió de Egipto como un profeta individual, pero cuarenta años más tarde, salió con una multitud de gente profética de Dios (Números 11:29).

Otros ministerios proféticos. Mientras Dios estaba suministrando sus propósitos en Christian International, el Espíritu Santo estaba ocupado levantando a otros grupos para propagar lo profético. Los ministerios de gracia en Kansas City, Missouri, comenzaron a tomar un liderazgo como ministerio a finales de los años 80 con ministros proféticos como Mike Bickle, Bob Jones y John Paul Jackson. Otros profetas como Bernard Jordán de Zoe Ministries en Brooklyn, Nueva York; Rick Joyner de Charlotte, Carolina del Norte; Glenn Foster de Sweetwater Church en Phoenix, Arizona; Dick Mills de Hemet, California; Kim Clements y Eddie Traut de Sudáfrica; los miembros de la Asociación Profética de Ohio y muchos otros alrededor del mundo comenzaron a manifestar y propagar el ministerio profético.

Quizá el más prominente de estos es Paul Cain de Dallas, Texas. Según el testimonio personal de Paul, fue en 1987, después de veinticinco años de ministerio restringido, que le fue permitido por el Señor regresar a su ministerio profético. Paul había sido usado poderosamente en el Movimiento de Sanidad de los años 40 y 50, pero Dios le había dicho que se apartara de la corrupción y la autopromoción que se estaba desarrollando en muchos círculos.

Paul Cain manifestó que el Señor le había dicho que había una raza nueva de hombres y mujeres de Dios que se levantaría en los últimos días y que no cedería a tales tentaciones. Cuando esta gran compañía comenzara a ser manifestada, él sería reactivado al ministerio público otra vez. Esto comenzó a tomar lugar en 1988. La hora para la manifestación de esta compañía ha llegado, y el ministerio de Paul Cain está floreciendo otra vez en el poder profético.

Los profetas verdaderos y falsos son señales de los tiempos. Jesús declaró que una de las grandes señales de los tiempos sería el levantamiento de muchos falsos Cristos, falsos maestros y especialmente falsos profetas (Mateo 24:24; 2 Corintios 11:13; 2 Pedro 2:1). Algunos se proclamarán como profetas, y algunos grupos se proclamarán como proféticos, pero no serán necesariamente ordenados por Dios. Los profetas y grupos proféticos falsos se levantarán en los 90. Sin embargo, esto solo da una prueba más grande de la validez de la verdadera compañía profética de Dios. No puede haber falsos Cristos, a menos que exista un Cristo real; no hay profetas falsos, a menos que Dios haya ordenado los profetas verdaderos. No puede haber dinero falso, a menos que esté circulando dinero autorizado por el gobierno. Los cristianos deben estar seguros de no rechazar a los profetas verdaderos debido a un encuentro con un profeta, una profecía o un ministerio profético falso.

Los profetas verdaderos son la gran señal de Dios del final de los tiempos. Los teólogos de la dispensación y los predicadores que se orientaban por Israel esperaban la venida del Señor en 1988, porque este era el tiempo en el cual Israel había cumplido cuarenta años desde que se convirtió en un estado en mayo de 1948. Uno de ellos aun escribió un libro dando ochenta y ocho razones de por qué Jesús vendría en 1988. Pero lamentablemente, aquellos que tratan de interpretar cada suceso significante en la historia de Israel para determinar el momento de la segunda venida de Jesús pierden algunas de las grandes cosas espirituales que Dios ha hecho y que está haciendo en su Iglesia.

La más grande señal de cuán cercana está la segunda venida de Jesucristo a la tierra realmente ocurrió en 1988; fue el nacimiento del Movimiento Profético, pero muchos fallaron en reconocer la señal.

Cuando el profeta Juan el Bautista apareció en el espíritu de Elías, él fue la señal más grande dada acerca de que el Mesías estaba por llegar. La generación que estaba viva cuando el profeta Juan comenzó su ministerio "Elías" era la misma generación que estuvo viva cuando Jesús fue manifestado, cuando murió, resucitó y estableció su Iglesia en la tierra. Aun así, los teólogos principales de ese día y esa hora no pudieron percibirlo como una señal porque estaban buscando a un Elías y un cumplimiento literal del Mesías como un Rey vencedor en vez de un Salvador que sufriría.

Si el "primero será último, y el último será primero", entonces quizá la última venida de Cristo será como la primera. Si esto es cierto, entonces la Iglesia de hoy debería regocijarse, pues la generación que está viva ahora, con la compañía de profetas que aparecerán en el espíritu de Elías, serán los que verán la segunda venida de Jesús y el establecimiento de su Reino en la tierra así como en el cielo. ¡Deberíamos levantar nuestras cabezas y regocijarnos, porque nuestra redención está cerca! (Marcos 10:31; Mateo 6:10; Lucas 21:28).

5. EL PODER PARA REPRODUCIR A TRAVÉS DE ENSEÑANZA, ENTRENAMIENTO, ACTIVACIÓN Y MADURACIÓN DE LOS SANTOS.

Cada movimiento verdadero de restauración no solo tiene los cuatro aspectos previos, sino que también está caracterizado por una quinta parte: les da a los hombres y a las mujeres la revelación y el poder para reproducir en otros el ministerio que Dios ha depositado en ellos.

El principio de reproducción. En la creación de todas las cosas vivientes, Dios estableció la ley que todo se reprodujera de acuerdo a su misma clase. Cada semilla debía reproducir otra planta o animal, el cual tenía el poder de reproducir a otro de su misma clase, y así, sucesivamente, el ciclo debía seguir (vea Génesis 1:1; 2:25).

Cada ministerio verdadero que es restaurado en el movimiento es diseñado no solo para dar a conocer el ministerio, sino también para que se reproduzca de acuerdo a su misma clase. La *revelación* de una verdad de restauración es solo una *semilla*. El *movimiento* que trae sabiduría y unción *para reproducir* el ministerio restaurado es la **planta madura** lista para cosechar sus semillas y para reproducirse.

Las semillas deben pasar por un proceso. Una semilla no puede producir otra semilla directamente. Debe producir un cuerpo o una planta, que entonces producirá otra semilla. Por ejemplo, un grano de maíz no se duplica a sí mismo en otro grano de maíz. En lugar de eso, debe ser sembrado en la tierra, debe morir a sí mismo, y debe permitir que la nueva planta de maíz germine, brote y crezca, hasta que se convierta en una gran planta de maíz. Esta producirá una borla que polinice y una mazorca que mantenga un proceso de madurez hasta que ese maíz esté lo suficientemente listo para convertirse en **semilla de siembra** y para reproducir más maíz.

Esta es la razón por la cual los líderes de movimientos deben haber pasado por una preparación, años antes de haber calificado, para ser lanzados a un ministerio reproductivo. Por esto, aquellos que solo han recibido la semilla de revelación de la verdad restaurada no pueden reproducirse de acuerdo a su misma clase, hasta que Dios los haya llevado a través del proceso. Ellos pueden ser un ejemplo de lo que un profeta es y de cómo demostrar la semilla del ministerio profético, pero no tendrán la visión, sabiduría, unción o madurez para reproducir otras semillas proféticas.

Aquellos que no están dispuestos a morir a sí mismos y a pasar por medio del proceso transformador de madurez desarrollan métodos falsos de fabricación de semillas. Pueden ser muy semejantes a la semilla verdadera, pero no tienen la vida que germina sola y que solo Dios puede poner en una semilla. Estos profetas falsos no están dispuestos a pagar el precio de pasar por el proceso. Quieren un camino más corto al éxito.

Los ministros proféticos que no se reproducen. Judas 11-12 llama a estos ministros profetas de la clase de Balaam "nubes sin agua y árboles muertos" que no producen fruto con semillas reproductivas. Judas dice que su motivación es la recompensa en lugar de la reproducción del ministerio en otros. Su ministerio profético tiene una forma de santidad, pero esta no tiene el poder para reproducirse (2 Timoteo 3:5).

Ellos están motivados por un amor de aceptación de sí mismo, poder y promoción en vez del amor ágape de 1 Corintios 13, que es sirviendo a otros y no sirviéndose a sí mismo. Pablo dice que ellos suenan como profetas, pero son como "*metal que resuena o un platillo que hace ruido*" (1 Corintios 13:1).

Debemos aprender a recibir a los profetas verdaderos. Los conoceremos por sus frutos, con semilla que puede reproducir el mismo ministerio en otros. El espíritu y la visión del profeta verdadero son para reproducir a un pueblo profético y no solo cosechar la recompensa del profeta.

Los reproductores del Movimiento Protestante. Los reformadores protestantes recibieron la revelación del nuevo nacimiento. Ellos publicaron miles de libros y artículos para traer a la luz la revelación. Pero el siguiente movimiento, el de los bautistas evangélicos y otros, agresivamente buscaba hacer que todos los creyentes nacidos de nuevo recibieran la revelación.

Ellos enseñaban bíblicamente al pueblo cómo nacer de nuevo, llevándolos a la oración de pecador; y de esta manera, nacían en el Reino. Activaban el don de la vida eterna en ellos, enseñándoles cómo demostrar esa vida nueva y reproducirla en otros. Los grupos cristianos falsos, como los Testigos de Jehová, aparentemente hacen lo mismo, pero no se reproducen por el Espíritu de Dios; ellos fabrican y duplican por medios artificiales.

La Lluvia Tardía era la semilla. El Movimiento de la Lluvia Tardía trajo la semilla de revelación de que hay profetas en la Iglesia de hoy, pero el Movimiento Profético de 1988 está trayendo la activación y la reproducción de esos profetas. La semilla fue sembrada en la Iglesia hace cuarenta años, y para 1988 había madurado hasta el lugar de estar lista para cosechar y lanzar un Movimiento Profético reproductivo.

Aquellos profetas que aparecieron en los años 40 fueron los grandes demostradores del oficio de profeta. Varios de aquellos profetas recibieron visiones de que habría toda una compañía de profetas que se levantaría antes de la venida del Señor. La mayoría de ellos no vivieron para ver ese día, pero sus visiones fueron verdaderas y se están llevando a cabo.

La visión de reproducción no es entendida. El entrenamiento y la activación en el ministerio profético es el objetivo primordial de CI-NPM. En consecuencia, este grupo probablemente ha propagado el principio de reproducción más que cualquier otra organización profética. Por la misma razón, sin embargo, esta visión a menudo no ha sido entendida o ha sido rechazada.

Aquellos que dudan o rechazan el entrenamiento de ministros proféticos, usualmente, caen en una de varias categorías. En primer lugar, están aquellos líderes proféticos que han tenido sus raíces en los movimientos previos de Dios durante las décadas más recientes de este siglo. Aquellos que son descendientes de estos movimientos anteriores, a menudo, tienen la impresión de que los profetas pertenecen a una clase, y por lo tanto, no pueden reproducirse. No entienden cómo aquellos que propagan el Movimiento Profético pueden reproducir el ministerio profético en otros.

El segundo grupo son los pentecostales tradicionales. La mayoría de las denominaciones pentecostales no aceptaron la "semilla" de revelación más reciente del Movimiento de la Lluvia Tardía, de que hay profetas en la Iglesia de hoy. Así que, es dudoso que ellos también puedan aceptar el Movimiento Profético, el cual propaga la enseñanza, el entrenamiento y la activación de aquellos llamados a ser profetas y el desarrollo de los santos para que se conviertan en un pueblo profético.

La mayoría de los carismáticos no han estado lo suficientemente expuestos al ministerio profético, ya sea por doctrina o demostración, para llegar a la conclusión de aceptar o rechazar, participar o perseguir. Su respuesta acerca de esto está todavía por verse.

Una aclaración de términos. Más adelante estas series incluirán un tomo acerca de cómo entrenar a los profetas, cómo levantar un pueblo profético y cómo cultivar a los ministros proféticos. Sin embargo, para evitar malos entendidos, podría ser beneficioso aclarar este punto acerca de lo que queremos decir con esto. **No** creemos que cualquiera pueda hacer que otros sean y hagan lo que Dios no los ha llamado a ser y hacer. Pero sí **podemos** enseñar, entrenar y activar para hacer y ser lo que Dios los ha llamado a hacer y a ser.

Yo, por ejemplo, no puedo hacer que alguien se convierta en un cristiano a menos que el Espíritu Santo lleve a esa persona a Cristo. No puedo educar y activar a personas en la vida eterna a menos que crean, reciban y entonces vivan la vida cristiana ellos mismos.

No obstante, todos los evangélicos estarían de acuerdo en que los cristianos pueden dar a los pecadores el conocimiento salvador de Jesucristo, guiarlos en la oración del pecador, y permitirles creer en su corazón y confesar con su boca que Jesús es Señor. Quienes ministran, basados en la autoridad de La Palabra de Dios, declaran de acuerdo a su respuesta a ella, que aquellos que están siendo ministrados han nacido de nuevo, que tienen el don de la vida eterna, y han sido trasladados del reino de las tinieblas y activados en el Reino del precioso Hijo de Dios. Los creyentes nuevos pueden entonces por la gracia de Dios y los principios bíblicos de fe, obtener los atributos de la vida nueva divina y así vencer el mundo, la carne y al diablo.

Los cristianos evangélicos que ministran en esta forma reproducen a otros cristianos. Ellos toman a pecadores y los convierten en santos —al enseñar, entrenar y activarlos— para hacer y convertirse en lo que Dios los ha llamado a ser.

Los principios divinos son consistentes. Al seguir los mismos principios bíblicos, podemos tomar a cristianos comunes y corrientes llenos del espíritu y convertirlos en un pueblo profético productivo. Podemos tomar a ministros comunes y podemos convertirlos en ministros proféticos poderosos, madurándolos hasta llegar al lugar de reproducirse de acuerdo a su clase. Y podemos reconocer a aquellos que han sido llamados por Dios a ser profetas, y entrenarlos para que funcionen en su llamado con madurez y sabiduría.

Un reproductor de reproductores. Este ministerio de ser un reproductor me fue profetizado por uno de mis compañeros profetas, de hecho, uno de los pocos profetas que conozco que es mayor que yo en años y como profeta. El siguiente es un extracto de una profecía que me fue dada por el profeta Leland Davis el 12 de marzo de 1984, en Phoenix, Arizona, durante una conferencia de profetas:

> Dr. Hamon, cuando te conocí la primera vez, el Señor me mostró algo acerca de ti. Él me mostró que el deseo de tu corazón era el de obtener unidad en el Cuerpo de Cristo y ver una Iglesia, como todo el Cuerpo de Cristo fluyendo junto. Has batallado fuertemente y por largo tiempo por esto, y Él va a permitir que recibas los beneficios de ver algunas cosas hechas realidad (...) estarás trayendo la revelación para activar el Cuerpo de Cristo en los dones del Espíritu Santo. Habrá una ola enteramente nueva de la gloria de Dios que va a ser encendida por medio de tu ministerio (...) y será la multiplicación de ti mismo, porque tendrás un ministerio para producir reproductores que reproducirán reproductores, quienes también reproducirán reproductores (...) Y la unión de esto estará tomando lugar en los siguientes cinco años.

Solo la Deidad puede dar dones. Está por demás decir que Cristo Jesús es el **único** que puede llamar a alguien a uno de los cinco ministerios de apóstol, profeta, evangelista, pastor o maestro. Soy un ministro profeta apostólico reproductor, pero si Dios no ha llamado a una persona a ser profeta, entonces por más que lo eduque, active y profetice, no podré convertirlo a él o a ella en un profeta.

Dios solamente le ha dado esta habilidad a Jesucristo. **Solo Él** *"constituyó a unos, apóstoles; a otros, profetas..."* (Efesios 4:11). **solo Dios** ha *"puesto, en primer lugar, apóstoles; en segundo lugar,* *profetas...*" (1 Corintios 12:28) y ha colocado los miembros, cada uno de ellos en el Cuerpo, como Él quiso.

Sin embargo, si **Dios** ha **llamado a una persona** a ser un **profeta**, entonces podré **educar**, **activar**, **motivar** y **madurar** ese llamado al ser comisionado como un **profeta** en el Cuerpo de Cristo. Elías, por ejemplo, llevó a Eliseo por once años a través del proceso, hasta que él lo había educado y activado. El resultado fue otro profeta de su misma clase que llevó a cabo el doble de milagros que él había hecho. Un pastor mayor puede hacer lo mismo con una persona que tiene el don de ascensión y llamado de ser un pastor.

Cada pastor de una iglesia o una cabeza de un ministerio necesita tener aquellos que comparten el mismo llamado y visión para que sean preparados, y así llevar adelante el ministerio. Moisés entrenó a Josué por cuarenta años para reproducir a alguien de su misma clase. El apóstol Pablo produjo otro apóstol en Timoteo (2 Timoteo 2:2).

Profetas entrenando profetas. Samuel fue el profeta mayor que tuvo la visión de comenzar escuelas de profetas por todo Israel. Su lugar principal era Ramá, y viajaba a ciudades como Gilgal, Jericó y otras, donde él había establecido centros de entrenamiento para profetas.

Otros profetas como Elías y Eliseo mantuvieron este ministerio mayor del profeta para los profetas en Israel. A veces el profeta mayor enviaba a uno de los "hijos de los profetas" a dar la palabra del Señor a alguien, como cuando Eliseo envió a uno de sus profetas jóvenes a darle una profecía al general Jehú y ungirlo para su ministerio como rey. Hoy existen lugares similares para entrenar a los profetas. Estos centros de entrenamiento están activándolos en su llamado para así convertirse en profetas neotestamentarios puros y maduros.

6. PRACTICAR Y PUBLICAR HASTA SER CONTROVERSIAL Y DISCUTIBLE

Luego de algunos años, la verdad que fue lanzada en la Iglesia a través del movimiento de restauración debió crecer hasta adquirir prominencia nacional y mundial. Para ese entonces, esta estaba siendo publicada y practicada por suficientes personas como para atraer la atención de los líderes de grupos independientes de los movimientos anteriores.

Muchos de estos líderes y pastores de iglesias de los movimientos anteriores comenzaron a recibir reportes de que su gente estaba involucrada con el nuevo movimiento. Sus miembros habían comenzado a leer algunos de los materiales del movimiento y asistir a algunas de sus iglesias o a sus conferencias, y consecuentemente habían sido expuestos a las enseñanzas, con algunos participando y recibiendo ministerio allí. Estos miembros entonces llevaban la información a su iglesia y comenzaban a testificar acerca de esta experiencia nueva y maravillosa que habían recibido mientras asistían a estos servicios.

Este proceso ha tomado lugar con cada uno de los movimientos históricos de restauración. Por ejemplo, con los Movimientos Pentecostales y Carismáticos, miembros de la iglesia recibieron el bautismo del Espíritu Santo con lenguas desconocidas. Así que los pastores se vieron forzados a tomar una posición acerca de estas doctrinas nuevas, prácticas y experiencias espirituales.

Las respuestas al nuevo movimiento. Cuando esto ocurre, algunos de los pastores y líderes religiosos toman una actitud neutral: "Manteniéndose firme; haciendo nada; esperando y observando". Otros aceptan verdades y ministerios nuevos, y los incorporan en sus propias enseñanzas, en su ministerio y en sus formas de adoración. Pero algunos rechazarán y condenarán el movimiento.

Aquellos que no gustan del movimiento y que no desean nada que tenga que ver con él encontrarán ejemplos de ministros o miembros que se han confundido o han sido heridos durante su función en el movimiento y así comprobarán que esto no proviene de Dios. También enfocarán la atención en frases pequeñas o enseñanzas particulares de los líderes del movimiento y harán que suenen en forma antibíblica, fuera de orden y cultista. Aquellos que se oponen y persiguen el movimiento, declararán públicamente que no es de Dios y les prohibirán a sus miembros que participen. Los líderes del movimiento anterior, los grupos independientes y las denominaciones finalmente publicarán un documento oficial declarando que este movimiento no es aprobado por ellos y, por consiguiente, no es de Dios.

Los líderes de los movimientos anteriores se oponen al nuevo. Aquellos que fueron los líderes de la orden que fue establecida por Dios, hasta que el nuevo movimiento surge, son los que más fuertemente se oponen a lo nuevo. Moisés, por ejemplo, tuvo una visitación divina en el Monte Sinaí, que resultó en lo que podríamos llamar el Movimiento de la "Ley Ceremonial del Tabernáculo". Los líderes religiosos de este movimiento que veían a Abraham como su padre fueron los que rechazaron y crucificaron al "Movimiento de Jesús el Mesías".

Dios levantó a Abraham para lanzar y establecer la raza judía. Quinientos años más tarde, Dios levantó a Moisés para establecer la dispensación de la Ley para la raza escogida, pero durante los siguientes mil quinientos años, los hijos de Israel y sus líderes judíos permitieron que la Ley ceremonial y la adoración del Tabernáculo fuesen diluidas, pervertidas, y se deterioraran por el abuso, la interpretación y aplicación equivocada. Los líderes religiosos añadieron sus propias ideas y tradiciones, hasta que el espíritu y el propósito de la Ley se perdieron.

Origen y deterioro. Jesús vino dos mil años después del llamado de Abraham y cumplió todas las profecías acerca del Mesías. Él entonces estableció la Iglesia e inspiró la escritura del Nuevo Testamento, para revelar lo que la Iglesia es en poder, práctica y propósito.

Fue una Iglesia gloriosa, victoriosa durante su primer siglo, pero gradualmente durante los siguientes mil quinientos años, los líderes religiosos le hicieron a la Iglesia lo que los anteriores líderes le hicieron a la Ley gloriosa de Dios y el Tabernáculo.

La Iglesia verdadera comenzó a ser enterrada bajo la suma de ideas y tradiciones de hombres religiosos. Todas las verdades y experiencias sobrenaturales en las que la Iglesia del primer siglo creía y practicaba se perdieron, excepto aquellas contenidas en el Credo de los Apóstoles. En los primeros tres siglos de la Iglesia, mientras sufrían la más grande persecución, se observó un gran crecimiento; y luego, en los siguientes dos siglos, fue finalmente aceptada y convertida en la religión estatal del Imperio. Pero ella misma se deterioró en una Iglesia apóstata en los siguientes mil años. Jesús profetizó, y los escritores del Nuevo Testamento escribieron que esta situación se desarrollaría en la Iglesia, denominándolo el tiempo de la gran apostasía. Los historiadores se han referido a este mismo período como la Edad del Oscurantismo (Mateo 24; Hechos 3:12; 2 Pedro 3:15-17; 2 Timoteo 2:3, 10-12).

Del deterioro a la restauración. El apóstol Pedro dio una declaración profética, que antes de la segunda venida de Jesús, habrían períodos cuando Dios enviaría momentos de refrigerio o muchos movimientos de restauración (Hechos 3:19). Él anunció que Jesús no podría regresar hasta que el período de los movimientos de restauración hubiese llevado a cabo su misión (vv. 20-21).

Mil quinientos años después, Dios anunció en el cielo que era el tiempo para que ese decreto profético divino fuera activado en la tierra y en su Iglesia. Es así como Dios levantó a Moisés para darnos la Ley, a Jesús para establecer la Iglesia, y además levantó a Martín Lutero para lanzar a la Iglesia a un período de gran restauración.

Creo que ese período de restauración está destinado a durar quinientos años, y de esta manera completar el período de dos mil años que aparentemente ha sido ordenado para la Era de la Iglesia Mortal. Esto no quiere decir que el año 2000 d. C. será el cumplimiento de ese período de tiempo, ya que la Iglesia nació, de acuerdo a nuestro calendario romano, en el año 30 d. C. y la fecha más cercana será 2030 d. C., antes de que los dos mil años hayan pasado.

Una nueva raza comienza cada dos mil años. El horario de Dios para la humanidad mortal en la tierra parece haber estado dividido en tres lapsos de tiempo de aproximadamente dos mil años cada uno. Si comenzamos con el desalojo de Adán y Eva del Jardín del Edén como el año cero, entonces podemos decir que ese año es el comienzo de la raza humana mortal. Dos mil años después, Dios llamó a Abraham para que produjera una raza hebrea especial, que sería separada del resto de la humanidad. Dos mil años después, Jesús vino y produjo una raza nueva llamada los hijos de Dios, la cual podríamos llamar la "Raza de la Iglesia". Esta raza tiene vida eterna en cuerpos mortales.

Cerca de dos mil años más tarde, Jesús regresará para resucitar y transformar esta raza, en la raza del pueblo inmortal de la Iglesia. Ellos tendrán espíritus eternos en sus cuerpos nuevos, eternos, inmortalizados, en vez de cuerpos de carne y de hueso. Este es el resultado final del último movimiento de restauración y el único en el cual cada cristiano desea ser un participante.

Todas las iglesias de restauración son "Ecclesia". Cuando la restauración de la iglesia comenzó, toda la cristiandad en Europa y Asia eran los ortodoxos orientales o los católicos occidentales. Martín Lutero era un sacerdote católico cuando recibió la revelación que estableció al Movimiento Protestante. Fueron los líderes de la iglesia católica los que lo declararon un hereje y lo excomulgaron de su comunidad.

Los católicos habían sostenido la poca luz que había quedado de la cristiandad por más de mil años. Ellos lucharon contra la invasión de los bárbaros y la acometida de la religión militante de Mahoma, el Islam. Pero cuando Dios comenzó a restaurar a su Iglesia de regreso a su gloria original, ellos grandemente resistieron y persiguieron ese primer movimiento de restauración. Es así como las iglesias protestantes, como todas las iglesias de restauración tuvieron que convertirse en el **Ecclesia** (la palabra "Iglesia" en griego, literalmente, quiere decir "escogidos").

Los perseguidos se convierten en los perseguidores. Más tarde, fueron las Iglesias Históricas del Movimiento Protestante que persiguieron los Movimientos Anabaptistas y Puritanos. Posteriormente, los bautistas y las Iglesias de Santidad persiguieron el Movimiento

Pentecostal. Entonces las denominaciones pentecostales siguieron el mismo patrón de rechazar y perseguir los Movimientos Carismáticos y de la Lluvia Tardía.

En los días que se aproximan, los movimientos más recientes —Carismático, Iglesias de Fe y las iglesias del Reino— tendrán que tomar una posición acerca de la restauración de los profetas y el ministerio profético. Algunos tratarán de mantenerse neutral, ignorándolo o convenciéndose de que no es tan importante como para participar en él. Otros aceptarán los beneficios de las verdades y las experiencias propagadas por el nuevo movimiento, incorporándolos en sus enseñanzas, prácticas y formas de adoración.

Otros, sin embargo, rechazarán y condenarán el Movimiento Profético basado en las malas informaciones y la falta de comprensión o apreciación de lo que este movimiento es. Aun otros estarán de acuerdo en que hay profetas y apóstoles en la Iglesia de hoy, y que Dios habla y ministra proféticamente en la Iglesia; pero justificarán su falta de participación en el movimiento insistiendo en que a ellos no les gustan algunos de los líderes o algunas de las formas en que las verdades y los ministerios son administrados.

La restauración no es una opción. No obstante, una verdad divina de restauración no es una opción o un asunto de preferencia personal. Es cuestión de aceptar o rechazar lo que Dios esta tratando de reinstalar en su Iglesia. El Espíritu Santo permite diferentes formas de ministrar y manifestar las verdades, y ministerios espirituales, que vienen con el movimiento de restauración. Pero no hay variables para el punto central de lo que Dios está tratando de hacer.

Nosotros debemos aceptar o rechazar, condenar, tolerar, participar o perseguir después de que hayamos sido expuestos completamente a una verdad restaurada. Nuestra falta de interés o la negligencia acerca de la verdad no será excusada. El escritor de Hebreos declara:

¿Cómo escaparemos nosotros si descuidamos una salvación tan grande? Esta salvación fue anunciada primeramente por el Señor, y los que la oyeron nos la confirmaron. A la vez, Dios ratificó su testimonio acerca de ella con señales, prodigios, diversos milagros y dones distribuidos por el Espíritu Santo según su voluntad (Hebreos 2:3-4).

¿Cómo escaparemos si descuidamos su voluntad? Es el propósito predestinado de Dios y su voluntad divina que la compañía de profetas sea totalmente restaurada en su Iglesia en este tiempo. Es su voluntad que cada miembro de la Iglesia añada la dimensión del ministerio profético en sus vidas y el ministerio de membresía en el Cuerpo de Cristo. Es la voluntad de Dios que todos los ministros de los cinco ministerios se conviertan en ministerios proféticos a fin de que pueden ministrar como los oráculos de Dios con la mente de Cristo para establecimiento de los santos de Dios en la verdad presente (1 Pedro 4:11; 2 Pedro 1:12).

Todos los miembros de la Iglesia necesitan llegar al punto de tener productividad total, madurez y manifestaciones espirituales de su potencial y así cumplir cabalmente su propósito predestinado en Cristo Jesús. Esto es lo que significa convertirse en un pueblo profético.

La persecución de la Iglesia Primitiva. Los primeros apóstoles y profetas de la Iglesia recibieron su rechazo y su persecución de los fariseos y saduceos judíos. La persecución se intensificó cuando el apóstol Pablo salió de la "denominación farisea" para poner en marcha una Iglesia Neotestamentaria independiente en Éfeso. Después de esto, otros apóstoles y profetas comenzaron a establecer Iglesias cristianas independientes de las sinagogas judías.

El Imperio Romano inicialmente perseguía a los discípulos muy poco, porque no sabían cómo diferenciar a los judíos de los cristianos. Pero cuando el templo en Jerusalén fue destruido en el 70 d. C. (cuarenta años después del nacimiento de la Iglesia en el siglo xxx a. C.), y los judíos fueron dispersados, el cristianismo era visto por el mundo como un grupo diferente al judaísmo.

Los cristianos comenzaron a ministrarles a los ciudadanos romanos y se negaron a servir o reverenciar a los muchos dioses de Roma. Los creyentes predicaban y profetizaban La Palabra del Señor a los romanos, y el resultado fue que en los doscientos años, millones de cristianos fueron martirizados bajo la mano de este Imperio.

La persecución del Movimiento Profético. Lo mismo será cierto para los profetas y el pueblo profético que surgirá en este movimiento profético. Primeramente, el rechazo y la persecución serán solamente por parte de los líderes de los movimientos anteriores en la Iglesia. Centenares de iglesias proféticas serán establecidas durante los 90, lo cual hará que los ministros de la orden antigua sean provocados. Esto traerá consigo una gran controversia entre los líderes de todos los movimientos que han tenido lugar en este siglo.

Pero el propósito de Dios para los profetas y el pueblo profético no es solamente para ministrar en la Iglesia y para ella. La persecución del movimiento profético de parte de las iglesias alcanzará su máximo a mediados de la década de los 90, y entonces comenzará una sacudida y transición dentro de la Iglesia. Los profetas comenzarán a profetizar a líderes nacionales y a confrontar todos los grupos de religiones falsas que practican comunicación sobrenatural con espíritus: brujas, ocultistas, espiritistas, participantes de la nueva era y satanistas.

Esta confrontación traerá la furia de los sistemas mundiales en contra de los profetas y apóstoles que, para ese tiempo, habrán sido restaurados. De hecho, los dos ministerios proféticos y de revelación de la Iglesia Neotestamentaria son el apóstol y el profeta. Así que ambos profetizarán y ejecutarán juicios sobre los sistemas mundiales, similar a los dos testigos proféticos descritos en Apocalipsis 11:3-6:

> Por mi parte, yo encargaré a mis dos testigos que, vestidos de luto, **profeticen** (...) Si alguien quiere hacerles daño, ellos lanzan fuego por la boca y consumen a sus enemigos. Así habrá de morir cualquiera que intente hacerles daño. Estos testigos tienen poder para cerrar el cielo a fin de que no llueva mientras estén profetizando; y tienen poder

para convertir las aguas en sangre y para azotar la tierra, cuantas veces quieran, con toda clase de plagas.

El Movimiento Profético en los 90. El Movimiento Profético seguirá este principio de un movimiento verdadero de restauración así como los demás. Este se incrementará y ganará reconocimiento internacional en los 90. El movimiento progresará a través de publicaciones y de los medios de comunicación electrónica hasta que sea publicado en todo el mundo. Entonces causará gran controversia entre todas las iglesias "que hablan en lenguas".

El Movimiento Profético no morirá, pero seguirá a lo largo del movimiento que traerá la restauración total al oficio de apóstol. Entonces este operará con todos los ministros de los cinco ministerios caminando en la verdad presente para capacitar y madurar a los santos. Por fin la Iglesia demostrará poderosamente el Reino de Dios al mundo para ser un testigo final de que Jesús es el Señor y el único camino, verdad y vida para la humanidad. Entonces la consumación de las edades será culminada en el movimiento final de restauración del Espíritu Santo, y el regreso de Jesús como Rey sobre todos los dominios de la tierra y como Señor del universo.

7. CANCIONES NUEVAS, COROS Y OTRA MÚSICA QUE REPRESENTAN EL MENSAJE DE RESTAURACIÓN.

Durante cada movimiento de restauración, Dios llama a aquellos hombres y mujeres que escriben canciones y coros con un sonido musical nuevo, y que melodiosamente manifiestan el mensaje que los líderes del movimiento han sido llamados a predicar y a profetizar. Un estudio a fondo de la progresión de la música en cada movimiento muestra que cada movimiento ha enriquecido la música paso a paso y, hasta ahora, ha involucrado todo el espíritu humano, alma y cuerpo en sus expresiones de alabanza y adoración al Señor.

Martín Lutero y sus compañeros reformaron varias canciones durante el Movimiento Protestante, lo cual ilustraba el espíritu y verdad del movimiento. La mayoría de lo cantado en la iglesia católica durante el tiempo de Lutero era cantado por los monjes en un cántico monótono sin ningún movimiento físico a excepción de sus bocas. Muchos pensaban que entre más serio, lento y mecánico era el canto, más santo era para el Señor. Pero cuando Lutero recibió su experiencia del nuevo nacimiento, él también fue liberado de las obras muertas de una adoración sin vida y ritual.

Lutero recibió la paz de Dios en su espíritu y el gozo de Dios en su alma. Es así como las verdades de su nueva vida cristiana fueron expresadas en la música, con nuevas palabras y melodías que algunos establecimientos religiosos creían eran mundanas, del alma y aun un sacrilegio. Una de las mejores canciones conocidas es el gran himno de Lutero: "Castillo Fuerte es Nuestro Dios".

Las canciones del Movimiento de Santidad. Miles de canciones fueron escritas durante los trescientos años del Movimiento de Santidad, y conocemos muchas de ellas hoy como "los grandes himnos de la Iglesia". La mayoría de los himnarios usados hoy por las iglesias están llenos de las canciones escritas durante este período. Estas canciones expresan la grandeza soberana de Dios, la sangre limpiadora de Jesús, la gracia de Dios, el compromiso cristiano, santidad, vida sacrificada, agradecimiento por el amor de Dios, misericordia y bendiciones.

Un principio divino de restauración fue establecido en el tiempo de Lutero. Cuando Dios levanta a alguien (usualmente un apóstol o un profeta) para proclamar una verdad nueva de restauración, Él también levanta a un trovador ungido para escribir esos mensajes en canciones y coros que expresan el espíritu y las verdades de lo que está siendo restaurado. Por ejemplo, John Wesley es conocido como el padre del Movimiento de Santidad, pero poca gente sabe que su hermano Charles había sido ungido para poner en música lo que Juan había predicado. Charles escribió más de seis mil canciones, cuatro mil de las cuales fueron publicadas.

Canciones pentecostales. El Movimiento Pentecostal añadió varias canciones nuevas que hablaban más acerca del poder sanador y la alegría exuberante, que de los otros beneficios de su experiencia espiritual y el bautismo en el Espíritu Santo. Ellos establecieron como aceptable la práctica de alzar las manos en el culto y batir las manos con el ritmo de los himnos y coros más rápidos. Estas dos expresiones físicas de adoración han permanecido y se han intensificado con cada movimiento desde entonces.

El Movimiento Pentecostal se desarrolló durante el tiempo de la Primera Guerra Mundial y la gran Depresión. No había mucha alegría o mucha esperanza en el planeta Tierra de ese entonces, así que los pentecostales tenían una actitud en contra del mundo que les hacía anhelar su hogar eterno en el cielo. La escatología típica de los pentecostales hablaba de un regreso inminente de Cristo, con el "rapto" siendo la esperanza máxima y el objetivo de la Iglesia. Así que a menudo no tenían planes de largo alcance; se esperaba que Jesús llegara en cualquier momento.

Consecuentemente, muchas de las canciones que se encuentran en los himnarios pentecostales eran acerca de cielo: "Yo volaré", "Cuando allá se pase lista", "Más allá en la gloria", "Será hermoso allá", "¿Habrán algunas estrellas en mi corona?". La mayoría de canciones enfocaban lo que había ocurrido en el pasado —o lo que ocurriría en el futuro—: "Cómo la antigua cuenta fue pagada hace mucho tiempo", "Todos seremos felices allá". No muchos cánticos tenían palabras que requerían acción y desafíos para que la Iglesia hiciera grandes cosas para Dios en el presente.

Como algo positivo, el Movimiento Pentecostal añadió toda clase de instrumentos musicales para la adoración y así acompañar sus cantos. Ellos cantaban y gritaban sus alabanzas, algunas veces "danzando en el Espíritu" con abandono. Su movimiento de restauración llevó las canciones cristianas a un nivel nuevo de libertad, emoción, y adoración con todo el espíritu, alma y cuerpo.

Adoración de la Lluvia Tardía. El Movimiento de la Lluvia Tardía añadió una nueva dimensión de alabanzas cantadas en lugar de solo gritarlas a Dios. Esta alabanza fue traída soberanamente a la Iglesia como una adoración melodiosa que fluye como ondas rítmicas o brisas suaves, elevándose a la altura de un crescendo de alabanza que es mejor descrita en las palabras de Juan en Apocalipsis 19:6: *"el estruendo de una catarata".*

La adoración en estas iglesias continuaba con manos levantadas alrededor de veinte minutos y luego se apaciguaba con un murmullo melodioso. Varias profecías serían declaradas, y la adoración seguiría por otros veinte o treinta minutos. Entonces el ciclo continuaría con más profecías y más adoración.

A principios de 1950, estuve involucrado personalmente en servicios de esta clase, los cuales duraban tres o cuatro horas. Era un sonido nuevo que no se había oído desde los días de la Iglesia Primitiva, aun más, desde los días del Tabernáculo de David.

Los salmos, himnos y canciones espirituales. Un nuevo conocimiento acerca de las palabras de Pablo en Colosenses 3:16: *"... instrúyanse y aconséjense unos a otros con toda sabiduría; canten salmos, himnos y canciones espirituales a Dios, con gratitud de corazón".* Los salmos fueron las palabras del libro de los Salmos, acompañados con música contemporánea. Los himnos eran las canciones de los movimientos anteriores que habían sido coleccionados en himnarios.

Las canciones espirituales se referían a dos clases de canto: Jesús cantando en medio de su Iglesia a través del espíritu de profecía en la canción profética (Hechos 2:12), y los santos cantando sus profecías para traer edificación, exhortación y consuelo a la congregación (1 Corintios 14:1, 14). El canto profético podría, algunas veces, ser una expresión de amor y apreciación al Señor, de parte del espíritu inspirado de los santos, como las canciones inspiradas de David que se encuentran en el libro de los Salmos; y algunas veces, era la voz del Señor para su Iglesia.

Este era el cumplimiento de la profecía de Jeremías acerca de la restauración de la Iglesia en los últimos días:

Así dice el SEÑOR: Ustedes dicen que este lugar (la iglesia) (...) se oirá de nuevo el grito de gozo y alegría, el canto del novio y de la novia, y la voz de los que traen a la casa del Señor ofrendas de acción de gracias y cantan: Den gracias al Señor Todopoderoso, porque el Señor es bueno, porque su amor es eterno. Yo cambiaré la suerte de este país —afirma el Señor—, y volverá a ser como al principio (Jeremías 33:10-11).

Fue la restauración de Jesús el Novio y su Iglesia —la Novia— expresando sus pensamientos y su amor cada uno con la voz de profecía y canto espiritual.

La danza de alabanza. El Movimiento de la Lluvia Tardía también añadió otra dimensión a la adoración: lo que llamaron "danza - alabanza - fe". Esto era completamente diferente a la manera pentecostal de "danzar en el Espíritu", lo cual era normalmente expresadas con una danza incontrolada, con ojos cerrados y emocionalmente frenética.

Estuve presente en la Conferencia Bíblica de Crescent Beach en 1954, en Columbia británica, cuando esta clase de adoración nació en el Movimiento de la Lluvia Tardía. Describí esta escena brevemente en *La Iglesia Eterna*:

La congregación de casi ochocientas personas había estado adorando a Dios por algún tiempo a medida que la adoración bajaba a un murmullo melodioso. De repente una hermana comenzó a profetizar: "El Rey ya viene, el Rey ya viene. Salid a encontrarlo con danza y regocijo". Ella comenzó a tomar helechos de una canasta de flores y a batirlos en el aire; luego tomó algunos de ellos a medida que alababa danzando y los arrojó en frente de la plataforma como delante del Señor. El director de la conferencia trató de detenerla, pero el Espíritu Santo le dijo que no, porque esto era de Dios. En pocos minutos, la mayoría de la audiencia estaba alabando a Dios, meciendo sus piernas y sus cuerpos moviéndose en forma rítmica, alabando a Dios.

Las Escrituras tienen más ejemplos de alabanzas al Señor en la danza, que de levantar las manos, batir las palmas, gritar y cantar usando himnarios, o muchas otras prácticas de adoración en el cristianismo. El rey David, un hombre de acuerdo al corazón de Dios, alabó al Señor en la danza y con los Salmos —el cual sirvió como el libro de adoración para la Iglesia Neotestamentaria que da varios mandatos para alabar a Dios en la danza (Salmo 149:3; 150:4; 30:11; Hechos 13:22; 2 Samuel 6:14-16; Jereremías 31:4,13; Eclesiastés 3:14; Mateo 11:17; Lucas 15:25).

La adoración carismática. El Movimiento Carismático incorporó todas estas formas restauradas de adoración y añadió pasos del estilo folclórico de la danza judía. Durante este tiempo, la danza con coreografía y los movimientos de las manos usando el lenguaje de señas fueron combinados para así expresar las palabras de las canciones cristianas y amplificar el énfasis del mensaje visual. Las mujeres diseñaron vestidos de tipo folclórico, coloridos, que cubrían completamente sus cuerpos, a fin de poder alabar con la danza decentemente y con orden. Las iglesias del Movimiento del Reino y otras extendieron la alabanza en danza para incluir ballet, con su vestuario correspondiente.

La controversia acerca de la danza en adoración. La mayoría de los líderes del Movimiento de Fe son descendientes espirituales directos del Movimiento Pentecostal y fueron activados en un ministerio más sobrenatural por el Movimiento de Evangelismo de Liberación en 1947 y 1948. Nunca estuvieron involucrados en las formas de restauración de adoración que el Movimiento de la Lluvia Tardía trajo a la Iglesia.

No obstante, muchas personas de Fe e Iglesias de la Palabra practicaron algunas de estas formas de adoración, hasta que uno de sus líderes hizo de su convicción personal, un asunto al respecto. Él insistía que la manera pentecostal de "danzar en el Espíritu" era la aceptable en la Iglesia, pero la danza con coreografía que la Lluvia Tardía y los Carismáticos usaban no era aceptable. Esto causó discusión y división dentro de la Iglesia.

No obstante, estas formas de adoración fueron genuinamente restauradas a la Iglesia por el Espíritu Santo, y este no estará involucrado en cualquier enseñanza que resta importancia o descuenta cualquier cosa que Dios ha restaurado a su Iglesia. Cada grupo tiene derecho a sus convicciones, pero no tiene derecho a causar discusión y contienda al juzgar y condenar otras formas de adoración que son tan bíblicas como aquellas.

Un músico-compositor del Movimiento Profético. El Espíritu Santo ha sido leal para levantar a un joven profeta compositor entre nosotros.

Roberto Gay ha sido llamado para poner música al mensaje que algunos de los líderes del Movimiento Profético han estado profetizando y enseñando. Dios ya lo ha inspirado para escribir centenares de coros y producir casetes de música profética de adoración. Podemos ver con frecuencia en La Escritura, dónde el ministerio del profeta y el músico frecuentemente operaban juntos. Elías llamó a un músico antes de declarar la Palabra del Señor (2 Reyes 3:15). También vemos que muchos de los hijos de los profetas de la escuela de Samuel se convirtieron en los músicos principales en el Tabernáculo de David (1 Samuel 10:1-27). Podemos ver por qué la restauración del Tabernáculo de David y el Movimiento Profético están vinculados.

Roberto relata un ejemplo de cómo el mensaje profético puede dar a luz la música nueva:

> En un servicio en el centro de CI en abril de 1988, el obispo Hamon, durante un culto, dio una profecía a la congregación. La profecía proporcionó un testimonio tan fuerte a mi espíritu, que

transcribí sus palabras y las leí muchas veces. Una frase realmente me impresionó: "Me estoy levantando como un poderoso hombre de guerra". Cerca de un mes después, estaba en casa almorzando. Luego que terminé, me levanté para volver al trabajo, pero antes de que saliera a la puerta, tuve una visión en la cual vi a Jesús montado en un caballo, con niebla hasta las rodillas, esgrimiendo una espada y con fuego en sus ojos. Todo parecía como estar en cámara lenta, mientras Jesús se acercaba más y más. Entonces la visión se detuvo, y oí al Espíritu de Dios decir: "Escribe lo que ves". Abrí mi boca y comencé a cantar esta canción: "Él se está levantando, levantando en nuestro medio como un hombre poderoso de guerra, vestido en armadura de batalla y empuñando una espada de dos filos. Estamos conquistando todos sus enemigos y colocándolos a sus pies. Así que levántate, oh Dios, levántate como un hombre de guerra, un hombre de guerra poderoso". La palabra profética fue la semilla para esa canción, y la visión de parte del Espíritu Santo activado en mi espíritu puso claridad y entendimiento en las palabras y la música que resultó en el canto "Hombre poderoso de guerra".

Los coros de Roberto representan el mensaje de la restauración de los profetas. También demuestran el espíritu de alabanza de guerra que es la dimensión nueva de adoración siendo restaurada en este movimiento. El mensaje de la música está reflejado en palabras como "Dios todavía habla hoy (por sus profetas)"; "Somos la generación Josué, somos el pueblo que tomará el mando". La música tiene una calidad intensa que urge santidad, una vida victoriosa, una devoción total y rendimiento a Jesucristo.

Roberto ha escrito más de doscientos coros, y veinticinco de ellos se han grabado profesionalmente en dos casetes producidos por CI-NPM: **Alabanzas proféticas I** *El Hombre poderoso de Guerra*; **Alabanzas proféticas II** *Ruge, León de Judá* ¡Él también ha grabado 12 canciones por Integrity Hosanna! En las cintas de música de adoración, cinco de las cuales estuvieron en su última grabación de los 80, **"Victor's Crown"**, Roberto es el líder de adoración.

El coro en el que Roberto se sintió inspirado a escribir para nuestra primera conferencia regional de profetas en Atlanta, Georgia, en agosto de 1989, tiene el mismo título que el tema para nuestra conferencia: **"Preparemos el Camino"**. Este coro da el punto principal del mensaje del profético:

Preparemos el camino
para la venida del Señor;
preparemos el camino
para la venida de nuestro Rey;
los profetas del Señor Dios
se levantarán en esta hora,
declarando palabras de sabiduría
con gloria y con poder.
Veremos una demostración
mientras se oye su voz,
y la Gloria de Dios llenará la tierra
al profetizar su Palabra.

Estos coros de alabanza comunican las palabras y el espíritu de un ejército militante listo para poseer su tierra prometida. La "Generación Josué" ha atravesado el Jordán espiritual de su restauración. Ellos ahora están marchando alrededor de Jericó, preparándose para cumplir cabalmente su propósito, predestinado como una de la "tribus" de restauración de la verdad presente, que se unirá en espíritu y en verdad, para echar fuera a todos los "eos" de Canaán.

Este grupo profético, junto con otros grupos de visión y fe similar seguirán adelante exaltando con La Palabra de Dios en su boca y el arma de doble filo en sus manos. Hablarán la palabra Logos y Rhema de Dios, para ejecutar los juicios escritos por todos los profetas en Las Escrituras. Ellos cumplirán completamente todas las promesas dadas al profeta Abraham, el padre de todo el pueblo profético de Dios (Salmo 149:6-9; Génesis 20:7; Romanos 4:16).

8

UN CLAMOR POR QUE HAYA BALANCE, ESTRUCTURA Y ORDEN

En el mes de septiembre de 1989, la revista *Carisma* en su portada presentó un artículo, donde examinaba a fondo el Movimiento Profético. En su editorial, acompañando el artículo, Stephen Strang hizo una apelación sincera a los líderes proféticos, para que se aseguraran de que el movimiento mantuviera su integridad y balance. Él mencionó algunas de las preocupaciones legítimas acerca del potencial que propagaba enseñanzas y prácticas extremas en este movimiento, y estoy muy de acuerdo con su preocupación. Strang decía:

> Si los abusos comienzan a surgir en este nuevo movimiento de profecía (y tristemente, hemos comenzado a tener noticias de algunos casos aislados donde esto ha ocurrido), entonces el peligro de los abusos va más allá de lo que se vio en el movimiento de discipulado. Le hacemos un llamado a Bill Hamon, a Paul Cain y a otros líderes que están surgiendo en este movimiento, que cuiden que este don no sea abusado. Nos alegra que Hamon, por ejemplo, haya instituido una política para evaluar el ministerio de aquellos que están sometidos a él. El uso de las grabadoras han ayudado a minimizar el potencial de abuso; no obstante, hay mucho por hacer. Hay necesidad de mucha enseñanza en esta área.

Este objetivo es, de hecho, el deseo y propósito de mi corazón. Con la gracia de Dios y la sabiduría concedida, haré todo lo que esté a mi alcance y usaré los recursos para mantener integridad y balance.

Entendiendo el proceso. No obstante, otros deben entender el proceso por el cual cada movimiento de restauración ha tenido que pasar, desde el comienzo de la gran restauración de la Iglesia. Los líderes y las personas que están siendo usadas por Dios para restaurar las verdades bíblicas y experiencias espirituales antiguas, inicialmente, son rechazadas, perseguidas y abandonadas por las denominaciones cristianas establecidas y por los movimientos anteriores. Ellos se convierten en el tema más controversial en la Iglesia; son acusados de ser fanáticos, herejes, profetas falsos, aun de ser líderes de sectas (Mateo 23:29-39).

Solo y hasta que el movimiento crezca y gradualmente sea establecido en centenares de iglesias que propaguen y practiquen las mismas cosas en todo el mundo, los líderes de la antigua orden, deberán finalmente concederles un estatus tolerable, permitiéndoles que existan sin una persecución constante. (El Movimiento Carismático, solo hasta ahora, ha evolucionado hasta llegar a este nivel). A las iglesias del nuevo movimiento, finalmente se les ha permitido integrarse con el resto de la comunidad cristiana, pero solo hasta después de que el fuego del movimiento se haya nivelado convirtiéndose en una estructura organizada y en una entidad con un desempeño predecible.

La guerra fría y caliente. Primero, una restauración divina de la verdad traerá consigo una "guerra caliente" entre aquellos que la aceptan y aquellos que la rechazan. Después de que la batalla llegue a su fin, donde casi todos, o se han quedado con lo antiguo o se han ido con lo nuevo, los dos grupos podrán entablar una relación de "guerra fría", practicando una tolerancia mutua, sin aceptarse completamente el uno al otro, como miembros del Cuerpo de Cristo y dignos de recibir su amor y comunión.

Los extremos en el péndulo de la verdad restaurada. Cuando la verdad está en el proceso de ser restaurada a la Iglesia, usualmente oscila al extremo de la derecha, luego a la izquierda y finalmente se detiene en el centro, con un mensaje balanceado, como el péndulo de un gran reloj colonial, en la mitad de los dos extremos. Aquellos que se atascan en el extremo izquierdo se convierten en sectas, doctrinas y prácticas. Aquellos que no logran regresar del extremo de la derecha se convierten en un grupo exclusivo, que se separa del resto del Cuerpo de Cristo. Luego está el grupo que regresa de los dos extremos, para mantener un balance en la doctrina y en la práctica bíblica correcta; esta era la forma como Dios deseaba que fuera restaurada originalmente en la Iglesia.

Un movimiento de restauración también puede ser comparado a los tiempos cuando la lluvia fuerte cae y hace que el río se desborde de sus riberas. Una parte del agua se estanca al lado derecho del río y forma estanques pequeños, donde unos cuantos peces permanecen. Otra parte del agua en el lado izquierdo nunca logra regresar al río, pero forma riachuelos y pantanos, donde toda clase de criaturas venenosas habitan. Las aguas de la inundación fluyen entre los bancos del río de sabiduría y madurez, al ministrar las verdades y experiencias espirituales restauradas.

El grupo "balanceado" puede perder la unción. No obstante, el grupo "balanceado" puede tratar tanto de proteger la verdad y reaccionar contra los extremistas, que conserva la forma original, pero pierde el fluir del Espíritu Santo. Logra conservar la pureza de la doctrina y aun así pierde la poderosa presencia y poder de Dios, que fue manifestada originalmente en su ministerio.

Tristemente, puedo decir que la historia de la Iglesia revela que es este grupo balanceado el que se convierte en el perseguidor principal del siguiente movimiento de restauración del Espíritu Santo. Ellos establecen limitaciones doctrinales acerca de qué, cuándo, dónde, quién y cómo la verdad puede ser ministrada. Sus odres se convierten en algo seco y establecido con tales limitaciones que no pueden recibir el vino nuevo de la verdad restaurada, la cual añade una verdad nueva y ministerios espirituales a la Iglesia.

Sea establecido en la verdad presente. Por esta razón, debemos mantener nuestros odres flexibles, para que podamos ir de movimiento en movimiento del Espíritu Santo, incorporando en nuestras vidas y nuestras iglesias todo lo que Dios quiere restaurar a su Iglesia (2 Corintios 3:18). Al mismo tiempo, no debemos ser vulnerables a los extremos y al fanatismo. Como el apóstol Pedro declaró, *"estén afianzados en la verdad que ahora tienen"* sin abandonar ninguna de las verdades y prácticas que ya han sido restauradas (2 Pedro 1:12). Jesús dijo que un escriba sabio es alguien que saca de su cofre tesoros viejos y nuevos. La Iglesia no es un tanque de agua o un mar muerto, sino un río de agua viva y fresca que fluye (Mateo 13:52; Ezequiel 47:1-12; Juan 7:38).

Los abusos no pueden ser completamente prevenidos. Los apóstoles y los profetas verdaderos que han sido llamados a ser pioneros en este Movimiento Profético harán todo lo que puedan para mantener el balance y para prevenir que los ministros proféticos hagan cosas necias que traigan deshonra al movimiento. Pero ninguno de los movimientos anteriores de restauración pudieron prevenir los abusos y extremos completamente, y tampoco nosotros podremos hacerlo.

La realidad es que siempre existirán aquellos sin educación bíblica y que nunca han aceptado la verdad presente. Siempre estarán aquellos que son emocionalmente inestables y espiritualmente inmaduros, que no pueden manejar la verdad, y aquellos que comienzan a hacer cosas extrañas que están fuera de orden en la verdad presente. Siempre habrá charlatanes, ministros falsos y aquellos que tienen una motivación errada, buscando una oportunidad para promoverse ellos mismos y sacar ventaja del movimiento.

Estos tres grupos podrían ser denominados: el fanatismo de derecha, el extremismo izquierdo y los del centro balanceado entre los dos extremos. Un resumen breve de las verdades principales restauradas en los últimos cinco siglos revelará que cada movimiento ha tenido estos tres grupos.

El siglo XVI. La justificación por la fe. Este péndulo de la verdad, osciló desde un extremo de la salvación por obras sin fe, hasta el otro extremo en que todo era fe y ninguna obra de justicia. Aquellos que siguieron caminando en la verdad llegaron a un balance en el centro. Aquellos que fueron justificados por la fe demostraron, por medio de ella, sus obras de obediencia en una vida de justicia. Hubo también los extremos teológicos del calvinismo y el armenianismo, junto con aquellos que tomaron una posición balanceada entre los dos extremos.

El siglo XVII. El bautismo en agua. Allí había dos extremos, uno con aquellos que predicaban que una persona no era salva, hasta que fuese bautizada en agua por inmersión, y otro con aquellos que le daban poco valor al bautismo en agua. Existieron aquellos que enseñaban que un bebé podía recibir todas las bendiciones del cristianismo a través del bautismo en agua, y los que enseñaban que un niño no podía recibir nada del Señor hasta la edad de doce años. Aquellos que caminaban en la verdad desarrollaron un balance entre estos extremos.

El siglo XVIII. La santidad, la santificación, y el perfeccionismo. La enseñanza de la santidad tuvo sus dos extremos: legalismo y libertad. El legalista creía que todos los deportes, las diversiones y las modas actuales eran pecaminosos para el cristiano. Los extremistas de la libertad declaraban que la gracia dio licencia para todas las cosas, proclamando que "para el puro todas las cosas son puras".

Acerca de la enseñanza de la santificación, un extremo insistía en que los cristianos solo tienen una única experiencia eternamente santificadora, mientras que el otro extremo decía que necesitamos ser santificados a diario. El perfeccionismo tiene en sus extremos a aquellos que no creen que un cristiano no pueda evitar pecar un poco todos los días.

Gracias a Dios que hay un balance entre estos extremos de la verdad divina. Aquellos que siguieron adelante en la verdad presente mantuvieron un balance entre estas dos extremas posiciones en las enseñanzas y prácticas de la verdad restaurada.

El siglo xix. La segunda venida de Jesús. Había dos extremos: aquellos que proclamaban el regreso inminente de Cristo y determinaron las fechas para su venida, usando cada acontecimiento y calamidad mundial como prueba, y aquellos que no creían en un regreso literal de Cristo. Las grandes controversias teológicas eran sobre puntos de vista escatológicos: premilenialismo, postmilenialismo y amilenialismo. Aquellos que eran pre-milenialistas iban a extremos en sus predicaciones escatológicas acerca de si el rapto de la Iglesia iba a ocurrir antes de la tribulación, a mediados de la tribulación o después de la tribulación.

La década de 1880. Sanidad divina por fe. La controversia teológica se basaba en el hecho de si las heridas que Jesús recibió proveían la sanidad divina en su cuerpo de la misma manera que su muerte en la cruz proveía el perdón de pecados. En otras palabras, ¿había sanidad física en el sacrificio de Jesús?

Aquellos que aceptaron la enseñanza de sanidad en el sacrificio, desarrollaron creencias extremas diferentes: algunos creían que la fe divina era el único remedio aceptable para la sanidad física del cristiano (con el uso del cuidado médico prohibido); aquellos en el lado opuesto agotaban todos los medios naturales antes de recurrir a Jesús para la sanidad sobrenatural. Los que mantuvieron la verdad de la sanidad divina lo hicieron con un balance entre aquellos con oscilaciones extremas a la derecha y a la izquierda.

El siglo xx. El bautismo del Espíritu Santo y otras lenguas. El problema teológico estaba en que si la "lengua desconocida" era solo la evidencia bíblica válida de haber recibido el don del Espíritu Santo. Entre los pentecostales que aceptaban el hablar en lenguas, había dos grupos extremos: aquellos que creían que una persona no era salva, hasta que hablara en lenguas, y aquellos que creían que habían varias pruebas divinas diferentes (como lo proclamado por el Movimiento de Santidad) acerca del bautismo del Espíritu Santo.

Los pentecostales también llegaron a extremos en el concepto de la Deidad, con algunos quienes enseñaban una forma de unitarismo (la doctrina que dice que la trinidad no existe; esto es conocido como los "Jesús-solo"). Estos grupos también desarrollaron actitudes religiosas como la unidad de las tres Personas de la Divinidad y formas rígidas acerca de las fórmulas del bautismo en agua.

Existía una variedad de opiniones acerca de la terminología apropiada para describir la experiencia de hablar en "otras lenguas". Unos los llamaban "bautizados en el espíritu" y otros, "llenos del espíritu". Algunos discutieron acerca de si deberían decir que es el bautismo con, en o del Espíritu Santo.

La terminología usada no impidió que el Espíritu Santo bautizara a los creyentes. Pero algunos grupos se dieron tanto al fanatismo, que eventualmente se destruyeron. Los otros se separaron de los que eran parte del Cuerpo de Cristo, declarando que todos los otros grupos estaban equivocados a excepción de ellos. Ellos creían que eran el único grupo pentecostal, que tenía la salvación verdadera, la enseñanza y los ministerios apropiados de la verdad restaurada.

Como resultado, muchas denominaciones pentecostales y grupos independientes fueron establecidos. La mayoría de ellos todavía aun no se extienden la mano de comunión; pero hubo algunas denominaciones pentecostales, que mantuvieron la forma original, las doctrinas y los ministerios espirituales de la verdad que el Espíritu Santo quería restaurar en ese tiempo.

La década de 1940. La imposición de manos y la profecía personal. La verdad controversial que estaba siendo restaurada era conocida como el "presbiterio profético". El asunto era si los ministros llenos del Espíritu Santo tenían el derecho bíblico y el poder espiritual, para proféticamente revelarles a los ministros su llamado a los cinco dones de ascensión y para profetizarles a los santos su ministerio de membresía en el Cuerpo de Cristo.

También enseñaron que, por medio de la profecía y la imposición de manos, los dones del Espíritu Santo podían ser revelados y activados en los santos (1 Timoteo 4:14; 1:18).

Este péndulo de verdad tuvo sus oscilaciones a la derecha y a la izquierda antes de alcanzar su balance en el centro. Algunos ministros de la Lluvia Tardía relegaron la profecía para ciertos apóstoles y profetas selectos. Otros permitían que cualquiera, en cualquier momento, sin supervisión correcta, le profetizara a otra persona.

Como en todo movimiento, aquellos que mantuvieron la verdad en su debido balance establecieron normas para impartir la enseñanza y ministrar la verdad restaurada. Los grupos extremistas se han autodestruido y los grupos que siguieron adelante han preservado la verdad, en la pureza de la predicación y la práctica.

La década de 1950. Cantando alabanzas, ministerio de cuerpo, danza de alabanza. La diferencia en el énfasis bíblico estaba entre aquellos que creían que los santos podían cantar alabanzas melodiosamente, y aquellos que creían que la alabanza solo debía hacerse con el grito pentecostal. Otros debatían si el ministerio espiritual debía ser desatado en el cuerpo de creyentes en la congregación o si deberían ser totalmente dirigidos y ministrados desde el púlpito.

En un extremo, servicios enteros eran dados a la alabanza y a las profecías con muy poco énfasis en la predicación; mientras que otros continuaban viendo la adoración solo como un preliminar para dar la preeminencia total a la predicación de La Palabra. Otro grupo extremo estableció lo que llamaron la jerarquía celestial de los doce apóstoles y los veinticuatro antecesores. Ellos se vestían de un atavío religioso como los sumos sacerdotes del Antiguo Testamento.

Algunas iglesias tenían solo adoración lenta y melodiosa, mientras que otros tenían alabanza con danzas y gritos, por horas. Algunos discutían sobre si "danzar ante el Señor" era un acto deliberado de fe en la expresión de la alabanza o una "danza en el Espíritu" incontrolable. Había otros que creían que los servicios de la Iglesia eran mayormente para la adoración y el perfeccionamiento de cada uno en Cristo, mientras que otros creían que todo el papel de la Iglesia era el de evangelizar el mundo.

Aquellos que caminaban en la verdad y ministerios restaurados, trajeron un balance entre los extremos y mantuvieron de esta forma la verdad en la práctica de la pureza.

La década de 1960. Demonología: ¿opresión, obsesión o posesión? El asunto de las "lenguas desconocidas" había sido una controversia en la Iglesia desde el Movimiento Pentecostal, así que este no era un nuevo tema para ellos en la década de 1960. Algunos de los líderes del Movimiento Carismático causaron una mayor controversia acerca de la actividad de los demonios.

El tema consistía en que si un cristiano que es nacido de nuevo y bautizado en el Espíritu Santo podía tener demonios en su vida, hasta el punto de necesitar que fueran expulsados.

La controversia se desarrolló entre aquellos que enseñaban que cada pensamiento, acción negativa y aflicción física era un demonio que tenía que ser reprendido, antes de que el cristiano pudiera cambiar o ser sanado, y aquellos que creían que la sangre de Jesús les daba inmunidad a todo aquel que había sido limpiado de sus pecados, porque los demonios no pueden "cruzar la línea de sangre". A mediados de los 70, los carismáticos habían desarrollado una doctrina y práctica balanceada acerca de la demonología.

La década de 1970. El discipulado, la vida familiar, el crecimiento y estructura de la iglesia. El Espíritu Santo estaba preparando a la Iglesia para el gran crecimiento numérico de los años 70. Muchas iglesias en América del Sur y Corea especialmente desarrollaron el concepto de una congregación grande con numerosos grupos de células reunidas en los hogares de los miembros de la iglesia. El Espíritu Santo estaba tratando de traer un respeto mutuo entre los ministros y la disposición de reconocer y someterse el uno al otro.

El gobierno teocrático estaba siendo restaurado en la Iglesia y en la familia con el debido orden y autoridad. Hubo una restauración del orden correcto de prioridades personales, especialmente para aquellos en liderazgo y ministerio: Dios primero, la esposa y la familia segundo y luego el ministerio.

Sin embargo, los extremos inevitables aparecieron. Algunos enseñaron y desarrollaron una pirámide cristiana de liderazgo. El pastor casi se convirtió en un líder papal de aquellos bajo su autoridad. Todas las damas solteras tenían que tener una "cobertura" masculina, para poder estar en el orden divino. Todas las decisiones tenían que ser hechas por el liderazgo, aun las actividades diarias y personales de los miembros. Los líderes se tornaron dominantes e hicieron que aquellos que estaban bajo su autoridad dependieran totalmente de ellos.

Algunos grupos se fueron a los otros extremos, eliminando la estructura del liderazgo de la Iglesia al cambiar el pastorado por la autoridad de los ancianos. Algunos eliminaron las reuniones semanales de la congregación unida y las dividieron en reuniones pequeñas de células en los hogares. Algunos se deshicieron del servicio dominical de la noche, para crear una noche para la familia.

Un "Movimiento de Jesús" surgió como resultado de la rebelión de los jóvenes en contra de la sociedad mundana (el movimiento *hippie*). Ellos estaban más dispuestos a oponerse a la estructura de la Iglesia. No obstante, le ayudaron a la Iglesia a liberarse de algunas de sus tradiciones ritualistas. Al final de la década, la mayoría de las iglesias carismáticas de la verdad presente habían desarrollado un balance en la doctrina y práctica acerca del discipulado, el pastorado, la vida de la familia y la estructura de la Iglesia.

Cuando hay una inundación de verdad y ministerio, el río de la Iglesia se desborda por sus riberas. Parte del agua no logra regresar al curso principal, y se convierte en estanques y riachuelos. Así que algunos grupos de la extrema derecha e izquierda se convirtieron en riachuelos, mientras la Iglesia restauradora de Dios se asentaba en las riberas del río y continuaba fluyendo en orden y balance.

La década de 1970. El mensaje de fe, la prosperidad, la enseñanza de La Palabra. A través de los siglos, la Iglesia había enseñado que la espiritualidad y la pobreza eran sinónimas. Las prácticas monásticas y ascéticas que se desarrollaron durante el Oscurantismo, todavía estaba influyendo a la Iglesia. Aquellos de los Movimientos de Santidad, Pentecostal y de la Lluvia Tardía estaban bajo la impresión de que tener riquezas o las conveniencias modernas, o el vestir y manejar el último modelo era algo carnal y mundano.

Oral Roberts fue uno de los primeros en propagar la idea de que Dios es un Dios bueno y desea que los cristianos tengan buena salud y que prosperen, aun como su alma prospera (3 Juan 1:2). Pero no fue sino hasta 1970 que la verdad fue practicada lo suficiente para convertirse en una controversia mundial.

Tres campos. La enseñanza de vivir victoriosamente, de ser prósperos, viviendo saludablemente en lo natural y lo espiritual provino de tres campos diferentes: (1) el ministerio de Oral Roberts, que enseña el principio de la semilla de fe para sembrar y cosechar. Sembrar finanzas para cosechar finanzas, (2) el ministerio de Robert Schuller, de vivir positivamente y los principios para el éxito, (3) el grupo de ministros que se convirtieron en lo que es conocido como los "Predicadores de la prosperidad", los "Maestros del mensaje de la fe", o la "Gente de La Palabra". Algunos de los líderes más conocidos fueron Kenneth Hagin, Kenneth Copeland, Hobart Freeman y Fred Price.

El Espíritu Santo estaba tratando de traer el Cuerpo de Cristo a un nuevo nivel de fe y a una revelación mayor de la verdad, a fin de que las cosas materiales necesitadas pudieran ser obtenidas para poder comunicar el evangelio y para que la Iglesia prosperara. Sin embargo, como sucede en cada activación y la restauración de cada verdad, diferentes grupos se "atascaron" en las oscilaciones extremas del péndulo.

Los extremos. Algunos de los grupos que se desarrollaron en este movimiento enseñaron y cultivaron la actitud de que cualquier cristiano que no estuviera sano y prosperando era un incrédulo o no tenía comunión con Dios. Ellos enseñaban que Dios no prueba al justo. Si usted no obtenía prosperidad y un milagro todos los días, entonces no era una persona de fe.

Otros se convirtieron en ministros egoístas y motivados por el dinero, quienes tomaron la verdad acerca de la prosperidad y la convirtieron en una oportunidad para tomar ofrendas grandes para ellos mismos. Algunos que trataron de usar la enseñanza como base para enriquecerse terminaron en bancarrota, hiriendo a muchas personas en el proceso.

Aun otros se fueron a los extremos, confesando y haciendo declaraciones positivas, hasta que sus enseñanzas parecían similares a las doctrinas de la Ciencia Cristiana. Otros oscilaron al lado opuesto, declarando que los creyentes no tienen control sobre sus vidas; que simplemente deben aceptar cualquier cosa que se presente en su camino como la voluntad de Dios; que la pobreza y las enfermedades son usadas por Dios para perfeccionar a los santos y que deben ser padecidas con gracia. Agradezco a Dios que hay un balance entre estos extremos.

La antigua controversia que se levantó durante el Movimiento de Sanidad Divina en la década de 1880 surgió nuevamente entre la gente de Fe. Cualquiera que usaba medicina, consultaba un médico o tenía cirugía era visto con desdén por un grupo de extremistas.

A pesar de las diferencias en los diversos campos, estos ministros fueron instrumentos en la Iglesia, al enseñar los principios bíblicos de la fe vencedora, la prosperidad, la fe sanadora, el poder de La Palabra y la necesidad de una confesión positiva continua. Ellos escribieron centenares de libros y grabaron miles de casetes, dando principios bíblicos para la prosperidad, salud y felicidad. A mediados de los 80, el movimiento había llevado a cabo su misión, y aquellos que habían evitado los extremos siguieron adelante en la restauración y el ministerio de la verdad.

La década de 1980. El reino ahora, teología de dominio, reconstrucción. El Espíritu Santo quería llevar a la Iglesia a una actitud de dominio y a que estuviera más interesada en la venida del Reino de Dios, que en irse. Él quería que la Iglesia saliera de debajo de su escondite y que permitiera que su luz brillara por todo el mundo, y no solo entre creyentes.

Dios quiere demostrarle al mundo que su Iglesia realmente es la sal de la tierra, y que los cristianos deben estar involucrados en cada actividad legítima de los humanos, para que sean testigos y una influencia para el Reino de Dios. La separación de la Iglesia y del Estado no quiere decir que es la separación de los cristianos de ser abogados, senadores, gerentes corporativos y aun presidente de la nación.

La controversia sobre el Reino. El mensaje del Reino enfatizaba la verdad bíblica de que los santos han sido hechos reyes y sacerdotes para Dios, y dominarán y reinarán en la tierra. La gran controversia se basaba en quién, cuándo, dónde y cómo el Reino literal de Dios sería establecido en el planeta Tierra. El conflicto básico era entre la teología reformada, la teología evangélica y los diferentes puntos de vista de los pre, post y amilenialistas, acerca del tiempo y la estrategia del establecimiento del Reino de Dios en la tierra como en el cielo.

La enseñanza que actuó como un catalizador para convertir este tema en una controversia en la Iglesia fue la del obispo Earl Paulk, de la Iglesia Chapel Hill en Atlanta. Su énfasis era sobre un punto de vista en que la mayoría de los evangélicos y pentecostales creían: él negaba el rapto, lo cual parecía ser una herejía. Él enseñaba que los santos que habían partido para la eternidad y los santos vivos serían trasladados en un abrir y cerrar de ojos, pero esto no era para el propósito de salir de la tierra. Más bien, era para establecer el orden divino de Dios al hombre y la autoridad de Cristo sobre toda la tierra.

Algunos extremos. Como en todo movimiento, diferentes grupos se levantaron y recibieron lo que Dios estaba tratando de hacer, llevándolo a los extremos. Algunos propagaban una toma política revolucionaria cristiana a través de medios naturales sin operar en el poder sobrenatural de Dios. Otros decían que era mejor que la Iglesia no hiciera nada, solamente orar y abrigar la esperanza de algo mejor mientras el mundo empeoraba, y que Jesús finalmente regresaría a tomar su Iglesia para llevarla al cielo.

Algunos comenzaron a danzar con coreografía en forma de ballet, para expresar la música y las palabras de las canciones cristianas. Otros se fueron al extremo de declarar que cualquier clase de adoración planeada y practicada para ser presentada no era bíblica, y que solo la antigua forma pentecostal de "danzar en el espíritu" era aceptable ante Dios.

A finales de los 80, aquellos que propagaban el mensaje del Reino habían llegado a la conclusión básica y bíblica de que la Iglesia es un testigo del Reino de Dios ante toda la sociedad y que debemos demostrar el Reino no solo en forma práctica, sino también por medio del poder sobrenatural de Dios.

Los 80 y los 90. Los profetas, el Movimiento Profético, un pueblo profético. Esto nos trae a la ola actual de la restauración de la verdad. El Movimiento Profético es el movimiento del filo cortante del Espíritu Santo. Este movimiento de restauración está activando a una realidad, las verdades y ministerios bíblicos de importancia fundamental en la Iglesia de Jesucristo del siglo xx.

Como todo movimiento, el Movimiento Profético tendrá entre ellos a aquellos que lo llevarán a los extremos de la derecha e izquierda. Algunos ministros proféticos carecerán de ética y serán erróneamente motivados, tratando de usar la profecía para manipular a otros para sus propios propósitos. Ellos caerán y desaparecerán, pero durante el proceso traerán reproche a la verdad y herirán a otros. Pero gracias sean dadas a Dios, que sin embargo, habrá ministros proféticos verdaderos que establecerán y mantendrán un balance apropiado.

Los abusos y los extremos en el uso de la profecía personal. Al igual que con cada movimiento de Dios, el movimiento profético producirá su parte de abusos, en el sentido de que habrá personas que lo llevarán más allá de lo debido o totalmente tergiversarán la verdad que Dios está restaurando. El Espíritu de Dios es puro y restaura la verdad y el ministerio sin adulterarlo, pero desafortunadamente es derramado en vasos humanos, los cuales pueden ser defectuosos (2 Corintios 4:7).

Hemos visto algunos abusos en una escala pequeña, y quiero dar una advertencia en contra de pervertir o usar las verdades que están siendo restauradas para el beneficio personal o para otros propósitos impíos. Las cosas específicas que como cristianos honestos debemos evitar son estas:

Un énfasis desmedido sobre la profecía personal. Algunos cristianos creerán que necesitan una "palabra del Señor" para tomar decisiones de mayor o de menor importancia. Ellos ya no dependerán de sus convicciones personales y de la dirección del Espíritu Santo (o el consejo pastoral y la sabiduría) para caminar diariamente ante el Señor. En algunas vidas, la profecía personal reemplazará la oración y el escuchar a Dios por uno mismo.

Esto no es del Señor. La profecía personal tiene un lugar válido en la Iglesia y en las vidas de cristianos, pero nunca fue el propósito de ser un "arreglo instantáneo" o un sustituto para buscar a Dios.

Otra forma que este abuso tomará es el de elevar la profecía al mismo nivel de autoridad e inspiración de La Palabra escrita de Dios, desarrollando grupos como sectas, que estiman la expresión profética igual que Las Escrituras. Sin embargo, todos los cristianos ortodoxos creen que Las Escrituras son completas y suficientes, y rechazarán toda revelación extrabíblica.

Ministrando sin estar bajo autoridad. Algunos cristianos comenzarán a profetizar en lugares que no han sido aprobados como apropiados por aquellos en el liderazgo. En nuestros seminarios, llamamos a estas, "profecías de estacionamiento", en las cuales, personas sacan a otros de las reuniones y les profetizan cosas extrañas. Nosotros tenemos una lista de normas que hemos desarrollado y requerimos que los que asisten a nuestra iglesia local y seminarios las lean y se adhieran a ellas.

Creemos que es de vital importancia que todas las profecías sean dadas solo bajo supervisión espiritual y que sean grabadas. Esto permite que los ancianos locales ajusten o corrijan cualquier palabra que sea falsa, aplicada erróneamente, fuera de tiempo, protegiendo de confusión o malos entendidos a las personas que reciben la profecía. Sin embargo, algunos que son nuevos en este movimiento profetizarán desordenadamente al ser según ellos "guiados por el espíritu", sin permitir que sus palabras sean pesadas y evaluadas (1 Corintios 14:31; 1 Tesalonicenses 5:21). El ministerio profético tiene el poder de bendecir o maldecir, así que todas las palabras deben dar testimonio y ser debidamente juzgadas por aquellos que son espiritualmente maduros y están en posición de supervisar la asamblea local.

Usando la profecía para justificar la rebelión y el pecado. El Movimiento Carismático trajo como resultado que muchos grupos de oración y reuniones no estructuradas se separaran de la Iglesia. Algunos eran de Dios, otros a medida que el Espíritu Santo vertía el vino nuevo el cual los odres viejos no podían contener causaron inevitables divisiones; sin embargo, muchos otros solo eran grupos rebeldes que querían hacer su propia voluntad sin tener ninguna supervisión.

El Movimiento Profético observará la continuación de esta tendencia a usar la profecía personal como una herramienta para justificar las facciones y grupos rebeldes. Al ser confrontados por la autoridad espiritual, ellos dirán: "Dios me dijo", y demostrarán como evidencia varias profecías que ellos mismos se dieron o lo que otros les habían dado para endosar su grupo o ministerio. Dios nunca tuvo la intención de que la profecía juzgara asuntos doctrinales o disciplinarios, y Él ciertamente no ha nominado a ciertos santos en la Iglesia para enderezar a todos los demás a través de su ministerio espiritual.

Controlando o manipulando a otros por medio del ministerio profético. Algunos ministros o líderes que desean controlar usarán el don de la profecía para dictar "ordenes de parte de Dios" a los que están bajo su autoridad. Los abusos del movimiento de discipulado quedarán cortos, en contraste con esta clase de abuso de la profecía personal. Los ministros profetizarán a las personas con quién casarse, qué trabajo desempeñar y cuándo y para dónde mudarse, todo en el nombre de "revelación espiritual".

Cantidad de santos ignorantes e inmaduros seguirán a sus líderes espirituales, porque les parecerán que ellos están profetizando la Palabra del Señor y tienen señales que siguen su ministerio. Así que los cristianos deben entender la diferencia entre lo que es obedecer la Palabra del Señor y obtener confirmaciones sobre mudanzas y decisiones importantes en sus vidas. Estudie Deuteronomio 13:1-5, para que entienda las razones por las cuales Dios permite que estas cosas sucedan.

Usando el don profético para ganancia personal. Este abuso se dará en dos formas de engaño, a medida que ciertos ministros vean que la gente acude a lo profético porque la unción de Dios está en ello. Muchos comenzarán a tener "conferencias proféticas", las cuales serán proféticas solo de nombre. Ellos estarán más interesados en atraer a la gente para que paguen grandes cantidades en sus seminarios, aumentando así las finanzas de su iglesia, que para ministrar proféticamente a la gente.

Comenzaremos a ver la palabra "profética" colgando como una etiqueta en casi todo en la Iglesia al tratar carnalmente de manipular a la gente, para que sean parte de los ministerios que no son del todo proféticos. La segunda forma de este abuso es tan antigua como lo es Balaam, quien trató de profetizar para su ganancia personal. Actualmente hay algunos que profetizan: "Así dice el Señor, o Dios está diciendo que si apoyas financieramente a su siervo con una ofrenda de $ 1000, Él seguramente te bendecirá".

Miles de cristianos ingenuos enviarán su dinero, pensando que el hombre habla en nombre de Dios. Al final, sin embargo, estos profetas falsos serán expuestos como charlatanes y juzgados por convertir en mercancía el don de Dios.

Tratando de cumplir la profecía personal fuera de tiempo. Muchos cristianos que reciben verdaderas profecías personales, acerca de un gran ministerio o de alguna situación de su vida, no entenderán el tiempo de los tratos de Dios y tratarán de llevar a cabo su profecía en su propia fuerza. Si Dios les dice proféticamente que van a ser levantados como un gran pastor, profeta o apóstol irán de inmediato a la imprenta a imprimir sus tarjetas con títulos proclamándose quienes demuestran los milagros de Dios.

Otros que son llamados a ser mayordomos de las finanzas del Reino de Dios se precipitarán a situaciones empresariales basados en una profecía personal porque creerán que una profecía los hará prosperar en todos sus empeños. Los resultados serán contratos discontinuos, bancarrota y vidas arruinadas. Cuando una profecía verdadera es declarada por un individuo, Dios planea llevarla a cabo en algún momento de la vida de esa persona, no necesariamente en la siguiente semana o mes. Los cristianos tendrán que aprender a esperar el tiempo del Señor. (Por favor, vea los capítulos 16 y 17 en *Los Profetas y La Profecía Personal* para determinar la forma apropiada de responder a una profecía personal, y el capítulo 10 para enterarse de "La Profecía Personal y los Proyectos Empresariales").

Profecías presuntuosas, críticas y enjuiciadoras. Uno de los más grandes peligros y abusos del Movimiento Profético será la gente que profetiza en forma presuntuosa y con un espíritu de crítica. Por alguna razón, las personas con un espíritu crítico y negativo son atraídas al ministerio profético, sintiendo que la congregación o la profecía personal es su plataforma para bombardear a todos los demás que están viviendo en pecado (e indirectamente insinúan que ellos son la verdadera norma de justicia). He visto y he oído a muchos que creían que ellos eran los únicos profetas de Dios en el desierto, proclamando justicia, mientras el resto de la Iglesia era pecadora y perversa (Deuteronomio 18:20-22).

He encontrado, sin embargo, que el resultado de esta profecía es amargura, sin fruto y con condenación. Dios no ha ungido a ningún alguacil en el Reino para juzgar y condenar a otros, y he encontrado que raramente, Él usará a ministros y santos inmaduros para dar una palabra verdadera de reprensión y corrección. Esto, no obstante, es reservado para las personas maduras en quienes Dios pueda confiar, para que declaren palabras duras en un espíritu de humildad y de restauración.

Estas son solo algunas de las áreas que pueden salirse del balance en el ministerio profético. Tengo planes de cubrir mucho más en el próximo libro de esta serie.

No es una novedad. El Movimiento Profético contiene verdades vitales y ministerios que Cristo quiere que sean establecidos en su Iglesia. No es una novedad religiosa o simplemente una renovación temporal de una verdad o ministerio previamente restaurado. *La restauración de profetas y el ministerio profético es de primera necesidad para el cumplimiento del propósito progresivo de Cristo para su Iglesia y su último propósito para el planeta Tierra.*

La década de los 80 fue la época para la concepción, el desarrollo y el parto del Movimiento Profético. Esta última década del siglo xx se usará para propagarla a los confines de la tierra y así establecer la verdad y los ministerios que el Espíritu Santo fue comisionado a restaurar en este movimiento.

El ciclo de restauración de la historia. Cada movimiento verdadero de restauración ha pasado por el mismo proceso y ciclo histórico: primero, Dios inyecta la verdad en el corazón de los ministros clave que desea usar. Luego en su tiempo, la verdad es proyectada en la Iglesia. Inicialmente esta es rechazada por la mayoría de los líderes.

Esto, por un período de tiempo, causa mucha persecución, hasta que el movimiento tenga ministros e iglesias establecidas alrededor del mundo. Luego permanecen de forma pasiva por años, hasta que al final son considerados bíblicamente aceptables en la comunidad cristiana, y no como una secta.

Rechazo y persecución anticipado. El Movimiento Profético ha pasado por las etapas de inyección y proyección, y está recibiendo suficiente prominencia para ser rechazado o perseguido. Aquellos ministros e iglesias que propagan lo profético continuarán adelante hasta que el resto de la Iglesia pasivamente los tolere o los acepte. Aquellos que creen y aceptan que esto es algo que Cristo quiere que sea establecido en su Cuerpo permitirán que las verdades y los ministerios sean incorporados en sus enseñanzas, prácticas y formas de adoración.

Nuestro enemigo, el diablo, odia a los profetas de Dios y el ministerio profético. Él está trayendo ya todo lo que pueda contribuir al rechazo y a la persecución. Así como en los otros movimientos, los charlatanes, novicios, ignorantes, inmaduros y erróneamente motivados, que normalmente están en las afueras y no en el curso principal comienzan a usar el producto profético abusivamente para su ganancia.

Tales acciones con motivaciones erradas y profecías presuntuosas harán que estos líderes de la iglesia con integridad justa y normas bíblicas morales rechacen tal tontería religiosa. Pero este no es el verdadero movimiento "infantil"; es el "agua sucia con que se bañó" al bebé, y no debemos arrojar al bebé al agua. Los "padres" que fueron usados para dar a luz el movimiento tienen el espíritu verdadero y el propósito del movimiento, y son normalmente los que hacen una mercancía de las verdades y ministerios de restauración.

Los abusos ya han comenzado. Cuando veo y oigo que algunos están abusando de las verdades y el ministerio profético, mi espíritu se aflige grandemente, mi corazón se entristece, y aun a veces se levanta una indignación justa. Aun hoy existen aquellos con programas de televisión que están usando el ministerio de la profecía para manipular a la gente y así obtener apoyo financiero. Ellos cierran sus ojos, y apuntan con el dedo y dicen: "El Señor dice y el Señor me muestra que alguien debe enviarnos cierta cantidad de dinero". Si el Señor los ungió para profetizar, esa unción los dejó cuando comenzaron a usar el don para la promoción personal y la manipulación para obtener dinero.

Me escandalicé y me disgusté cuando oí a otra persona en la televisión diciendo: "Escríbame, y le enviaré un casete de su profecía personal para su prosperidad". Yo pedí el casete para oír lo que me decía. Esto era solo una superflua farsa de usar lo profético para manipular y motivar a la gente, respaldando así su ministerio.

"También deben haber herejías". Algunas veces he deseado tener la virtud de eliminarlos y cerrar sus bocas, pero entonces el Señor me recuerda lo que Pablo le dijo a la iglesia en Corinto. Él dijo: *"Sin duda, tiene que haber grupos sectarios entre ustedes, para que se demuestre quiénes cuentan con la aprobación de Dios"* (1 Corintios 11:19). En relación a este movimiento, esto significa que debe haber profetas falsos, ignorantes, inmaduros y los ministros proféticos motivados erróneamente, que usan el oficio y ministerio del profeta, para que aquellos que son verdaderos y correctos puedan ser manifestados como los profetas verdaderos de la Iglesia de Cristo. Jesús dijo que debemos permitir que el trigo crezca junto a la cizaña hasta el tiempo de la cosecha (Mateo 13:24-30).

Por favor, entienda que todos los padres verdaderamente ordenados por Dios en el movimiento profético estarán haciendo todo lo que esté a su alcance para enseñar, escribir libros y producir manuales de enseñanza que den normas bíblicas de la manera más pronta para que estas verdades y ministerios sean administrados correctamente. El ideal es mantener una estructura, un orden y una práctica apropiada, mientras que las verdades y los ministerios están siendo restaurados, sin que haya absolutamente nada que traiga reproche al ministerio. Este es el **ideal** que unos pocos llevarán a cabo, pero la **realidad** es que esto nunca ha resultado así en ningún movimiento.

Pero hágase todo. Pablo declaró: *"Pero todo debe hacerse de una manera apropiada y con orden"* (1 Corintios 14:40). Pero no hay necesidad de orden y decencia si algo no se está haciendo. El énfasis debe estar en las primeras cuatro palabras de esta declaración, como también en las últimas: **¡Pero todo debe hacerse!** El predicador de antaño declaró que la única forma que se podía tener un establo limpio era no teniendo bueyes en él (Proverbios 14:4).

En el comienzo de un movimiento, toda la enseñanza es dada en seminarios y libros que se escriben, los cuales se concentran en proclamar la restauración que Dios está haciendo. La predicación que prevalece es porque es de Dios, y nosotros debemos "permitir que todo se haga". Después de que el movimiento ha pasado por proyección, rechazo, persecución y pasividad, la mayoría de los libros tratarán con el balance, los procedimientos apropiados y cómo ser más compatible y aceptable con el resto de la iglesia. En ese tiempo, la última parte de esa declaración está enfocada en todo lo que el movimiento debe hacer "de una manera apropiada y con orden".

Aquellos que no manifiestan la verdad como Dios lo ha planeado son los que no logran regresar al centro de las oscilaciones de los extremos del péndulo de la verdad restaurada. Aquellos que tienen un corazón dedicado a Dios y la mente de Cristo en este movimiento seguirán adelante con las prácticas y los procedimientos proféticos debidos.

9

EL ESPÍRITU DE LOS PROFETAS VERDADEROS Y EL MOVIMIENTO PROFÉTICO

Quiero compartir con usted lo que considero debe ser el espíritu de todos los verdaderos profetas de Dios y de aquellos que participan en el Movimiento Profético. Ser un profeta verdadero significa mucho más que dar una palabra verdadera o tener un ministerio con milagros. De hecho, es posible que un profeta verdadero dé una palabra no acertada, ya que todos los seres humanos son falibles y propensos a cometer errores.

Muchos dicen que la ley de Moisés todavía está vigente con respecto a los profetas, que requiere que los profetas sean el cien por ciento exactos o de lo contrario deben ser apedreados (mala fama en el ministerio). Sin embargo, vemos que las otras ofensas dignas de muerte en el Antiguo Testamento tampoco están vigentes. Según la ley, Jesús debía haber apedreado a la mujer adúltera que le trajeron. Pero Él le dijo a ella: "Vete y no peques más".

La motivación es tan importante como el ministerio. Un profeta verdadero es mucho más que alguien haciendo declaraciones proféticas o el obrar milagros. Incluso, un ministro profético que es injusto o inmoral en algunas áreas de su vida puede dar palabras exactas y específicas, y aun permanecer delante de Dios como un profeta falso. Vemos esto específicamente en el caso de Balaam, quien dio la única profecía mesiánica en el libro de Números y, aparentemente, tenía un ministerio profético válido, aunque todas las referencias del Nuevo Testamento lo denominan como un profeta falso (2 Pedro 2:15; Judas 11). Los profetas de la clase de Balaam pueden profetizar con mucha certeza y manifestar milagros poderosos, pero ministrar sin el espíritu de sabiduría o amor divino. Les serviría escuchar el pronunciamiento de Jesús en Mateo 7:15-23.

Nuestra predicación y nuestro profetizar pueden ser doctrinalmente acertados y producir resultados ungidos; pero también muchos ministros, de aquellas características, pueden predicar y profetizar acertadamente. Dios quiere que todos nosotros seamos conocidos por la motivación del espíritu de sabiduría y amor. Jesús decía que conoceríamos los profetas falsos por sus frutos (del Espíritu Santo) más que por las manifestaciones espirituales y los milagros (Mateo 7:15-16).

El cuerpo no es mejor que el espíritu. Todo organismo viviente tiene sus propias características por las cuales es conocido e identificado. Todo cuerpo humano tiene su propia personalidad y espíritu. El Cuerpo de Cristo tiene su propia personalidad y espíritu, el cual es el carácter de Cristo y el Espíritu Santo de Dios.

Todo lo que Dios crea no solo tiene un propósito, sino también una motivación. El funcionamiento adecuado del cuerpo siempre es determinado por el espíritu que lo motiva. Como fundador y obispo de la Red de Ministerios Proféticos de Christian International, he recibido de Dios una comisión, visión y convicción acerca del espíritu apropiado y la motivación de CI-NPM. El Espíritu Santo es el espíritu coordinador y factor motivador de toda obra que Dios ha ordenado; pero la motivación específica del Espíritu Santo que Dios quiere para la compañía de profetas es el "**espíritu de sabiduría**" y "**la fe que actúa mediante el amor**" (Gálatas 5:6; 1 Corintios 13:1-8).

El espíritu de sabiduría. En Efesios 1:16-23, Pablo hizo una extensa oración a favor de los cristianos de Éfeso. Él comenzó su oración con esta petición: *"Pido que el Dios de nuestro Señor Jesucristo, el Padre glorioso, les dé el Espíritu de sabiduría y de revelación, para que lo conozcan mejor"*. La primera preocupación de Pablo y el deseo para ellos era que recibieran el espíritu de sabiduría.

Salomón decía que la sabiduría es lo más importante (Proverbios 4:7). Aquí, Pablo no está hablando del conocimiento intelectual que la sabiduría trae, sino más bien del **espíritu de sabiduría**, que son los atributos de la sabiduría para llevar a cabo su obra. Él enfatizaba que el espíritu de sabiduría es algo indispensable en la vida de una persona antes de que él o ella puedan fluir y ministrar con "revelación" sobrenatural. **La revelación sin sabiduría se convierte en radical y vanagloriosa.** La revelación divina y el gran discernimiento profético no serán presentados de acuerdo al orden divino a menos que el espíritu de sabiduría provea su naturaleza y controle las características de la persona que profetiza.

La Generación Josué se está levantando. En este día y en esta hora, Dios está levantando a la Generación Josué. Antes de que Josué estuviese listo para llevar al pueblo de Dios a la tierra prometida, Moisés impuso sus manos sobre él e impartió el "espíritu de sabiduría" (Deuteronomio 34:9). Josué había permitido que todas las características de la sabiduría obren en su naturaleza y estilo de vida.

Hoy una generación nueva de profetas y un pueblo profético está siendo levantado para entrar a la tierra prometida de Dios y para echar fuera las representaciones falsas de comunicación sobrenatural, el equivalente moderno a los antiguos "eos" de Canaán. Los verdaderos profetas de Dios declaran más conocimiento sobrenatural celestial por medio el Espíritu Santo, de lo que pueden hacer los ocultistas, usando el poder psíquico humano y el espiritismo. La generación profética de Josué será conocida y distinguida no solo por su conocimiento sobrenatural de las personas y los asuntos que les conciernen, sino también por el espíritu de sabiduría. Aquellos que no desarrollan los atributos y las características del espíritu de sabiduría serán dejados en el desierto para deambular en él; mientras que aquellos que tienen los atributos del espíritu de sabiduría poseerán las promesas.

El espíritu y carácter de la sabiduría. Santiago 3:17 nos da una descripción detallada del espíritu de sabiduría. Jesús es la sabiduría (1 Corintios 1:30), y su Espíritu es santo, así que el espíritu de sabiduría será el fruto del Espíritu Santo de Cristo. Santiago 3:13-17 debe ser leído en varias versiones, para poder obtener el impacto total de lo que el escritor inspirado quiere decir.

El versículo 13 declara que nuestra forma de hablar y ministrar debe ser hecha "**con la humildad que le da su sabiduría**". Luego en los versículos 17 y 18, Santiago describe los atributos del espíritu de sabiduría divina: "*... la sabiduría que desciende del cielo es ante todo pura, y además pacífica, bondadosa, dócil, llena de compasión y de buenos frutos, imparcial y sincera*".

La primera característica del espíritu de sabiduría es que es **puro**. Literalmente esto significa ser libre de cualquier cosa que puede adulterar, perjudicar o deteriorar. Algo puro es algo claro y sin ninguna mezcla, como el agua pura. Es algo libre de pecado o culpabilidad; es ser libre de culpa, ser virgen o casto.

Jesús dijo: "*Dichosos los de corazón limpio, porque ellos verán a Dios*" (Mateo 5:8). Si los profetas quieren ver a Dios, y los ministros proféticos quieren fluir con poder, deben primero tener esta pureza de corazón. Es imposible presentar una palabra pura del Señor si su corazón, motivo y actitud no son puros (Mateo 12:33-34; Santiago 3:11)

Estamos viviendo en los días de Malaquías 3:3: "*Se sentará como fundidor y purificador de plata; purificará a los levitas y los refinará como se refinan el oro y la plata. Entonces traerán al Señor ofrendas conforme a la justicia*". Dios no tolerará más la vileza y suciedad que ha infiltrado a los ministros que son como los hijos corruptos de Elí, los dos perdieron la vida en un día, por su pecado delante de Dios. Dios está levantando a algunos Samuel que estarán dedicados a Él en pureza y rectitud (1 Samuel 2:12-3:21).

Los profetas pacíficos. El diccionario define **pacífico** como "un estado de ánimo sin disturbio, ausente de conflicto mental; libre de guerra, viviendo en armonía, teniendo disposición hacia la paz, no pendenciero". ¿Ejemplifica nuestra vida este atributo del espíritu de sabiduría?

Los profetas y los santos que operan en el espíritu de sabiduría son pacíficos. *"Dichosos los que trabajan por la paz, porque serán llamados hijos de Dios"* (Mateo 5:9). Los verdaderos santos y ministros proféticos son los pacificadores de los diferentes campos de creencias en la Iglesia y no son aquellos que causan contiendas, debates, acusaciones y condenación trayendo consigo división entre los campos cristianos. Si usted quiere observar a alguien que está operando en el ministerio profético y desea comprobar si tiene el espíritu de sabiduría, solo oféndalo para ver qué clase de espíritu manifiesta cuando usted lo hace.

La gracia de la amabilidad. Ser amable deja en claro todo lo que conlleva el ser un caballero, especialmente en el antiguo concepto inglés: "Uno de la clase alta, de buen nacimiento, teniendo las cualidades consideradas apropiadas para aquellos de buen nacimiento, refinado, educado, noble y caballeroso, gentil, generoso, amable, de manejo fácil, manso como un perro de buena naturaleza".

Como un perro pastor escocés, que no muerde cuando se le toca; confiable cuando hay niños a su alrededor. Una persona amable no es violenta, áspera, ruda o con una actitud mala en palabra y acción.

El espíritu de sabiduría es amable y personifica las características de un caballero. Primero que todo, un caballero es alguien que nace en una posición social alta y de realeza. Somos nacidos de Dios, el Rey del universo. Somos nacidos en la familia del Dios Todopoderoso. ¡Nadie puede nacer en un orden social mayor que este! Es más, somos linaje real, reyes y sacerdotes de Dios. De todos los pueblos de la faz de la tierra, los profetas y santos del pueblo profético deben vivir y ministrar como caballeros de la realeza (Apocalipsis 1:6; 1 Juan 1:3; 3:1-3).

Ser apacible implica tener un temperamento que por naturaleza no se irrita con facilidad. La mansedumbre es un espíritu que ha sido entrenado por medio de la disciplina y el sufrimiento para ser amable. Estos atributos son indispensables si deseamos representar adecuadamente a Jesucristo, el Profeta.

Básicamente, la actitud de un profeta verdadero debe contener las bienaventuranzas de Cristo (Mateo 5:3-12).

La perspectiva del mundo hacia el profeta. Los profetas y ministros proféticos de hoy tienen el llamado, el privilegio y la responsabilidad de cambiar la forma en que el mundo y la mayoría de la gente en la Iglesia ven al profeta. ¿Qué clase de persona es lo que la gente ve cuando piensan en un profeta? ¡Ellos han sido condicionados para pensar solo en el aspecto salvaje de un individuo barbado con ojos grandes, hablando y delirando como un loco diciendo: "Arrepentíos porque la ira de Dios está sobre vosotros, ¡pecadores corruptos!".

El profeta estereotipo tiene la barba llena de miel, y esta le cae por la barbilla mientras las patas asadas de langostas cuelgan de su boca. Él presenta a un Dios que está enojado con el mundo y él mismo pareciera estar tan enojado como el mismo Dios. Él odia y juzga a todo el mundo. Es rudo, repugnante, tosco, sin modales, un excéntrico que vive como un ermitaño en una cueva, la cual es su mundo. Es poco sociable, una ley en sí mismo y solo le da cuenta a Dios y a nadie más, solo Dios le puede decir lo que debe hacer.

Esto es completamente opuesto a lo que el Nuevo Testamento describe acerca de una persona que representa a Jesucristo y que ha sido llamado a hablar en su nombre. Un profeta del Nuevo Testamento es una extensión de Jesucristo, el Profeta, y debe demostrar su sabiduría y sus rasgos de personalidad, los cuales son los frutos del Espíritu Santo. Todos los profetas y profetisas deben ser un modelo de lo que es un caballero y una dama.

Los profetas son personas reales. Si es "accesible", entonces usted es una persona práctica, que enfrenta la realidad, es decir alguien auténtico. Una persona accesible, fácil de enseñar, considerada, que responde a una petición fervorosa, sin decir "soy demasiado santo y celestial para que los santos comunes y corrientes se acerquen, soy un profeta tan santo que no puedo permitir que otros me toquen".

¿Ha estado alguna vez cerca de ciertos predicadores que tienen la actitud de que son muy santos, muy ungidos y separados por Dios, hasta el punto de que nadie se les puede acercar? Jesús el Profeta nunca fue inaccesible.

Los discípulos trataron de que Él fuera así, pero Jesús tomo a los niños y los sentó en su regazo, cuando los discípulos quisieron mantenerlos alejados. Él recibió al ciego que persistentemente daba gritos para que lo sanara. Los discípulos trataron de decirle al hombre que guardara silencio y que no molestara al Profeta Maestro, ya que tenía cosas más importantes que hacer. Jesús tocó y sanó al leproso inmundo, de quien los discípulos trataban de proteger. Los profetas verdaderos se pueden destruir a sí mismos, si permiten que sus discípulos los sobreprotejan.

Los profetas verdaderos no son reclusos. Los ministros prominentes, quienes están en gran demanda, fácilmente pueden desarrollar una vida de exclusividad y recluirse de la Iglesia mundial, el pueblo de Dios. Mi gozo y mi deleite es ministrarle al pueblo de Dios. Yo diría que uno de los cumplidos que mi esposa y yo apreciamos más, es cuando las personas nos dicen: "Los apreciamos porque ustedes son muy accesibles, muy sencillos y reales". El espíritu de los profetas y del pueblo profético no debe ser uno de exclusividad, aislamiento o de "misterios espirituales". Ellos deben ser hombres y mujeres genuinos que han sido ungidos para ser los profetas, las profetisas, los ministros y pueblo profético de Dios.

Hombres y mujeres de misericordia. Otros atributos del espíritu de sabiduría incluyen la **misericordia**, la cual puede ser definida como el abstenerse de lastimar o castigar a los ofensores. Es bondad excesiva de lo que puede ser esperado o demandado por la justicia; yendo la segunda milla, tolerante, compasivo. El espíritu de sabiduría está lleno de misericordia, y esta es una característica importante que Dios debe desarrollar en el profeta (Santiago 2:13).

Sin la misericordia, el profeta se convierte en una persona dura, desdeñosa y con ambición de profetizar juicio y destrucción. Jonás se regocijó en los juicios de Dios en contra de Nínive y luego no quiso profetizar salvación después de que ellos se arrepintieron delante de Dios. Por otro lado, Samuel es un buen ejemplo de un profeta que sabía cómo balancear la misericordia y el juicio.

La misericordia ejecuta la Palabra de Dios. En una ocasión, por ejemplo, Samuel le dio a Saúl la Palabra del Señor para que saliese y eliminara a todos los amalecitas, incluidos mujeres, niños, ganado y todo lo que respirara (1 Samuel 15:1-3). Cuando Saúl preservó el ganado y al rey de Amalec como un premio, Samuel sacó su espada *"Y allí en Guilgal, en presencia del Señor, Samuel descuartizó a Agag"* (1 Samuel 15:33).

Los profetas son intercesores poderosos. Sin embargo, vemos en otro lugar cuando Dios le dijo a Samuel que Saúl había fallado y que había sido desechado como rey de Israel: *"Tanto se alteró Samuel que pasó la noche clamando al Señor"* (1 Samuel 15:11). No solo le causó dolor a Samuel que Saúl fracasara, sino que también lloró con pena la pérdida de la persona de Saúl, su destrucción y el dolor que le había causado al pueblo de Dios. La misericordia y compasión como esta son muy importantes y necesarias para que los profetas puedan funcionar apropiadamente como voceros de Dios.

El **espíritu de sabiduría** también está lleno de **buen fruto**, no simplemente en forma de semilla, sino también maduro, y esta es la clase de madurez de la que otros pueden comer. Nadie quiere comer un fruto no maduro, el cual es amargo y poco nutritivo. Así que, los profetas y el pueblo profético deben desarrollar ministerios probados y fructíferos si han de ser reconocidos y recibidos, no solo como los que hablan a favor del Señor, sino también como los que hablan de parte del Señor. Nadie le prestará atención a una persona que sea malhumorada, haragana, afligida y generalmente carente del fruto del Espíritu que todos los cristianos deben desarrollar. Los **ministros proféticos** también deben ministrar este fruto a otros **sin parcialidad o hipocresía**. Debemos ser imparciales, sin prejuicios y no tener exclusividad religiosa. No podemos hacer acepción de personas; debemos tratar y relacionarnos con todos con justicia e igualdad.

Los profetas deben ser personas reales y genuinas sin engaño o pretensión. Nuestra conversación debe estar al mismo nivel de nuestro comportamiento, nuestra **hombría** debe ser igual a nuestro **ministerio**; nuestra **vida personal** debe ser igual a nuestra vida en el **púlpito**. ¿Es usted una persona en casa o en su lugar de trabajo, y otra en la iglesia o en el púlpito?

Una pregunta llevará esto al punto clave. De todos los profetas, ministros o miembros de la Iglesia que usted conoce, ¿cuál de ellos desearía usted que fuera su vecino y compañero más cercano en el primer millón de años en la eternidad?

La personalidad de los profetas verdaderos. Deseo que los profetas tengan un celo mayor por su reputación como hombre o mujer de Dios, que el deseo de ser reconocido como un gran ministro profético con señales y prodigios. El ministerio profético verdadero con la naturaleza y sabiduría de Jesucristo no simplemente impresionará a la gente con las manifestaciones sobrenaturales, sino que hará que las personas se enamoren de Jesús.

¿Representan su vida y ministerio la personalidad de Jesucristo? ¿Podría la gente mirarlo y decirle: "Ahora sé cómo es Jesús, no solo en su poder, sino también en su personalidad"?

La fe que obra por el amor. Jesús operó en la fe de Dios y sanó a los enfermos, echó fuera demonios, levantó a los muertos y profetizó esperanza a los humildes, y corrección y juicio a los hipócritas religiosos. Por favor, lea 1 Corintios 13, en varias traducciones, para recibir el impacto total de la realidad, de que Dios le da mucha más importancia a nuestro espíritu y motivación que a nuestro desempeño.

Los versículos del 1-4 nos muestran que podemos ser las personas proféticas más carismáticas y ungidas que alguna vez hayan ministrado, sin embargo, si no somos motivados y dirigidos por el amor de Dios, de nada nos aprovecha. Podemos ser el hombre o la mujer más grande de fe que haya obrado milagros, pero sin amor de nada nos aprovecha. Aun podemos ser una de las personas más entregadas a otros y dadores de finanzas; pero sin amor no tenemos recompensa o ganancia alguna.

El Señor Jesús le habló severamente a los hipócritas religiosos y declaró verdades duras a sus seguidores; pero todo lo que hizo fue motivado por amor, el fuerte amor "ágape". Si algo se dice y se hace con amor, es determinado no por la forma en que lo hacemos, sino en cómo lo hacemos; no solo por lo que decimos, sino con qué espíritu lo comunicamos. Debe ser con el espíritu de sabiduría y motivado por amor.

Cuando recibí el Presbiterio Profético en 1953, una de las profecías declaraba: *"He aquí, la fe que obra por el amor obrará poderosamente en ti. Porque para este fin has sido llamado, dice el Señor".* El Espíritu Santo fielmente ha obrado en todos estos años para llevar a cabo esta palabra. El amor es un fruto del Espíritu. Los dones son dados, pero el fruto es cultivado. Esta semilla profética fue sembrada en mi espíritu a una edad temprana, y esta debe ser la razón por la cual he tenido una carga y un deseo de asegurarme de que los profetas sobre los que tengo influencia y yo fielmente llevemos a cabo el trabajo del ministerio profético con el amor de Dios.

El mensaje puede ser duro, pero el profeta no debe serlo. La palabra profética puede ser de corrección y de amonestación, pero eso no le da al profeta el derecho de criticar y de ser repulsivo en su presentación. Basados en las tres Escrituras principales que hemos considerado, debemos concluir que el espíritu de sabiduría, el amor, las bienaventuranzas, el carácter y la personalidad de Jesucristo son todos sinónimos. Nuestra conclusión está resumida en estas declaraciones de aliteración:

La sabiduría sin **amor** no tiene Valor.

La revelación sin **sabiduría** es Radical.

El ministerio sin **misericordia** es Locura.

El conocimiento sin **amor** no Beneficia.

La espiritualidad sin **amor** es una Farsa.

El ministerio profético sin **amor** no es Provechoso.

El canto profético sin **amor** no trae Resultados.

El trabajo de fe sin **amor** no es Fructífero.

El sacrificio sin **amor** no tiene Sentido.

El reconocimiento nacional sin **amor** no tiene Recompensa.

El éxito sin **el amor y la sabiduría** de Cristo es una Falsedad.

El ministerio personal del profeta contra el propósito corporal de Cristo. A la luz de estos propósitos y objetivos del Movimiento Profético, debemos tener cuidado de mantener la actitud y el espíritu correcto en nuestras vidas y nuestros ministerios. La humildad es un requisito para todo ministro que quiera ser parte del panorama de los planes de Dios para toda la Iglesia.

La analogía de Pablo acerca del **cuerpo humano con muchos miembros** es que cada miembro tiene una función propia y única; esto representa claramente la posición de los ministros proféticos de hoy. La función de un miembro individual en el cuerpo no es un fin en sí; es más bien una parte que contribuye en todo al funcionamiento. El cuerpo humano no fue creado para proveerle a sus miembros un lugar en donde pudieran funcionar; al contrario cada miembro ha sido creado para funcionar colectivamente en unidad y así llevar a cabo el propósito único del cuerpo. Aunque los miembros deben mantener su propia vida y función, estos no deben convertirse en profetas independientes y egoístas. Ellos deben asegurarse de que su ministerio esté vinculado con el propósito global de Cristo para su compañía de profetas, encajando así en el propósito de Dios para su Iglesia, y la Iglesia, en el propósito eterno de Cristo (1 Corintios12).

Una canción tocada en un teclado provee otra **analogía** útil. Cada nota al sonar no es magnificada y no trae atención a sí misma; más bien, es tocada con muchas otras notas para crear la canción total que el músico maestro desea. La restauración de los profetas es la pieza musical que Jesús está tocando en su orquesta de restauración de toda la verdad. Cuando Él prepara la página musical para la presentación de su canción, la arregla para que cada nota suene exactamente en el tono correcto, en el momento apropiado. Todas las notas son importantes para la canción.

Cuando una nota suena desafinada, está fuera de tono o no está en armonía con el resto, entonces el Afinador Maestro debe tomar sus instrumentos y arreglarlo. Si la clave rehúsa ser restaurada, entonces Él la tiene que reemplazar por otra. Nuestra humilde dedicación a los propósitos que Dios tiene para el Movimiento Profético nos capacitará para que funcionemos individualmente en la manera que hemos sido creados, mientras contribuimos única y armoniosamente a la canción que Jesús canta hoy. Cristo no está levantando solamente a un profeta para magnificar su ministerio, al contrario, está levantando a un gran cuerpo de profetas para llevar a cabo su propósito corporal para la Iglesia en el planeta Tierra.

Principios para evaluar a los profetas. En el transcurso de los años, he desarrollado lo que yo llamo las Diez M para evaluar todas las áreas en la vida de una persona o ministerio. En nuestras Conferencias Proféticas de CI, se ha enseñado extensamente acerca de estos diez puntos. Tengo un casete de enseñanza de 90 minutos sobre estas M. Tendré también todo un capítulo dedicado a este tema en el libro "Profetas 3". Planeo, en un futuro cercano, escribir un libro corto para poder compartir todas las verdades bíblicas importantes relacionadas con estos diez principios.

Las Diez M han sido colocadas en un bosquejo solo para dar más conocimiento acerca del espíritu y la motivación apropiada de los verdaderos profetas de Dios y de aquellos que Él quiere que participen y propaguen el ministerio profético.

A todos los ministros proféticos de CI-NPM, les es requerido dar un "Formato de Reporte de Evaluación" a cada pastor de donde ellos ministran. El pastor da una evaluación acerca del fruto del ministro de CI-NPM en todas las áreas de las Diez M. Cuando dos pastores diferentes reportan las mismas áreas de debilidad o prácticas proféticas cuestionables de uno de nuestros ministros, entonces traemos esto a su atención. Consejos, sabiduría, oración y ánimo es dado para ayudarle a que fortalezca su carácter y el eslabón ministerial en su vida. Una cadena no es más fuerte que su eslabón más débil. Nuestros profetas, profetisas y ministros proféticos aprecian este seguimiento, supervisión y rendimiento de cuentas en sus vidas. Ellos son enseñados a poseer las bienaventuranzas de Cristo para manifestar su poderoso ministerio profético por la fe que obra por amor y a permitir que todas sus acciones y reacciones sean dirigidas por el espíritu de sabiduría. Conscientemente, practique los principios apropiados de las Diez M, que capacitan al profeta para que mantenga su ministerio en pureza y madurez. Si nos juzgamos continuamente basados en estas Diez M, eliminaremos muchos de los juicios de parte de otros (1 Corintios 11:31).

Las diez M para evaluar a los ministros proféticos

1. MASCULINIDAD	
Génesis 1:26-27	Dios hace al hombre antes de manifestar un ministerio poderoso
Romanos 8:29	El hombre aparte de su posición, mensaje o ministerio
Hebreos 2:6-10	Per-so-na-li-dad, evaluando la persona no su desempeño
1 Timoteo 2:5	Masculinidad de Jesús 30 años; ministerio 31/2; proporción 10 a 1
2. MINISTERIO	
2 Corintios 6:3	No ofenda el ministerio; 1 Co. 2:4-5; poder y demostración
Mateo 7:15-21	Por sus frutos los conoceréis; unción, resultados
Deuteronomio 18:22	Profecías o predicación productiva; probado, puro, positivo
3. MENSAJE	
Efesios 4:15	Hablando la verdad en amor; verdad presente, trayendo vida

1 Timoteo 4:2	Mensaje balanceado, bíblico, correcto doctrinal y espiritualmente
Marcos 16:20	Dios confirma su palabra no a la persona; orgullo o reputación

4. MADUREZ

Santiago 3:17	Actitud correcta; madurez en relaciones humanas; sabiduría divina
Gálatas 5:22	Fruto del espíritu; carácter que refleja a Cristo, confiable, firme, Hebreos 5:14
1 Corintios 13	No aniñado; conocedor de La Palabra y maduro; no un novato.

5. MATRIMONIO

1 Timoteo 3:2-5	Bíblicamente en orden. La Familia personal contra la Familia de Dios
1 Pedro 3:1-7	Prioridades en orden: Dios primero, esposa y familia, luego el ministerio
Efesios 5:22-23	Un matrimonio que ejemplifica la relación de Cristo y su Iglesia

6. MÉTODOS

Tito 1:16	Rígidamente recto, ético, honesto, íntegro-correcto
Romanos 1:18	Sin manipular o engañar, sin hablar "evange-elástica-mente"
Romanos 3:7-8	Los resultados buenos no justifican el uso de métodos no bíblicos

7. MODALES

Tito 1:7; 3:1-2	Sin egoísmo, educado, bondadoso, caballeroso o como una dama, discreto
Efesios 4:29; 5:4	Lenguaje apropiado, comunicación adecuada en palabras y modales

8. MANEJO DE DINERO

1 Timoteo 3:6	"No un neófito, no sea que envaneciéndose caiga en la condenación del diablo"
1 Timoteo 6:5-17	Lucas 12:15: el amor al dinero y el materialismo destruyen (Acán)

9. MORALIDAD

1 Corintios 6:9-18	Virtuoso, puro y en relaciones apropiadas, Colosenses 3:5
Efesios 5:3	Pureza sexual bíblica en actitud y acción, 1 Corintios 5:11
Mateo 5:28	Pensamientos erróneos con el deseo de hacer, sin oportunidad de actuar

10. MOTIVACIÓN

Mateo 6:1	¿Servir o ser visto? ¿Llevar a cabo su deseo personal o el deseo de Dios?
1 Corintios 16:15	¿Motivación correcta?... ¿Para ministrar o ser ministrado?
Proverbios 16:2	¿Para anunciar la verdad o solo para ser oído por el hombre?
1 Corintios 13:1-3	¿Motivado por el amor de Dios o por el deseo de adquirir poder, fama, etc.?

10

EL MOVIMIENTO PROFÉTICO CONTRA EL MOVIMIENTO DE LA NUEVA ERA

Para toda realidad divina existe una falsificación demoníaca. Los dones sobrenaturales del Espíritu Santo no son la excepción. Por esta razón, es entendible que muchos cristianos son cuidadosos y, en cualquier lugar donde encuentran tales fenómenos ejercitan cautela, porque temen que la fuente pueda ser satánica y no de Dios.

Esto es especialmente cierto hoy, cuando las falsificaciones satánicas de los dones espirituales son más comunes y ampliamente publicadas. Desafortunadamente, algunos ministros proféticos que operan en los dones de profecía del Espíritu Santo, en palabra de ciencia, palabra de sabiduría, discernimiento de espíritus o aun milagros son a veces acusados de practicar brujería, de estar asociados con espíritus de familiares o de practicar las llamadas técnicas de la "Nueva Era".

Realmente, esta no es una acusación nueva; los cristianos que hablaban en lenguas en los inicios del Movimiento Pentecostal fueron a menudo acusados de actividad demoníaca por sus hermanos y hermanas en Cristo, no pentecostales, los cuales decían que algunas religiones paganas hablaban en lenguas.

Similitud superficial. Sin duda la similitud entre mucho de lo que el Espíritu de Dios hace y lo que el diablo hace como falsificación a través de la gente involucrada en sectas, lo oculto, la brujería, las religiones orientales, la adoración satánica y el Movimiento de la Nueva Era es solo **en la superficie**. Los trucos del diablo pueden imitar lenguas, profecía, palabras de ciencia y sabiduría e incluso milagros, incluidas las aparentes sanidades. Con razón, los demonios familiares pueden transmitir información sobrenaturalmente, y Satanás puede llamar a sus demonios para que realicen obras, tales como la levitación y fenómenos psíquicos. Probablemente, él puede ordenar a un espíritu obediente de enfermedad para que deje de perturbar a un individuo y así dar la impresión de que una aparente sanidad ha tomado lugar.

No obstante, estas son solo similitudes superficiales. La fuente de un fenómeno sobrenatural es lo que determina su legitimidad. ¿Es esto de parte de Dios o de Satanás? ¿Del Espíritu de verdad o del espíritu de error?

Lo real contra lo falso. Como una ilustración, considere el siguiente ejemplo paralelo: el dólar falso. Si el falsificador ha hecho su trabajo bien, una persona puede sostener un billete verdadero junto a un billete falso, y solo alguien entrenado para detectar la diferencia podría verlo. Los dos billetes se verán iguales, y el billete falso podría ser usado para pagar por productos y para dárselo a aquellos que pueden ser engañados con él. Es interesante anotar que el gobierno entrena a su gente para detectar el dinero falso, no examinando el billete falso, sino más bien mediante el constante manejo y trabajo con los billetes verdaderos que el gobierno ha diseminado. La mejor forma de entrenar al pueblo de Dios para discernir lo falso es mantenerlos constantemente expuestos e involucrarlos en el verdadero ministerio sobrenatural.

¿Cuál es la diferencia entre el billete real y uno falsificado? De hecho no es en su apariencia, pues son casi exactos, ni lo es en su función; en la mayoría de los casos, el billete falsificado puede funcionar tal como el billete real; comprando productos para la persona quien a sabiendas o desapercibidamente, los usa.

No, la diferencia entre un billete real y uno falsificado está en su **fuente**. El dinero verdadero se origina en la imprenta del gobierno de los Estados Unidos, y así lleva el valor legítimo y la autoridad concedida por ese gobierno. Lo falsificado, sin embargo, se origina en una prensa ilegítima, con el fin de imitar el valor y la autoridad del real. El dinero real es respaldado por una copia de reserva de la moneda circulante en la tesorería del gobierno (o al menos, ¡esperamos que sea así!); el otro es respaldado solo por el engaño y la avaricia de los criminales.

Así es con los dones espirituales falsificados. Un canalizador de la Nueva Era puede dar una palabra exacta de conocimiento; el que lee las palmas o el psíquico puede predecir el futuro; un hechicero hindú puede aliviar los síntomas de una aflicción física; un practicante de yoga puede levitar; pero esto no quiere decir que un cristiano que profetiza, que da palabras de ciencia o sabiduría u obra milagros, está dependiendo de los demonios. La existencia de lo falso solo demuestra que hay una realidad que existe y que es falsificada. No hay billetes de tres dólares falsificados, porque los billetes de tres dólares no existen.

Discierna a través de la enseñanza y del Espíritu. Por esta razón, debemos diferenciar entre los dones sobrenaturales verdaderos y falsos examinando **la enseñanza y el espíritu** de aquellos que practican los dones. Un verdadero ministro profético usado por Dios no contradirá en su enseñanza al Logos, La Palabra de Dios, especialmente en asuntos que son centrales para la enseñanza cristiana (no los temas como la escatología o las diferencias denominacionales). El ministro profético verdadero afirmará la enseñanza bíblica de la Iglesia acerca de la naturaleza de Dios y la salvación ofrecida en Jesucristo (Deuteronomio13:1-3).

Con esto en mente, deberíamos identificar aquellos cuya fuente de poder no proviene de Dios. Aunque pueden usar el lenguaje bíblico, tarde o temprano revelarán su origen, contradiciendo o desafiando las verdades esenciales de la fe cristiana.

Enseñanzas comunes de la Nueva Era. La señal más común de la enseñanza que tiende a identificar una secta, lo oculto, o la Nueva Era u otra forma de falsificación es la noción de que **Dios no es personal**, que Dios está en todo, o que Dios es todo y todo es Dios.

Esta idea es la base de la enseñanza de la Nueva Era, que dirige a los seguidores de este movimiento a creer que ellos mismos son dioses y que pueden echar mano de su poder de ser uno con el cosmos. Los cristianos, claro está, insisten en lo contrario, que el universo es la **creación de Dios** —algo separado y a parte de Dios—, algo que Él hizo de la nada. No somos Dios. Más bien, como creyentes llenos del espíritu, tenemos el Espíritu de Dios viviendo en nosotros y es **su** poder y **sus** dones los que nos permite ministrar sobrenaturalmente, de acuerdo a **su** habilidad y dirección divina.

Una segunda señal típica de una secta, de enseñanza oculta y de la Nueva Era consiste en **negar la autenticidad de Cristo, su muerte salvadora y su resurrección.** En el Movimiento de la Nueva Era, Jesús es visto como un "maestro iluminado" o un "amo espiritual", pero no como el unigénito Hijo de Dios. Desde los primeros años de la Iglesia, el diablo ha tratado de falsificar la doctrina cristiana, con enseñanzas de que Jesús no era divino; que no era el unigénito Hijo de Dios; que Él nunca fue realmente humano o que nunca resucito de la tumba.

Cristo es el único camino, verdad y vida. No importa cuán exacta o poderosa una persona pueda ser en la actividad sobrenatural, si esa persona niega que Jesús es el único Hijo de Dios, que vino en la carne a redimirnos por medio de su sangre derramada y que se levantó otra vez para reinar por siempre, entonces no está obrando bajo el Espíritu de Dios. Un ministro profético verdadero afirmará la verdad de la expiación única de Cristo (1 Juan 4:1).

Una tercera área de error doctrinal entre los de la Nueva Era y otros grupos falsos es la insistencia en que **el bien y el mal son uno**, que no existe lo último en lo correcto o incorrecto, y que la humanidad no necesita ser redimida de la esclavitud del diablo y de su propia naturaleza caída y pecaminosa. Los participantes de la Nueva Era en particular pueden hablar de "pecado", pero lo que quieren decir es lo que los antiguos herejes gnósticos creían en los tiempos del Nuevo Testamento: ellos creían que "el pecado" no es la separación de Dios por causa de la maldad; sino más bien, es el fallar en reconocer nuestra divinidad, por la ignorancia.

Por esta razón, la Nueva Era hace tanto énfasis en experiencias místicas, trances, "canalizaciones" y tratos con los espíritus. Ellos consideran tales experiencias una manera de convencer al pueblo de Dios diciéndoles que ellos son "dioses", que el universo es místicamente "uno", y que ese poder y conocimiento de Dios está a su disposición, pero dentro de ellos.

Los ministros proféticos verdaderos de Dios, por otra parte, afirman la verdad bíblica que *"todos hemos pecado y hemos caído de la gloria de Dios"* (Romanos 3:23). Y cuando dicen "pecado", ellos quieren decir deliberadamente apartándose de Dios, no ignorancia.

El Movimiento Profético verdadero de Dios, entonces, no es nada parecido a la Nueva Era, no es una secta, algo oculto o satánico, y no debería ser confundido con estos grupos no cristianos. El diablo es capaz de imitar la obra del Espíritu Santo, pero la fuente de conocimiento y poder para los ministros proféticos verdaderos es el mismo Dios. Los brujos de Faraón tuvieron el poder de duplicar las señales sobrenaturales de Moisés al convertir la vara en una serpiente; pero aunque ciertos fenómenos pueden dar la apariencia de ser similares, la diferencia crítica está en su origen. Aquellos que verdaderamente forman parte del movimiento de restauración de Dios hoy darán toda la gloria a Él por todo aquello que se ha llevado a cabo a través de su ministerio (Éxodo 7:10-12).

Confíe en Dios por la manifestación verdadera. Si rehusamos practicar los dones por temor a usar el poder satánico en vez del de Dios, simplemente debemos someter nuestro ministerio a Dios en oración, pidiendo que su Espíritu ministre a través de nosotros, atando así cualquier otro espíritu. Entonces podemos ministrar en fe, confiando en que Dios ha contestado nuestra oración.

Las personas que desean ser bautizadas en el Espíritu Santo y hablar en lenguas, a menudo tienen el mismo temor. Preguntan: "¿Qué ocurre si recibo la falsificación, en lugar de lo real? ¿Cómo sé que mi lenguaje de oración es de Dios y no del diablo o la carne?".

La respuesta que usualmente se les da es que deben confiar en el carácter paternal de Dios y su disposición de contestar su oración, bendiciéndolos con lo que necesitan. En las palabras de Jesús, deben tener fe que Dios los ama mucho, Él no nos dará una "piedra" si pedimos "pan" (Mateo 7:9-11; Lucas 11:11-13). ¡Así que, ellos pueden recibir el don de lenguas y practicarlo en confianza, teniendo fe que después de orar por el Espíritu Santo, Dios no les enviará un demonio!

Lo mismo es cierto en aquellos que desean ser usados en el ministerio profético. Si cada vez encomiendan su ministerio al Señor, pidiendo que el Espíritu Santo hable a través de ellos y atan cualquier otro espíritu, entonces pueden descansar en la confianza de que Dios no permitirá que el diablo los use; si operan bajo el entrenamiento y la supervisión de ministros probados y proféticos, entonces en colaboración con ellos pueden reducir al mínimo la posibilidad de cometer errores en el ministerio profético.

I I

El ESTÁNDAR DE DIOS: SUS PROFETAS Y LA IGLESIA PROFÉTICA

Deuteronomio 18:9-22 da la razón por la cual Dios colocó la sentencia de juicio eterno sobre los "eos" de las tribus de Canaán y le dio a Israel la comisión divina de aniquilarlos completamente:

> Cuando entres en la tierra que Jehová tu Dios te da, no aprenderás a hacer según las abominaciones de aquellas naciones. No sea hallado en ti quien haga pasar a su hijo o a su hija por el fuego, ni quien practique adivinación, ni agorero, ni sortílego, ni hechicero, ni encantador, ni adivino, ni mago, ni quien consulte a los muertos. Porque es abominación para con Jehová cualquiera que hace estas cosas, y por estas abominaciones Jehová tu Dios echa estas naciones de delante de ti. Perfecto serás delante de Jehová tu Dios, porque estas naciones que vas a heredar, a agoreros y a adivinos oyen; mas a ti no te ha permitido esto Jehová tu Dios. Profeta de en medio de ti, de tus hermanos, como yo, te levantará Jehová tu Dios. (vv. 9-16 RVR 1960)

Los profetas son la norma de Dios para la comunicación sobrenatural (Amos 3:7). La Biblia amplificada en sus comentarios y anotaciones de estos versículos y en Deuteronomio menciona *"esa orden de profetas verdaderos que Dios comisionó en la sucesión continua para instruir, dirigir y advertir a su pueblo"*. Dice que *"visto de esta manera la esencia del (mensaje) es* **no hay necesidad de consultar adivinos ni agoreros, pues os doy el beneficio de los profetas llamados por Dios"**.

Un "profeta como Moisés" hace referencia primordialmente a Jesús, el Mesías prometido. Jesús cumplió la profecía y fue el profeta especial escogido por Dios, pero ahora que el Mesías profeta ha llevado a cabo su misión personal, terrenal y profética, Él está levantando una compañía de profetas, para que sean su modo de comunicación sobrenatural entre Dios y la humanidad, del cielo a la tierra, del reino espiritual al reino natural.

Todos los otros niveles de información y comunicación espiritual sobrenatural son una abominación a Dios, y Él las detesta tanto, que su ira eventualmente será derramada sobre todos aquellos que practican tales cosas. Ocultistas, magos, brujas y espiritistas han practicado la adivinación y han consultado a espíritus de familiares por todo el mundo a través de las edades. Pero hoy se ha levantado un movimiento demoníaco espiritista, intensificando la actividad de lo oculto y el satanismo con sacrificios humanos.

Este movimiento está ahora propagándose como pólvora en América, haciendo presa al inocente e ignorante. Este mover está invadiendo a la alta sociedad y al mundo financiero, en una forma más leve en el Movimiento de la Nueva Era. Pero ya sea que hablemos de la magia negra o blanca, o de brujas de la Nueva Era, Dios completamente odia todas sus prácticas. Él quiere que demuestren lo que son y que sean echados de su tierra.

Dios todavía aborrece las comunicaciones con espíritus falsos. El Dios eterno no ha cambiado de actitud ni su decreto contra tales prácticas desde el día que declaró estas cosas a Israel, hace tres mil quinientos años. La única diferencia es que en ese entonces se les quitaba la vida, y los profetas que profetizaban sin acertar eran apedreados hasta morir. Hoy las armas de nuestra milicia no son carnales, sino poderosas en Dios para la destrucción de estas fortalezas; los profetas no mueren por dar una profecía inexacta (2 Corintios 10:4-6).

Hoy los verdaderos profetas de Dios se están levantando para responder a los falsos canales de comunicación: en aquel entonces la respuesta de Dios era el ministerio del **profeta**, y hoy su solución sigue siendo la misma. Las fuerzas opositoras se están agrupando para el combate, y cuando la batalla termine, solo un grupo quedará en la tierra (Salmo 37:9-29). **Dios declara que los justos heredarán la tierra**, y los impíos serán destruidos. No solo habrá batallas que serán militadas en oración intercesora, alabanza de guerra, oración y alabanza profética; también habrá confrontaciones públicas entre estas dos fuerzas contrarias. La actual compañía de profetas de Elías está siendo preparada para enfrentarse públicamente con estos falsos profetas; así como Elías se enfrentó a los profetas falsos de Baal y a Jezabel en el Monte Carmelo (1 Reyes 18; Hechos 13:10-11).

Confrontación televisada a escala nacional. Ellos probablemente se enfrentarán en programas de entrevistas en la televisión, a escala nacional. Será una batalla espiritual que hará que se le ericen los vellos del cuello, y que corrientes frías corran por todo su cuerpo. Los poderes espirituales de maldad y los profetas y apóstoles ungidos de Dios se encontrarán cara a cara en una confrontación poderosa, para determinar quién realmente es el Dios del cielo y de la tierra: la humanidad, Satanás o Jesucristo.

Será como los días cuando el profeta Moisés se presentó ante Faraón y declaró que Jehová, el Gran YO SOY, era el Dios verdadero de todas las cosas naturales y del reino espiritual. Los magos, las brujas y los satanistas podrán convertir sus varas en serpientes como Moisés lo hizo; al principio dará la impresión de que los profetas de la Iglesia de Dios no pudieran hacer más que los hechiceros y las brujas.

Pero el poder milagroso de Dios aumentará en los profetas hasta que el Dios mismo se levante en ellos y declare su palabra creativa que puede volver el polvo en piojos. Después del tercer encuentro, los magos y adivinos no pudieron compararse con el profeta de Dios Moisés, y lo mismo sucederá con los profetas de Dios (Éxodo 5:12).

Los profetas se están levantando y continuarán aumentando en pureza y poder de Dios hasta que todos los canales falsos de comunicación hayan quedado al descubierto como los sistemas falsos y malvados que son. El Presidente de los Estados Unidos y los jefes de estado de las naciones comenzarán a consultar a los profetas cristianos y a los ministros proféticos, para saber lo que realmente está sucediendo y lo que deben hacer. Las condiciones mundiales llegarán a tal extremo, que los corazones humanos desfallecerán de temor. Los manipuladores que controlan la economía, la bolsa de valores y los sistemas mundiales bancarios perderán su control. Dios cortará la cuerda de títeres y quitará esto de sus manos. Solo aquellos que saben cómo escuchar y hablar la mente verdadera de Cristo y la Palabra de Dios tendrán respuestas.

La **compañía profética de José y Daniel** se levantará con las respuestas sobrenaturales para las necesidades de los Faraones de Egipto y los imperios babilónicos de este mundo. La Iglesia profética por fin demostrará completamente que Jesucristo es realmente la respuesta para el mundo, no solo para salvarlos de sus pecados, sino también para traer paz en la tierra y buena voluntad hacia todas las personas.

Dios por siempre ha establecido que solo hay una puerta al cielo y un mediador entre Dios y la humanidad, y ese hombre es Cristo Jesús (1 Timoteo 2:5). Cualquiera que pretenda entrar de otra manera, sea los de la Nueva Era u otros, serán conocidos como ladrones (Juan 10:7-9). Hay un solo medio de comunicación entre Dios y la humanidad, entre cielo y tierra, entre el reino natural y el reino espiritual.

La brujería religiosa. Es un error tratar de contactar o comunicarse con Dios a través de la madre María o santos fallecidos; es lo mismo que usar lo psíquico, lo oculto o medios satánicos. La brujería es mala, ya sea la brujería religiosa carismática, católica, brujería oculta o de la Nueva Era. Dios solo obrará y trabajará con los representantes designados por Él y con aquellos que están en Jesucristo.

Los cinco ministerios son una extensión del ministerio de Jesucristo en el planeta Tierra. **Los profetas** tienen la carga, la responsabilidad, la unción y el privilegio de representar a Jesús como el profeta verdadero. **Los apóstoles** también tienen un ministerio que ha sido emparentado en este reino sobrenatural de conocimiento por revelación.

Los profetas y los apóstoles tienen la responsabilidad de capacitar a la Iglesia, para que sea una Iglesia profética y apostólica, que pueda moverse en el poder sobrenatural de Dios y así representar a Jesucristo completamente, demostrando el Reino de Dios en la tierra hasta que su Reino haya venido y su voluntad haya sido hecha en la tierra como en el cielo (Mateo 6:10).

La señal más grande de dónde está la Iglesia. Dios está trayendo a la luz la compañía de profetas que expondrá y expulsará a los comunicadores proféticos falsos de la tierra; lo cual será la señal más grande de los tiempos desde el inicio de la jornada de la Iglesia en su peregrinación del Egipto mundano, a la tierra del Canaán prometido. La restauración del ministerio del profeta es el signo más importante de que la Iglesia, proféticamente, ha atravesado el Jordán y ha entrado en guerra para echar fuera a los habitantes de la tierra sobre quienes Dios ha pronunciado juicio eterno por sus prácticas detestables.

Algunos serán echados fuera por creer el mensaje del evangelio al nacer de nuevo y al convertirse en una persona profética de Dios. Otros suspenderán sus prácticas después de que hayan conocido lo errado de sus caminos. Otros se opondrán firmemente a Dios y a sus profetas, y guerrearán contra ellos.

El juicio de Dios caerá sobre este último grupo, y muchos morirán o sufrirán cosas horribles, ya sean profetas religiosos falsos, humanistas, psíquicos o satanistas. Dios purificará el suelo (la tierra es su estrado); el trigo del pueblo justo será recogido en su granero, pero la paja de lo falso será quemada en el fuego inextinguible. Porque nuestro Dios es fuego consumidor. Los profetas ahora comienzan a proclamar "el día de la venganza de nuestro Dios, gran día terrible y horrible del Señor" (Malaquías 4:5; Isaías 61:2; Hebreos 12:29; Mateo 3:12; Salmo 149:6-9; Malaquías 3:16; Mateo 5:35; 22:44. Vea el punto 7 en el capítulo 14, que da muchos versículos acerca de los santos ejecutando los juicios eternos de Dios).

12

¿CUÁL SERÁ EL PAPEL DE LOS PROFETAS?

A medida que esperamos el florecimiento total del Movimiento Profético, necesitamos conocer cómo ha sido restaurado el papel del profeta en la Iglesia y, de esta manera, evitar malentendidos y extremos. En particular, necesitamos conocer la naturaleza del profeta, la necesidad de los profetas hoy, el lugar apropiado de la profecía personal, la relación del profetas hacia la doctrina, y cómo se relaciona el profeta con los otros cuatro ministerios.

La naturaleza de un profeta. Primero que todo, ¿qué es un profeta y cuál es su ministerio? Un profeta es simplemente una persona que ha recibido la dotación divina, naturaleza y habilidad de Cristo, el Profeta. Jesús podía percibir lo que había en la mente de Dios, su Padre y sus propósitos, además de conocer el corazón de los humanos por medio de su papel como profeta. Su habilidad de conocer los consejos y propósitos de Dios para una vida, como lo hizo con Pedro (Juan 21:15-23), provenía de su ministerio como profeta.

Cuando Jesucristo llama y dota a un hombre o una mujer con la parte de su habilidad, sus atributos y su naturaleza divina, significa que esa persona ha sido comisionada para el oficio de profeta. Los profetas siempre tendrán la habilidad de profetizar. Los dones del Espíritu Santo varían en ellos, pero primordialmente fluirán en los dones de profecía, palabra de ciencia, palabra de sabiduría, discernimiento de espíritus y algunas veces de sanidad. Típicamente, el profeta fluirá más en profecía, palabra de ciencia y palabra de sabiduría.

Los ministros y otros santos que no han sido llamados al oficio de profeta pueden manifestar uno o más de estos dones; pero hay una diferencia en unción, autoridad y nivel de desempeño. Un santo que manifiesta el don de profecía en una congregación está limitado a la actividad general de ese don, la cual es edificación, exhortación y consolación (1 Corintios 14:3).

El profeta que ministra en su oficio y con la unción profética tiene la misma autoridad para reprobar, corregir, dirigir e instruir en la palabra rhema del Señor, que los otros cuatro ministros tienen al enseñar, aconsejar y predicar con la Palabra Logos.

¿Cómo se convierte alguien en un profeta? Una persona no se llama a sí mismo o asume uno de los ministerios de ascensión. Esto es estrictamente la prerrogativa personal y el don del mismo Cristo. Todo ministro necesita conocer lo que su oficio de ascensión es en el Cuerpo de Cristo.

Después de años de investigación, experiencias de la vida, estudio bíblico y desempeño personal en el ministerio, he concluido que una persona es solo llamada y dotada para uno de los cinco oficios administrativos de apóstol, profeta, evangelista, pastor o maestro. Algunos otros ministros creen que una persona puede graduarse de uno de los cinco ministerios hacia otro ministerio, y por supuesto, doy cierta validez a esa posibilidad. Esa persona puede que le sea requerido hacer la obra y llenar la posición de cualquiera de los otros cuatro oficios. Estas otras actividades ministeriales serán usadas por el Señor para madurar a esa persona en su llamado específico.

Considere dos ejemplos de La Escritura. Jeremías fue llamado a ser un profeta desde el vientre de su madre (Jeremías 1:5). En el caso de Pablo, numerosas escrituras declaran que él había sido "llamado a ser un apóstol". Diez de sus epístolas comienzan con una declaración, reconociendo su llamado a ese ministerio. (Por ejemplo, Efesios 1:1; Colosenses 1:1). Él exhibía el fruto de un apóstol; sin embargo, llevó a cabo campañas evangelísticas y viajó de iglesia en iglesia. Él pastoreó por varios años algunas de las iglesias que fueron establecidas durante su ministerio. Enseñaba La Palabra de Dios mejor que todos y escribió catorce cartas por inspiración divina, las cuales se convirtieron en libros del Nuevo Testamento. Sin embargo, a pesar de estos ministerios, él nunca dijo haber sido llamado pastor, maestro, evangelista o profeta. Él declara que fue ordenado a ser apóstol, para ser un predicador y maestro de los gentiles (1 Timoteo 2:7; 2 Timoteo 1:11).

¿Uno o muchos llamados? Cuando Pablo estuvo llevando a cabo su segundo viaje misionero de iglesia en iglesia, en la terminología de la Iglesia moderna se le habría presentado como "nuestro evangelista visitante" o el "evangelista Pablo". Cuando él permanecía en una iglesia y enseñaba a diario por varios meses, nos habríamos referido a él como "nuestro maestro". Mientras él asumía la supervisión de una de las iglesias por varios meses, nos habríamos referido a él como "el pastor Pablo".

Sin embargo, aunque él hizo el trabajo ministerial de evangelizar, enseñar y pastorear —y a veces se desempeñaba como profeta—, él tenía el don y llamado de **apóstol**. Todo ministro tiene un llamado específico, pero puede realizar muchas de las funciones ministeriales de los cinco oficios.

Mi experiencia personal. Probablemente, una de las razones para esta conclusión es que mi experiencia personal apoya este principio. Yo fui pastor por seis años, luego viajé por tres años como evangelista de tiempo completo, después enseñé en un Instituto Bíblico por cinco años y más tarde, a mediados de los años sesenta, fundé y establecí la escuela Teológica de Christian International.

En los últimos treinta y ocho años, he recibido profecías personales de muchas otras personas. Aquellas que fueron grabadas suman un total de más de setecientas páginas de profecías mecanografiadas y que contienen más de ciento setenta y cinco mil palabras, suficiente para llenar tres tomos del tamaño de este libro. Estas profecías no han sido simplemente dadas en un solo lugar o por la misma persona.

Estas han sido recibidas mientras he ministrado en casi cada continente del mundo. Estas palabras fueron profetizadas por ministros que representan los cinco ministerios de ascensión en su totalidad; por recién convertidos, por ministros que han sido ordenados hace más de cincuenta años; por hombres y mujeres; por jóvenes y ancianos.

Estas palabras provienen de cristianos en iglesias de denominación histórica, iglesias pentecostales clásicas, y diferentes "campos" o comunidades que se denominan como de "restauración", "carismáticos", "Fe", "del Reino". Otras palabras han procedido también de organizaciones cristianas, tales como La Comunidad Internacional de Hombres de Negocio del Evangelio Completo, Ladie's Aglow (Resplandor de Mujeres); grupos de ministerios especiales como Teen Challenge (Desafío a Adolescentes) y los Ministerios Maranata. Lo más asombroso de esto es que en las miles de palabra proféticas dadas por cientos de personas de todas partes del mundo durante cuatro décadas, no ha habido una sola declaración que contradiga mi llamado y oficio de profeta, como Dios lo declaró soberanamente desde el principio. Es verdad que en esta última década, he recibido cerca de quince profecías que hablan de una "unción apostólica" y de hacer "la obra de un apóstol", pero ninguna ha mencionado el llamado de apóstol.

Un profeta apostólico. El Espíritu Santo proféticamente declaró que esta unción apostólica había sido concedida por dos razones. La primera razón era que yo había sido fiel en multiplicar la unción de profeta que me había sido dada, así que ahora la unción estaba siendo duplicada al añadir la unción apostólica (Mateo 25:28-29). La segunda razón era que la unción apostólica había sido dada con el objeto de que fuera un pionero, estableciendo y llevando a cabo la responsabilidad de la paternidad por la restauración y propagación del oficio de profeta. Esta es la razón por la cual las palabras profeta apostólico son usadas para describir mi actual posición ministerial en el Cuerpo de Cristo, específicamente en relación a mi cargo como presidente de CI-NPM.

Los profetas y La Palabra escrita. Una vez que entendemos la naturaleza del profeta, debemos considerar el asunto básico de la necesidad de los profetas en la Iglesia de hoy. Algunos teólogos cuestionan si hay o no lugar en la Iglesia moderna para los profetas. Ellos creen que no necesitamos a los profetas de hoy porque ahora tenemos La Biblia. La Biblia, dicen ellos, revela todo los principios de Dios, sus métodos, sabiduría, palabra, dirección y voluntad revelada para cada persona.

La Palabra Logos contra la palabra rhema de un profeta. Para responder necesitamos solo hacernos una pregunta: si un libro de inspiración e instrucción divina elimina la necesidad del profeta, entonces ¿por qué Dios no se deshizo del oficio y del ministerio del profeta, después de que Moisés escribió el Pentateuco (los primeros cinco libros de La Biblia)?

El Pentateuco contiene la Ley de Dios con instrucciones detalladas para cada área de la vida humana. Sin embargo, aunque Israel tenía la Ley, Dios todavía continuaba levantando profetas para dar mensajes específicos a los líderes, naciones y a individuos. Los sacerdotes y levitas enseñaban La Palabra de Dios escrita, pero los profetas hacían más que leer y enseñar La Palabra escrita, el Logos. Ellos hablaban la palabra presente del rhema de Dios para situaciones y necesidades específicas.

De hecho, los profetas eran muchos y ministraron con mucha más frecuencia durante los quince siglos de la Ley, que durante cualquier otro tiempo en la historia bíblica. Aun así, la Ley de Moisés en ese período era toda la voluntad de Dios revelada, incluidos los detalles sobre las relaciones de los humanos entre sí y con Dios. El Logos, toda La Palabra escrita, era para los hijos de Israel durante la dispensación de la Ley, como lo es el Nuevo Testamento para la dispensación de la Iglesia. En ambas dispensaciones, los profetas de Dios son necesarios.

¿Reemplaza el Espíritu Santo el profeta? Algunos teólogos dicen que la Iglesia de hoy no necesita el ministerio del profeta porque el Espíritu

Santo ha sido enviado. Ellos insisten en que el Espíritu Santo habita en el cristiano y que Él los ilumina con un rhema cuando es necesario; consecuentemente, solo se necesita al profeta que ha recibido un rhema de parte de Dios en ocasiones, cuando ha recibido inspiración para predicar y exponer La Palabra de Dios ya sea revelada o escrita.

Si aceptamos esa idea como teológicamente correcta, entonces sería mejor decir que no necesitamos que los **maestros** nos enseñen La Palabra de Dios porque cada santo en la era de la Iglesia tiene al Espíritu Santo y La Biblia. La Biblia se explica a sí misma, y hay un buen número de versículos que declaran que el Espíritu Santo nos enseñará todas las cosas y nos guiará a toda verdad; tomará las cosas de Cristo y nos las enseñará, y será nuestro iluminador, director, consejero y capacitador (Juan 16:7-15).

1 Juan 2:27 declara: *"En cuanto a ustedes, la unción que de él recibieron permanece en ustedes, y no necesitan que nadie les enseñe…"* Sería mucho más fácil hacer un argumento teológico para deshacerse del oficio del maestro en el Cuerpo de Cristo que del **profeta**.

Si los profetas no son necesarios en la Iglesia de Cristo, ya que ahora tenemos la voluntad revelada de Dios escrita para que todos la lean y el Espíritu Santo personaliza esa Palabra cada vez que la necesitamos, entonces este mismo razonamiento serviría para eliminar de la Iglesia no solo al maestro, sino también a todos los otros ministros de los cinco ministerios. Se podría decir que no necesitamos al **evangelista**, ya que podríamos darle a cada uno una Biblia y dejar que el Espíritu Santo traiga convicción y conversión. Asimismo, la Iglesia no necesitaría a los **apóstoles** para que lleven a cabo el ministerio de fundar y establecer, porque la Iglesia ya ha sido establecida por los primeros doce apóstoles. Ni la Iglesia necesitaría a los **pastores**, porque el Espíritu Santo y La Biblia darían dirección, y Jesús sería el Buen Pastor para cada una de sus ovejas.

Los ministros de los cinco oficios todavía son necesarios. No obstante, la realidad bíblica es que La Palabra de Dios enfáticamente declara que el Cristo resucitado dotó a los **apóstoles, profetas,**

evangelistas, pastores y maestros. En ningún lugar existe la evidencia bíblica que diga que los cinco ministerios en esta dispensación han sido olvidados, agotados o removidos del ministerio dado por Cristo a la Iglesia, a través de su existencia en la tierra. Efesios 4:12 declara que la representación, manifestación y ministerio personificado de Cristo en los cuerpos mortales continuará hasta que todo miembro en el Cuerpo haya madurado y haya sido capacitado en su ministerio, a fin de que todo el Cuerpo sea edificado, perfeccionado. y madurado (Efesios 4:11-13).

Solo cuando todos los ministros de los cinco dones de ascensión funcionen igual y completamente en la Iglesia, podrá ella entrar en su propósito predestinado de llegar a *"la unidad de la fe y del conocimiento del Hijo de Dios, a una humanidad perfecta que se conforme a la plena estatura de Cristo (...) al vivir la verdad con amor, creceremos hasta ser en todo como aquel que es la cabeza, es decir, Cristo"* (vv. 13-15).

Los profetas son perpetuos. Toda era, dispensación y pacto de Dios han añadido y descartado terminología concerniente a ciertos ministerios. En primer lugar, existió el tiempo de los patriarcas, luego la Ley definió a los sacerdotes, levitas, escribas y reyes. En el Nuevo Testamento, se menciona a los apóstoles, profetas, evangelistas, pastores, maestros, ancianos, diáconos, obispos y santos.

Deberíamos notar aquí que el único ministerio que ha **funcionado y ha sido consistente en cada era y dispensación desde Génesis hasta el Apocalipsis** es el de **profeta.** El profeta es el único ministerio que no ha sido limitado a una dispensación particular, era o pacto de Dios. El hombre o la mujer que se convierte en la expresión pura de la mente de Dios a la humanidad posee el ministerio mencionado y manifestado con mayor consistencia a través de toda La Biblia; y ese ministerio es el del **profeta.**

Cuándo, dónde y a quién se le debe ministrar profecía personal. No hace mucho alguien me sugirió que ningún profeta, ministro profético o presbiterio profético debía profetizar sobre cualquiera, a menos que tuviesen una carta de autorización de su pastor. Él insistía en que nadie debía recibir ministerio de cualquiera, a menos que el pastor estuviera presente o concediera la autorización.

Si tal requisito fuera de un orden bíblico divino —si Dios requiriera que los miembros de la Iglesia tengan una carta del pastor para aprobar que los miembros asistieran a una conferencia o seminario de alguna otra persona o ministerio—, entonces esto se aplicaría a todos los miembros de todas las iglesias, incluidos a todos los católicos, fundamentalistas, pentecostales y carismáticos. Esto quiere decir que Billy Graham debe asegurarse de que toda persona que asiste a sus campañas evangelísticas tenga una carta de autorización de su pastor, antes de ministrarle y llevarlo a él o a ella a la experiencia espiritual del nuevo nacimiento, una experiencia que muchos sacerdotes y pastores no aprueban por no ser parte de la práctica doctrinal de su iglesia.

Lo mismo sería cierto de un miembro de la iglesia bautista que asiste a una conferencia carismática o a un capítulo de FGBMFI (por sus siglas en inglés, Conferencia Internacional de los Hombres de Negocios del Evangelio Completo) o a alguna reunión. ¿Cuántos de los actuales cristianos carismáticos que fueron católicos, protestantes históricos y de iglesias evangélicas, habrían sido expuestos y recibido el don del Espíritu Santo al hablar en otras lenguas, si hubieran tenido que poseer una carta de aprobación de su pastor o de su sacerdote?

La situación es la misma a la de los movimientos anteriores. Algunos pastores pentecostales y carismáticos dirían: "Pero participar del Movimiento Profético es diferente a participar de nuestro movimiento". Algunos insisten en que ministrar la profecía personal a miembros de otras iglesias trae confusión y trastorna su fidelidad y satisfacción de ser un miembro de esa iglesia local; pero si un pastor carismático cree que al ministrar la experiencia del nuevo nacimiento a un católico o el bautismo del Espíritu Santo a un fundamentalista no trae confusión y trastorna la satisfacción de una persona en sus respectivas iglesias locales, ese pastor solo tiene que contarle al sacerdote católico o al pastor evangélico acerca de aquellos miembros que recibieron la experiencia del nuevo nacimiento en las reuniones de Billy Graham o el hablar en lenguas en una conferencia carismática.

Algunos pastores que creen en la profecía personal han manifestado que, ya que ellos proveen presbiterio profético a la congregación, entonces está fuera de orden que ellos reciban profecía personal de alguien que no tiene cobertura espiritual y autoridad en sus vidas. Ellos han declarado que sería incorrecto que reciban presbiterio profético o una palabra de un profeta si el pastor no lo ha autorizado.

Las éticas ministeriales deben ser las mismas para todos los ministros. Si esta es la ética ministerial correcta, el orden divino y principio bíblico, ¿entonces significaría que un pastor pentecostal es justificado al decir que ningún ministro en una reunión de hombres de negocios (FGBMFI) o un pastor carismático tiene derecho a ministrar el bautismo del Espíritu Santo con la evidencia de hablar en lenguas a uno de sus miembros de la iglesia? ¿Puede el pastor pentecostal legítimamente llamar al pastor carismático y o al presidente del grupo de los FGBMFI y amonestarlo por su falta de ética y orden divino al ministrar el Espíritu Santo a alguien, de esa manera?

Él podría decir: "Tenemos servicios en nuestra iglesia, donde ministramos el don del Espíritu Santo a nuestra gente. No quiero que otros ministros impongan sus manos sobre mis miembros, para ministrarles. No los quiero instruyendo a mis miembros acerca de cómo recibir al Espíritu Santo y cómo ministrarlo a otros". El pastor pentecostal podría decir que, debido a que estos ministros han ministrado cosas espirituales a su congregación sin una carta de autorización de un pastor, entonces el otro ministerio debe ser señalado y puesto a un lado, debido a que ellos no operan bajo orden divino, estructura apropiada de la iglesia o éticas ministeriales.

¿Debe Oral Roberts tener la autorización de los pastores locales para imponer sus manos sobre los miembros de las iglesias locales y ministrarles sanidad divina? Si este es un principio bíblico divino, entonces Oral Roberts lo ha quebrantado un millón de veces, pues él ha puesto sus manos sobre más de un millón de personas de las que casi la mayor parte no eran miembros de su iglesia.

Los carismáticos fueron bautizados fuera de sus iglesias. La mayoría de los carismáticos actuales que recibieron el don del Espíritu Santo en los años 60 y 70 no lo recibieron en sus propias iglesias. La mayoría lo recibió al asistir a reuniones de hombres de negocio de FGBMFI en los salones de un hotel o en conferencias carismática. Si esta idea de tener la aprobación del pastor local antes de que los miembros pudieran visitar a otro ministerio o pudieran recibir ministración hubiera sido estrictamente observada en el Movimiento Carismático, entonces una gran mayoría de aquellos que se convirtieron en "habladores en otras lenguas" no serían carismáticos hoy.

Cada miembro de la iglesia y cada ministro tendrá que determinar si esta idea es un principio bíblico divino, temor o una táctica de control de los líderes de movimientos anteriores, para evitar que sus miembros sean expuestos a un movimiento de restauración de una verdad nueva que no entienden. Solo hay tres opciones como respuesta a toda verdad nueva: la podemos perseguir, ser pasivos o podemos participar y propagarla.

Los profetas, la profecía y la doctrina. Aquellos que han estado involucrados en el ministerio profético por décadas han descubierto varias normas acerca de los profetas y la doctrina.

En primer lugar, los ministros de los cinco ministerios son los directores que establecen los principios bíblicos, las enseñanzas y las doctrinas a la Iglesia. La doctrina del Nuevo Testamento fue establecida, por medio de la revelación y aplicación apropiada de Las Escrituras del Logos. El orden de la Iglesia, la doctrina y las prácticas no fueron establecidas por medio de profecía, visiones, sueños o experiencias espirituales personales de un individuo en particular (2 Pedro 1:20). Sin duda estos pueden ser ministerios bíblicos y experiencias que el Espíritu Santo puede usar para llamar nuestra atención, iluminar nuestro entendimiento o prepararnos para recibir una doctrina que Dios está por revelar. Tales experiencias espirituales personales no deberían ser la base para formular una doctrina.

El concilio de la Iglesia en Jerusalén. Considere el ejemplo del primer concilio de la Iglesia en Jerusalén, el cual se reunió para solucionar el asunto doctrinal acerca de si los cristianos gentiles debían ser obligados a seguir el pacto de Abraham y la ley de Moisés sobre la circuncisión. El proceso de Dios para la aceptación y el establecimiento de esta doctrina es de esta manera: primero, Pedro recibió una visión mientras oraba, y esto ajustó su actitud y abrió su espíritu para hacer algo diferente. Luego él fue a la casa de Cornelio el gentil, en obediencia a la visión, a la palabra rhema personal de parte de Dios y a la coincidencia de la invitación de los dos hombres enviados por Cornelio, quien había sido instruido por un ángel para que hiciera esto (Hechos 10:1-11, 18).

La experiencia espiritual soberana de la familia de Cornelio —recibiendo el perdón de pecados y el don del Espíritu Santo con la evidencia de hablar en lenguas como los cristianos judíos— convenció a Pedro de que ellos también debían ser bautizados en agua en el nombre de su recién descubierto Señor y Salvador, Jesucristo. Luego Pablo y Bernabé comenzaron a viajar juntos en ministerio. Muchos más gentiles comenzaron a recibir la salvación, el don del Espíritu Santo, sanidad y milagros sin convertirse primero en prosélitos judíos.

En el concilio en Jerusalén, Pedro dio testimonio de su visión y visitación angelical, y el mover soberano de Dios en la casa de Cornelio. Bernabé y Pablo dieron testimonio del mover soberano del Espíritu Santo que otorgaba a los gentiles todos los beneficios del cristianismo separados de la Ley de Moisés. Estos testimonios, visiones y experiencias sobrenaturales fueron voces de alerta y sirvieron como testimonio y confirmación de la evidencia; pero no fue sino hasta que Jacobo recibió la revelación y aplicación del Logos que el asunto fue decidido e implementado como doctrina establecida para la Iglesia Neotestamentaria (Hechos 15:1-35).

Una persona no puede dictar doctrina. Ningún hombre o ministerio debe establecer una doctrina como la creencia y práctica esencial de todos los cristianos. Pablo declaró que él recibió la revelación de este asunto directamente de Dios en el desierto de Arabia y no recibió esta verdad de parte de los primeros apóstoles; pero él no predicó esto como la doctrina de la Iglesia ni envió cartas para establecerlas hasta que no se reunió con los apóstoles y otros ministros de los cinco ministerios. Ninguno de nosotros debemos creer que somos tan grandes o soberanos en el Cuerpo de Cristo, para pensar que no hay necesidad de someter nuestras enseñanzas y creencias a otros apóstoles, profetas y otros ministerios de los cinco oficios claves de la verdad presente (Gálatas 1:11-18).

Los concilios de la Iglesia aparecerán en los años 90. Personalmente creo que en los años 90, mientras los profetas y apóstoles están siendo restaurados a su debido orden y función en la Iglesia, muchos de estos concilios de la Iglesia de ministros líderes de la verdad presente serán necesarios. Un apóstol o profeta en particular nunca recibirá toda la revelación para establecer de nuevo a los profetas y apóstoles en la Iglesia.

Muchos tendrán visiones (aun de Jesús), sueños, rhemas, visitaciones angelicales, experiencias personales sobrenaturales y el mover soberano del Espíritu Santo en sus reuniones; pero las doctrinas que declaran ser parte de todos los cristianos no deben ser establecidas por solo un apóstol o profeta, al contrario deben haber reuniones de un concilio de la Iglesia con otros líderes de las corrientes pasadas y presentes de la restauración de la verdad.

Cinco principios para establecer una doctrina. Cuando los ministros de los cinco oficios se reúnan para considerar las doctrinas y prácticas de esta manera, ellos necesitarán recordar y tener conocimiento de varias áreas: (1) la revelación de Dios declarada; (2) el fruto del ministerio en aquellos que han recibido y practicado la doctrina; (3) la obra sobrenatural de Dios acompañándola; (4) la aplicación y autoridad de la palabra Logos y rhema de Dios en doctrina y práctica; (5) el testimonio del Espíritu y el consentimiento unificado de aquellos presentes.

Ningún Papa. Mientras tanto podemos decir: "Mi casa y yo" —declaramos que nuestra comunidad o familia creerá y practicará—; pero no debemos presentarlo de tal manera que insinúe que aquellos que no creen y adoren de la misma forma están fuera de orden o en error. Esta no es la prerrogativa de una persona ni del Papa católico ni del carismático, el Reino, Fe o Papa profético.

Cada persona y cada comunidad tienen la responsabilidad de seguir sus revelaciones, convicciones y prácticas, pero no tienen el derecho de imponerlas al Cuerpo de Cristo. Tales declaraciones presuntuosas, enseñanzas y acciones causan divisiones en el Cuerpo de Cristo. Todo grupo religioso cristiano errado ha establecido ciertas doctrinas y prácticas que son únicas en sí mismas. Estos por lo tanto se convierten en un grupo exclusivo, que tiene la tendencia a aislarse, a ser un grupo "selecto", que se ve superior a los otros.

El exclusivismo conduce a las sectas. Las manifestaciones de esta actitud se ven en los grupos extremos que se levantaron durante los Movimientos Pentecostales y el de Santidad: mormones, Ciencia Cristiana y Testigos de Jehová; pero tristemente puedo decir, que hay también algunos en la extrema derecha, que todavía son considerados como parte de "La Línea Principal" de las denominaciones cristianas, que creen que son el único y verdadero pueblo de Dios. Ellos basan esta convicción en ciertas fórmulas bautismales, formas de adoración, estructura de la iglesia, o algunas otras doctrinas o prácticas únicas.

Ningún hombre o grupo lo tiene todo. Las Escrituras del Nuevo Testamento enfática y repetidamente declaran que Cristo solo tiene una Iglesia aquí en el planeta Tierra. Ninguna denominación, comunidad o campamento de restauración puede conformar la Iglesia en su totalidad. Todo hijo de Dios que verdaderamente ha nacido de nuevo, ha sido lavado en la sangre y santificado, es un miembro de la Iglesia de Cristo. Pueden ser católicos carismáticos, evangélicos, pentecostales o pueblo profético de la verdad presente. Somos solo parte del todo y miembros en particular del Cuerpo de Cristo.

Toda la verdad y vida se encuentran en el todo, no en una parte o en un miembro. Nos necesitamos los unos a los otros y nunca llegaremos a la madurez y plenitud de la verdad sin otros. El vino nuevo está en el racimo, no en una uva individual (Isaías 65:8).

La relación del profeta con los ministros de los otros cuatro ministerios. A mediados de los 80, el Señor me reveló los extremos que vendrían en el mover del péndulo de la restauración de la verdad de los profetas y apóstoles. Así que, he estado haciendo un estudio intensificado a través de La Escritura, la historia de la Iglesia, y los escritos actuales, junto con mucha oración por iluminación y aun revelación de Cristo, acerca de su orden apropiado para la función y la relación entre sí de los ministros de los cinco oficios.

La mayor parte de lo escrito y de las enseñanzas de este siglo están basadas solo en nuestro estado limitado de conocimiento y experiencia. Esto significa que la Iglesia solo reconoce tres de los cinco oficios: el pastor, el evangelista y el maestro. Todo el presente orden ministerial de la iglesia, la estructura y la relación han sido determinadas por esa perspectiva. Ahora, sin embargo, se debe hacer suficiente espacio y formar la estructura apropiada para el ministerio de los apóstoles y los profetas.

No hemos pasado por aquí antes. Todos los ministros de hoy y especialmente aquellos que estarán fluyendo en la revelación de la verdad presente deben ser abiertos, fáciles de enseñar y flexibles a la educación del Espíritu Santo, para que de esta manera nos perfeccione. Debemos seguir la amonestación de Josué a los líderes y al pueblo de Israel cuando estaban a punto de entrar a la tierra prometida de Canaán. Ellos debían santificarse y observar el traslado del arca de Dios por el sacerdote. ¡Entonces, cuando veían que el arca comenzaba a moverse, ellos estaban supuestos a "seguirla"! (Josué 3:1-3).

Josué enfatizó que ellos debían seguir el liderazgo que estaba siguiendo al Señor, a fin de que pudieran conocer el camino que debían seguir, "*pues nunca antes han pasado por ese camino*" (v. 4); de la misma manera, nosotros la Iglesia de hoy, nunca hemos pasado por este camino en la historia de la restauración de la Iglesia. Nunca hemos funcionado con la completa restauración de todos los cinco oficios: apóstoles, profetas, evangelistas, pastores y maestros.

Un ministerio restaurado en cada década. Dijimos en un capítulo anterior que el Espíritu Santo había sido comisionado para llevar a todos los cinco dones ministeriales de ascensión de Cristo al orden correcto, la autoridad, la posición y el ministerio; también notamos que los últimos cincuenta años del siglo xx han sido designados como el tiempo para que esto se lleve a cabo, con períodos de diez años para restaurar uno de los cinco oficios.

Durante esa década, un don de ascensión ministerial particular sería traído para ser aclarado y ampliado en la Iglesia. Ese ministerio de los cinco oficios sería manifestado en una década para luego ser completamente establecido en la Iglesia, durante la siguiente década. Luego cada ministerio restaurado podía continuar creciendo y funcionando hasta ser debidamente entendido, aceptado y establecido en su papel ordenado por Dios.

El primero será postrero, y el postrero será primero. Dios me reveló su razón, al escoger un orden particular en el cual Él restaurará a los ministros de los cinco oficios. Su principio divino de "el **primero será postrero** y el **postrero será primero**" ha determinado el orden de restauración (Mateo 19:30; 20:16; 1 Corintios 12:28).

Cuando Dios por **primera** vez estableció a los ministros de los cinco oficios en la Iglesia, su orden cronológico de establecimiento era este: primero los apóstoles, segundo los profetas, tercero los maestros, cuarto los pastores y quinto los evangelistas. Ahora durante estas cinco décadas del reestablecimiento de los cinco ministerios, al colocarlos en el orden correcto, el Espíritu Santo está comenzando con el **último** que fue establecido y, gradualmente, está abriendo paso de regreso al **primero**: primero, el **evangelista** en los años 50; segundo, el **pastor** en los años 60; tercero, el **maestro** en los años 70; cuarto, el **profeta** en los años 80; y finalmente, el **apóstol** en los años 90.

El primer orden de Dios en establecer los cinco oficios. Cuando Cristo inicialmente estableció los ministerios de los dones de ascensión en la Iglesia, primero vinieron los **apóstoles** que siguieron a Jesús por más de tres años. Segundo, los **profetas** neotestamentarios fueron manifestados, y juntos los dos ministerios fundamentales del apóstol y profeta establecieron el fundamento de la Iglesia con la debida estructura doctrinal y espiritual. Tercero, los **maestros** fueron establecidos para afirmar a los santos en estas verdades, hasta que estuvieran completamente cimentados como iglesias neotestamentarias. El **equipo del apóstol y profeta**, entonces, estableció a los **pastores ancianos** sobre las iglesias, para guardar, alimentar y dirigir al rebaño de creyentes como pastores (Hechos 15:32; 16:4, 18, 25; 2 Corintios 1:19; 2 Timoteo 1:1; Hechos 20:28).

Después de que las iglesias fueron fundadas, tanto doctrinal como estructuralmente, y establecidas con el debido orden con un pastor, ancianos y diáconos, entonces los **evangelistas** fueron enviados de la iglesia local. Ellos fueron enviados por el Espíritu Santo de parte de la iglesia local, en una forma similar a la de Felipe, "el diácono que se convirtió en un evangelista", cuando salió de la iglesia en Jerusalén para Samaria y llevó a cabo una gran campaña evangelística. Los evangelistas no solo fueron a las áreas inalcanzadas, sino también a las iglesias, para animar a los santos a que mantuvieran renovada la comisión final de Cristo de evangelizar al mundo y de hacer discípulos en todas las naciones (Hechos 6:15; Mateo 28:19).

No habrá estructura perfecta hasta que los apóstoles sean restaurados. El orden y la estructura divina de Dios para el funcionamiento, la autoridad y relación del ministerio de los cinco oficios no será completamente revelado y establecido hasta que un período de cincuenta años haya traído la restauración total y unidad de todos los cinco ministerios. La realidad de esta revelación implica que ningún ministro que esté vivo puede ver el cuadro en su totalidad, en la perspectiva correcta. Cada uno de nosotros tenemos y demostramos solo piezas diferentes del rompecabezas.

El todo no será completamente visto, entendido y establecido, hasta que cada pieza del rompecabezas sea colocada en el cuadro. solo Jesús tiene la cubierta de la caja, con todo el cuadro en ella. Nosotros somos pedazos individuales en la caja y en la mesa. El **pastor, evangelista y maestro** han sido colocados en su área general en la mesa; la pieza del **profeta** ha sido sacada de la caja y está siendo examinada para determinar en dónde va; las piezas del **apóstol** están siendo sacadas de la caja en los años 90. Así que todos los sistemas y estructuras establecidas, antes del año 2000, serán limitadas y temporales.

Habrá mucha reorganización. En la situación actual, es como si todos los ministerios fueran parte de un dominó, y cada uno tuviera una ficha, la cual representa nuestra revelación y función de la estructura de los cinco ministerios. El Espíritu Santo le dirá a cada uno que bajen su mano, a fin de que Él los pueda transformar. Entonces todos nosotros podremos recoger la misma mano, a fin de que podamos salir con una revelación de la estructura, en vez de cinco. Consecuentemente, podemos esperar una gran cantidad de cambios y jugadas durante los años 90.

Muchos ministros, y especialmente los apóstoles, se manifestarán en los 90, declarando presuntuosamente que ellos tienen la jugada perfecta para desempeñar el papel del ministerio de los cinco oficios; pero no se deje atar y encerrar por la revelación de una persona. La jugada de dominó de esa persona tendrá que volver a ser mezclada antes de que la revelación total y correcta llegue al comienzo del siglo XXI.

La reorganización ha comenzado. Algunos ministros ya han comenzado a establecer normas y guías doctrinales acerca de la estructura y función apropiada para los ministros de los cinco oficios. Muchos ministros pentecostales y carismáticos se están poniendo nerviosos y preocupados acerca de la multitud de profetas que se están levantando. Ellos no saben qué hacer con ellos y cuándo, dónde y cómo dejarlos funcionar, si es que lo permiten del todo. Algunos profetas se están poniendo nerviosos y se preocupan por la restauración de los apóstoles, y tratarán de restringirlos a una estructura que Dios nunca pretendió.

Esta situación está creando el potencial para algunas enseñanzas extremas en los Movimientos Proféticos y Apostólicos. Espero poder ofrecer algún conocimiento, ánimo y balance en esta área. El siguiente capítulo ha sido dedicado para traer claridad a algunos de estos temas que tienen el potencial de ser controversiales y extremistas.

I 3

LAS POSICIONES Y LOS PRIVILEGIOS DE LOS PROFETAS COMO UNO DE LOS MINISTROS DE LOS CINCO OFICIOS

En la década de los 90, el Espíritu Santo traerá una mayor iluminación, para ayudar a los ministros de los cinco oficios a que puedan relacionarse apropiadamente durante la restauración de los profetas y los apóstoles. Actualmente, tenemos que ocuparnos de las declaraciones y enseñanzas que han sido hechas por los líderes de la Iglesia, que podrían poner obstáculos a todo el propósito de Cristo para sus ministros de los cinco oficios.

Dos extremos de orgullo que deben ser evitados. Ya he comenzado a escuchar en algunos campamentos dos enseñanzas que no tienen bases bíblicas y que, excesivamente, limitan la función de los ministros con los dones de ascensión. La primera es: *solo los apóstoles pueden gobernar y ser los administradores principales.* La segunda es: *solo los profetas pueden profetizar dirección, dones y ministerio.*

El semillero del cual estas plantas de extremismo han brotado es la lista aliterada de palabras que contienen una sola descripción que han sido dadas para identificar el ministerio principal de cada uno de los ministros de los cinco oficios. Esta lista establece que los apóstoles gobiernan, los profetas guían, los pastores guardan, los evangelistas reúnen, y los maestros establecen. Debido a estas dos palabras —"gobiernan" para el apóstol, y "guían" para el profeta— la enseñanza ha comenzado a extenderse entre ciertos círculos de líderes influyentes de la Iglesia, que los profetas no están supuestos a ejercer ningún ministerio de administración tal como ser pastor de una iglesia, presidente de su propia organización, o ser obispo supervisor de una comunidad internacional de ministros.

Diligentemente, he buscado y no puedo encontrar versículos que pongan limitaciones a los ministros de los cinco oficios. No hay pautas de cuándo, dónde, cómo o lo que algunos pueden o no ministrar. No hay ejemplos bíblicos o versículos que declaren que algunos de los ministros de los cinco oficios pueden o no ejercer ciertas posiciones en la Iglesia, y otros no.

En los escritos de Pablo a Timoteo y a Tito, él les dio directrices en cuanto a los requisitos y las normas para los obispos, ancianos y diáconos (1 Timoteo 3:1-13; Tito 1:5-9). Estas son instrucciones y requisitos generales para aquellos que estarán en el liderazgo dentro de la Iglesia de Cristo; pero no hay declaraciones en el Nuevo Testamento que hagan distinción entre los ministros de los cinco oficios en relación a las normas de carácter, a las experiencias sobrenaturales o a las directrices dadas acerca de las posiciones que pueden ejercer dentro de la estructura de la Iglesia.

Cinco puntos importantes que deben ser considerados y entendidos acerca de los ministros de los cinco oficios:

(1) Todos son un ministerio de dirección; esto es, ellos son una extensión del ministerio de dirección de Jesucristo, la Cabeza de la Iglesia. No solo son ministerios del "Cuerpo", como los dones y ministerios que el Espíritu Santo da a los miembros del Cuerpo de Cristo. Técnicamente hablando, ellos no son los dones del Espíritu Santo, sino los dones de ascensión del mismo Jesucristo.

(2) Todos los ministros de los cinco oficios han sido llamados para gobernar, guiar, reunir, establecer y guardar al pueblo de Dios. Sin embargo, cada uno ha recibido gracia y habilidad especial en una de las áreas, más que los demás. Estas explicaciones de una palabra no deben ser vistas como limitaciones en las actividades de cada ministro, sino más bien, como una palabra descriptiva de la unción individual y de la habilidad dada por Cristo.

(3) **No es bíblico ni sabio colocar a un apóstol, profeta, evangelista, pastor o maestro en situaciones que limiten su unción y actividad.** No hay escrituras que sugieran que los ministros de los cinco oficios estén limitados a tener ciertas actividades ministeriales o posiciones de liderazgo. Los cinco dones de ascensión de Cristo se entrelazan e integran de la misma forma que sucede con los nueve dones del Espíritu Santo.

Los ministros de los cinco oficios no son ministerios independientes, separados el uno del otro; sino más bien, son ministerios interdependientes, muy bien relacionados los unos con los otros en Cristo. Ellos son el ministerio de los cinco oficios de un solo Cristo; son las cinco partes de un todo. Esto requiere que todos los cinco ministerios trabajen juntos para llevar a cabo la plenitud del ministerio de Cristo a su Cuerpo. Ninguno es inferior o superior, pero todos han sido ungidos y establecidos por Dios para un propósito específico.

(4) **Es perjudicial para la función de los ministros de los cinco oficios el ser clasificado en categorías con detalles, acerca de su personalidad, desempeño y posición.** El Espíritu Santo se contrista cuando la gente formula métodos para evaluar y determinar un cargo de ministerio de los cinco oficios por medio de una técnica de psicoanálisis o perfil de personalidad. Dios no permitirá que nada tome su lugar en esta área.

(5) **Cada ministro de los cinco oficios conoce mejor su llamado y ministerio.** No es la prerrogativa del profeta dar directrices, instrucciones y restricciones sobre el ministerio del apóstol. Asimismo al apóstol no le ha sido concedida la autoridad de parte del Dios Padre, de ser papá y director sobre el profeta. Solo un profeta conoce realmente el ministerio y función de un profeta. Es más, un profeta no debe tratar de encerrar a otro profeta en su papel profético, personalidad o desempeño. Sin embargo, todos nosotros debemos recibir el uno del otro y estar sujetos a la corrección y a los ajustes en la metodología y las relaciones ministeriales.

Métodos artificiales para determinar un ministerio. A algunos ministros, maestros y teólogos les gusta tener cada ministerio organizado y clasificado en categorías detalladas según la personalidad, el desempeño y la posición. Tales gráficas y designaciones hacen que los que enseñan coloquen a cada ministerio en un área por separado. Esto puede ayudar a algunos ministros a entender mejor su llamado; pero al mismo tiempo, hará que otros ministros piensen que ellos están atascados en aquellas cosas que han sido designadas en la gráfica de su área.

Esto también puede hacer que los principiantes asuman que ellos tienen cierto don de ascensión y un llamado a uno de los cinco ministerios, simplemente porque ellos parecen tener esas características. Estos resultados supuestamente determinan los dones divinos de una persona o un llamado a uno de los cinco oficios, en una gráfica de análisis, en lugar de la revelación y convicción del Espíritu Santo.

Esto no quiere decir que algún tipo de análisis en cuanto a la personalidad, habilidad e interés no sea del todo útil. Estas pruebas y gráficas pueden ser de ayuda para entender cada temperamento, sus fortalezas y debilidades; pero esto no es lo mismo que identificar el **llamado** divino de una persona.

El llamado divino proviene de la revelación del Espíritu Santo. Dios soberanamente escoge llamar a quien Él quiere, para el propósito que Él quiere y a menudo lo hace así, a pesar del temperamento, las cualidades o las debilidades del individuo. La prueba de este llamado es evidente, por la sumisión del ministro al entrenamiento progresivo de Dios, por un período de varios años. Después, el ministerio es reconocido por el resto del Cuerpo de Cristo, por los años de ministerio fructífero y consistente, no por una gráfica de análisis.

Un ejemplo del llamado soberano de Dios. En una ocasión tuvimos en nuestro centro de estudios a alguien que nos enseñaría a saber y reconocer nuestro ministerio. Él había hecho algunos estudios médicos científicos sobre la función de los hemisferios del cerebro.

Según los resultados del estudio, las personas que tienen predominancia en el lado derecho del cerebro son más artísticos, imaginativos, intuitivos y visionarios. Las personas que tienen predominancia en el lado izquierdo del cerebro son más analíticos, matemáticos, lógicos y prácticos.

Todo esto era una información interesante; pero entonces el maestro añadió que los profetas típicamente están en el grupo de predominancia del hemisferio derecho. Así que todos nuestros profetas en las oficinas tomaron la prueba para comprobar su conclusión.

En una escala de 0 a 10, menos de 5 indica que la persona funciona más del lado izquierdo, y más de 5, la predominancia es del lado derecho. El maestro se sorprendió y quedó perplejo al descubrir que todos nuestros profetas, a excepción de nuestro líder de adoración profética, acumularon puntos menos de 5. Mi puntuación fue 3.9, la puntuación de mi esposa fue 5.

Si estos resultados se aplicaran a la mayoría de los profetas, sería difícil de decir; pero el punto es que uno de los nueve de nuestros profetas, que tomaron la prueba, resultó tener predominancia del lado derecho del cerebro. El hombre natural quiere tener una fórmula para todo, antes de depender de la guía del Espíritu y del conocimiento de revelación de Jesucristo; pero Dios nunca nos permitirá que diseñemos métodos que tomen su lugar y la obra del Espíritu Santo.

Las gráficas de análisis hechas por los humanos no pueden determinar el ministerio divino. En todos estos pronunciamientos proféticos sobre mí, la confirmación de mi llamado con el don de ascensión y ministerio de profeta ha sido repetida más de cincuenta veces por muchos ministros proféticos a través de los años. También he demostrado tener más de treinta y ocho años de ministerio probado y fructífero como profeta; pero cuando tomé la prueba de los "dones de motivación", concluí que mis dones principales de motivación eran los de misericordia y exhortación, no el de profeta.

¿En qué debería creer: en las profecías que han sido declaradas sobre mí y en los años de ministerio probado, o en una gráfica hecha por humanos para determinar el don de una persona? Usted no puede determinar un llamado divino ordenado por Dios por medio de un análisis humano, aun cuando se usen algunas escrituras como base para sus fórmulas y pruebas. La prueba de los dones de motivación es buena para saber acerca del temperamento humano con el cual una persona ha nacido. Dividir a las personas en "cuatro temperamentos" o analizarlos para determinar los dones de motivación o su naturaleza humana única nos ayuda a entender por qué las personas actúan y reaccionan en ciertas formas. Esto tiene otros beneficios psicológicos para entendernos a nosotros mismos y aconsejar a otros; pero ninguno de estos sistemas hecho por los hombres pueden ayudar a una persona a determinar su propio llamado como ministro de los cinco oficios o su ministerio de membresía en el Cuerpo espiritual de Cristo.

La semilla divina de un don espiritual o llamado debe ser sembrada por Dios, luego incubada en el vientre de oración, obediencia y crecimiento espiritual, hasta el tiempo señalado por Él para su crecimiento. Después que nace el ministerio, este debe ser nutrido, protegido, ejercitado y madurado progresivamente, hasta que todo el potencial de la persona haya alcanzado su completa madurez de hombría, feminidad y ministerio. Hay una diferencia entre el tiempo del llamado al ministerio y el tiempo de la completa comisión para esa posición de ministerio en el Cuerpo de Cristo.

Las limitaciones hechas por los hombres contra permanecer en nuestro propio llamado. Nunca se vaya al extremo de limitarse a sí mismo o limitar a otra persona, donde La Escritura no impone ninguna limitación o restricción. Solo Dios conoce la plenitud de lo que Él lo ha llamado ser o llegar a ser.

Tampoco usted debería irse el otro extremo de tratar de ser y hacer todo lo que otros ministros son y están haciendo. Cada llamado y ministerio tiene su propio propósito especial y desempeño; permanezca contento en su llamado, al mismo tiempo que prosigue hacia la meta para obtener y asirse de aquello para lo que Cristo lo ha asido a usted (Filipenses 3:12-14; 1 Corintios 7:20).

El principio bíblico acerca de los dones divinos y talentos es que usted use fielmente lo que le ha sido dado, entonces Dios le dará más (Mateo 25:14-30). De hecho, según el principio bíblico, si usted se convierte en un siervo fiel y útil, Dios tomará los talentos de aquellos sirvientes inútiles, los cuales tienen miedo de usar lo que tienen, y se los dará a usted para bendecir a su Iglesia (v. 28-29). Todas las cosas son posibles para aquellos que aceptan, creen y fielmente usan lo que han recibido de Dios.

Ninguno tiene todos los cinco dones, solo Cristo los tiene. Nunca permita que su fe se convierta en una creencia presuntuosa de que usted puede tener el llamado y todas las habilidades de los cinco ministerios. Solo Jesús tuvo la plenitud de todos los cinco ministerios en un cuerpo humano (Colosenses 2:9). Ningún otro humano puede tener la plenitud de todos los cinco ni aun el Papa o apóstol sobre centenares de ministros, o el pastor de una congregación de miles de personas.

Cristo nunca hizo y nunca dará todos los cinco dones y unciones a una sola persona; pero cuando Él ascendió a lo alto, dio su ministerio a los hombres y mujeres (Efesios 4:8). Él tomó su manto de ministerio y lo distribuyó en cinco partes, dividiendo su sabiduría, habilidad y desempeño en cinco categorías. Él los asignó con ciertos títulos que revelan estos dones y ministerios especiales que dio a su Cuerpo. A algunos les dio su manto de apóstol, a otros su ministerio de profeta, a otros su unción pastoral, a otros su celo evangelístico y a otros la gran habilidad de ser maestros.

El pastor no puede hacerlo todo a solas. He visto a algunos pastores que raramente tienen a otros predicadores ministrando, porque asumen que pueden perfeccionar y apropiadamente capacitar a los santos ellos mismos. Sin embargo, no hay una congregación local que pueda alcanzar la madurez bíblica y el ministerio apropiado, sin tener el ministerio probado de los otros ministros de los cuatro oficios.

No hay versículos que sugieren que a un pastor mayor de un rebaño local le ha sido dada toda la verdad y ministerio necesario para perfeccionar a sus santos.

Un pastor puede conformar su congregación de acuerdo a sus doctrinas, formas y ministerios, pero no a la plenitud de Cristo. Las Escrituras enfáticamente declaran que se necesitan todos los cinco ministerios de los apóstoles, profetas, evangelistas, pastores y maestros, para llevar a cabo la obra. Todos los cinco son necesarios para perfeccionar, madurar y capacitar a los santos y así llevar a cabo la obra de sus ministerios de membresía en el Cuerpo de Cristo, a fin de que sea continuamente edificado, *"hasta que todos lleguemos a la unidad de la fe, y al conocimiento del Hijo de Dios, a un varón perfecto, a la medida de la estatura de Cristo"* (Efesios 4:13 RVR 1960).

El mismo don de ascensión, un desempeño diferente. Cada uno de los cinco oficios tiene un llamado y una habilidad único y especial; pero cada uno de aquellos llamados al mismo oficio no tienen la misma personalidad, comisión o desempeño.

"Ahora bien, hay diversos dones, pero un mismo Espíritu. Hay diversas maneras de servir, pero un mismo Señor. Hay diversas funciones, pero es un mismo Dios el que hace todas las cosas en todos" (1 Corintios 12:4-6). Hay tantas diversidades de operaciones, como personas hay con los dones de ascensión.

Los apóstoles son usados como ejemplos de todos. De todos los cinco oficios de ministerios, mayormente tenemos ejemplos de la vida del apóstol en el Nuevo Testamento, con información acerca de su llamado, entrenamiento y ministerio. Así que lo usaremos para representar esta verdad que se aplica a todo los cinco oficios.

Cada uno de los primeros doce apóstoles, además de los otros trece mencionados —incluido el apóstol Pablo— tuvieron su llamado y comisión en particular de parte del Señor Jesucristo. Los diferentes métodos del llamado de Dios y su comisión especial para el apóstol Pablo y el apóstol Pedro demuestran que las personas pueden tener el mismo don de ascensión, mientras cada uno, no obstante, manifiesta un desempeño y una personalidad única.

Pedro y Pablo. Pedro no tuvo una experiencia sobrenatural en su llamado a ser apóstol. Él simplemente hizo su contacto con Cristo a través del esfuerzo de su hermano Andrés al traerle al Señor. Después de haber seguido al Señor por un tiempo, Cristo lo comisionó como uno de los doce al mismo tiempo que los demás.

Pablo no fue uno de los doce apóstoles originales, pero llegó a conocer al Señor después de su resurrección, quien se le apareció en una luz sobrenatural cegadora en el camino a Damasco. El llamado y comisión de Pablo vino por medio de este encuentro sobrenatural con Jesús.

Pedro tuvo una educación limitada y ninguna educación teológica. Pablo fue altamente educado y, probablemente, tendría hoy lo equivalente a un Doctorado en Teología.

Pedro fue el primero en recibir la revelación, mientras estaba en la casa de Cornelio, de que los gentiles podrían convertirse en cristianos sin primero convertirse en judíos prosélitos; pero fue Pablo el que recibió la comisión de Cristo de convertirse en el apóstol los gentiles.

Según la lógica humana, parecería que Pablo debiera haber sido el apóstol a los judíos, y Pedro el apóstol a los gentiles; pero Dios hace las cosas a su manera, no nosotros. El apóstol Pedro fue llamado y comisionado para ser apóstol de los judíos, pero Pablo recibió la comisión de Cristo de ser apóstol de los gentiles (2 Timoteo 1:11; Gálatas 2:7-9).

Pedro y Pablo eran apóstoles; pero cada uno tuvo un llamado especial y una comisión de Dios, según la elección soberana de Él.

El perfil de personalidad para los profetas. Una vez me preguntaron: "Después de más de tres décadas como profeta, ¿puede usted darnos el perfil de la personalidad de un profeta? Busqué al Señor acerca de este asunto, y esta fue su respuesta: "Toma los doce apóstoles y evalúa cada una de sus personalidades. Si puedes encontrar que hay un patrón consistente de personalidad para un apóstol, entonces puedes dar un perfil de personalidad para los profetas."

Demás está decir que el estudio de los doce apóstoles demuestra claramente que ellos eran diferentes en personalidad, motivación natural y carácter. No hay perfil de personalidad para apóstoles, profetas, evangelistas, pastores o maestros. No hay rasgos humanos consistentes del carácter, que sean evidentes en los cinco ministerios.

Debo decir que me he dado cuenta de que hay algunos rasgos generales en la constitución física, personalidad y modo de operar, que parecen distinguir a los apóstoles y profetas; pero no me atrevería a diseñar una gráfica para analizar e identificar el llamado y ministerio de alguien.

Los primeros doce apóstoles tuvieron el privilegio de caminar y hablar con Cristo por más de tres años, pero los otros apóstoles mencionados, no. Solo tres de los doce escribieron material que se convirtieron en libros de La Biblia; sin embargo, los escritos del apóstol Pablo produjeron catorce libros del Nuevo Testamento, más que los libros de todos los doce apóstoles juntos. De algunos de los apóstoles no tenemos registro de que jamás hayan escrito (por supuesto, estoy usando al apóstol como un ejemplo de normas y principios que se aplican a todos los ministros de los cinco oficios).

Conózcalos por sus frutos. La Biblia no ofrece normas de personalidad, de estilo de ministerio, de experiencias sobrenaturales, de cómo ministrar o cualquier otra fórmula con la que podamos clasificar a alguna persona como un ministro de los cinco oficios. La única manera en que el llamado de un ministro de los cinco oficios puede ser determinado es por una revelación de Dios, el entrenamiento para ese ministerio y luego el fruto de él. Jesús hace el llamado y da la habilidad, y declara que es por sus frutos que los conoceremos (Mateo 7:16).

Podemos ilustrar esto un poco más. Algunos están diciendo hoy que todos los apóstoles serán pastores de iglesias grandes y exitosas, y que tendrán varios ministros e iglesias que los verán como su pastor-apóstol; pero el apóstol Pablo, durante casi treinta años de ministerio, nunca permaneció como pastor de ninguna iglesia por más de dos o tres años. Él era, esencialmente, un ministro itinerante, que viajaba por todo el país; como lo que llamaríamos hoy, un misionero apostólico. Pablo ganaba nuevos convertidos para Cristo y los dejaba en la sinagoga local o establecía una iglesia neotestamentaria con ellos. Luego regresaba en otros viajes de ministerio y establecía el liderazgo en esas congregaciones. Él formaba los presbiterios proféticos e imponía manos sobre los candidatos, profetizando sus dones y llamados. Aquellos a quienes él proféticamente discernía un llamado y cualidades, los establecía en el ministerio de esa congregación como ancianos de ella (1 Timoteo 4:14; 1:18; Hechos 14:23).

En contraste, sin embargo, el apóstol Santiago pastoreó la Iglesia en Jerusalén todos los días de su ministerio. Según lo que sabemos, él nunca viajó más allá de su área local.

Así que cualquiera que forma una gráfica psicológica o establece normas de personalidad, posición y desempeño para determinar si alguien es un apóstol hará una injusticia a los llamados y propósitos de Dios para sus ministros de los cinco oficios. Se requiere solo una manera de pensar, a lo largo de esta línea, para ver que cada ministro es único en personalidad, poder, desempeño, posición y comisión, así como cinco hijos naturales de un padre serían diferente en estas áreas.

¿Pueden los profetas gobernar y ser cabezas de ministerio? Si las palabras usada anteriormente para describir el papel de los ministros de los cinco oficios, citados previamente, se convirtieran en limitaciones literales (más bien sugerencias descriptivas), entonces los pastores pueden proteger la Iglesia, pero no ser los ministros mayores en la administración para gobernarla. Los **pastores** pueden **proteger** a las ovejas, pero no pueden **establecerlas** en La Palabra de Dios y en la vida de la Iglesia, pues esa labor tiene que ser cedida a los **maestros**. Los **apóstoles** pueden **gobernar**; pero no hasta que los profetas los hayan guiado para **gobernar** y cómo **gobernar**. Así que podemos fácilmente ver la naturaleza no bíblica e impráctica de tales nociones que limitan a los ministerios de los cinco oficios.

Un principio divino de interpretación bíblica es que lo que ha sido establecido en el Antiguo Testamento permanezca apropiado como principio o práctica, a menos que el Nuevo Testamento lo elimine. Por ejemplo, el diezmo fue establecido en el Antiguo Testamento, pero ya que no hay nada en el Nuevo Testamento que elimine tal práctica, entonces continuará siendo una práctica apropiada para el cristiano. Lo mismo es cierto de la adoración y el cantar alabanzas, acompañadas con toda clase de instrumentos musicales, como se hacía en el Tabernáculo de David; y lo mismo es también cierto acerca del ministerio del profeta.

Jesús vino y cumplió todas las cosas relacionadas con la ley ceremonial de sacrificios y ofrendas. Por medio de su propio sacrificio en la cruz, Él cumplió el antiguo pacto de la relación de la humanidad con Dios y estableció un Pacto Nuevo. En este, Jesús es el único camino para que la humanidad sea perdonada de sus pecados y tenga comunión con Dios. Porque por un sacrificio, Él ha hecho perfectos para siempre a aquellos que son santificados (Hebreos 10:14) y se convirtió en el fin de la ley para justicia para todos los creyentes (Romanos 10:4).

Un Dios que no cambia. No obstante, no servimos a un Dios del Antiguo Testamento y a otro Dios del Nuevo Testamento. Hay solo un Dios eterno. Él permanece fiel a sí mismo y nunca jamás cambiará. Jesucristo es el mismo ayer, hoy y por los siglos (Hebreos 13:8). Dios el Padre, Hijo y el Espíritu Santo son Uno en naturaleza, motivación, y desempeño (Juan 5:7; Marcos 12:29; Malaquías 3:6; Deuteronomio 4:35; Isaías 45:5; 47:8).

Dios, a través de las edades y dispensaciones, ha cambiado las maneras de cómo la humanidad se relaciona con Él; pero el Dios que ha hablado a través de sus profetas desde los días de Adán es el mismo Dios que habla a través de sus profetas en la Iglesia Neotestamentaria. Los privilegios, los ministerios y la autoridad que los profetas tuvieron en el Antiguo Testamento no fueron eliminados en el Nuevo; por consiguiente, los profetas del Antiguo Testamento pueden ser debidamente usados como ejemplos acerca de lo que los profetas de la Iglesia pueden ser y hacer (Hebreos 1:1; Lucas 11:49; 1 Corintios 12:28).

Los profetas del Antiguo Testamento comprueban que los profetas del Nuevo Testamento pueden gobernar. Con estos principios en mente, nosotros ahora podemos responder la pregunta que ha surgido en este movimiento acerca de si los profetas pueden o no gobernar, administrar y ser cabezas de ministerios. Podemos encontrar ejemplos de profetas que fundaron un grupo de personas, ejercitaron el liderazgo general, hicieron decisiones finales para una gran multitud y sirvieron de administradores de todos los asuntos materiales de todo un reino.

Abraham fue un **profeta** (Génesis 20:7) y fue pionero y padre del pueblo judío. Él tuvo el ministerio de establecer las fronteras de la tierra de Canaán. Recibió la revelación, el llamado y la comisión de parte de Dios, para establecer al pueblo judío. Fue la cabeza de centenares de siervos que nacieron y crecieron bajo su ministerio. Él pudo acumular grandes riquezas en posesiones materiales.

Moisés fue un **profeta** (Hechos 3:22; Oseas 12:13). Él recibió revelación divina de Dios acerca de su propósito para su pueblo. No recibió esa guía divina y después se la dio a un apóstol para que gobernara y administrara. Él demostró el poder milagroso de Dios y llevó a más de tres millones de personas a la libertad, luego fue pastor mayor sobre ellos por cuarenta años. Él tomaba las decisiones finales y administraba los asuntos de Dios sobre su pueblo.

Samuel fue un **profeta** (1 Samuel 3:20). Él hizo más que profetizar y dar dirección. Fue juez sobre toda la nación de Israel (1 Samuel 7:15-17). Fundó las escuelas de los profetas y las estableció en ciudades por todo Israel. Tenía su casa y las oficinas centrales en Ramá; pero viajaba por toda la nación. Él era la cabeza principal de su propia asociación ministerial. Ungía y ordenaba a otros profetas para el ministerio. También ordenó a sacerdotes, levitas, porteros y a dos reyes sobre todo Israel (1 Crónicas 9:22; 1 Samuel 9:16-17; 10:1). Él fue el obispo supervisor de la compañía de profetas que él mismo estableció durante su día (1 Samuel 19:20).

David fue un **profeta** (Hechos 2:29-30), y fue rey y administrador de todos los asuntos de la nación de Israel. Ambos, el profeta Moisés y el profeta David, recibieron conocimiento de revelación para construir la casa de Dios. Moisés recibió el patrón para el Tabernáculo, y David recibió los planos para el Templo que Salomón construyó (1 Crónicas 28:11-12). **José** probablemente era un profeta, ya que tuvo sueños, los interpretó y, eventualmente, fue puesto como gobernador de toda la nación de Egipto. **Daniel** fue un **profeta** (Mateo 24:15) que recibió e interpretó muchos sueños. Él fue hecho presidente y supervisor de todos los príncipes en el gran Imperio Babilónico.

Jesucristo fue un **profeta** (Lucas 24:19; Hechos 3:22-23; Juan 4:19-44; 6:14; 7:40; 9:17) y estableció la Iglesia Neotestamentaria. Continúa dando directrices al liderazgo, para la administración de los asuntos de la Iglesia. Jesús fue el primer profeta de la Iglesia Neotestamentaria y estableció el patrón para todos sus profetas en la Iglesia.

Estos ejemplos de solo algunos profetas bíblicos deberían ser suficientes para demostrar que Dios ha invertido muchas más habilidades en sus profetas, que la de solo ser una forma de guía. Por cuestiones de espacio, no podemos hablar en detalle de otros profetas y profetisas, que tuvieron responsabilidades similares, como Isaías, Débora y otros.

Los apóstoles y profetas, el fundamento. En la Iglesia Neotestamentaria, Pablo declara que los profetas junto con los apóstoles son ministerios fundamentales, sobre los cuales la Iglesia es edificada:

"*Edificados sobre el fundamento de los apóstoles y los profetas, siendo Cristo Jesús mismo la piedra angular*" (Efesios 2:20). En ninguna parte de Las Escrituras dice que los apóstoles tienen más sabiduría o autoridad de parte de Cristo para edificar iglesias con la debida base.

Los verdaderos apóstoles y profetas de Dios no están en competencia entre ellos. Ellos fueron diseñados por Cristo para ser complemento el uno del otro. Son los únicos dos, de los cinco ministerios que pueden estar juntos en el ministerio, ya que tienen una unción similar en cuanto a sus habilidades. Pablo declara que ellos son los ministros de los cinco oficios que tienen la unción para recibir la revelación de Cristo, acerca de las verdades nuevas que Dios quiere manifestar: "*Es decir, el misterio que me dio a conocer por revelación, (...) Al leer esto, podrán darse cuenta de que comprendo el misterio de Cristo. Ese misterio, que en otras generaciones no se les dio a conocer a los seres humanos, ahora se les ha revelado por el Espíritu a los santos apóstoles y profetas de Dios*" (Efesios 3:3-5).

Los apóstoles y profetas fueron los primeros dos ministerios que Dios estableció en la Iglesia: "*En la iglesia Dios ha puesto, en primer lugar, apóstoles; en segundo lugar, profetas*" (1 Corintios 12:28). Ellos son los dos ministerios enviados por Jesús, de quienes Él dijo, serían perseguidos y rechazados, mayormente por la antigua orden religiosa: "*Les enviaré profetas y apóstoles, de los cuales matarán a unos y perseguirán a otros*" (Lucas 11:49). En realidad, es el derramamiento de sangre de los profetas el que trae la ira de Dios sobre el sistema babilónico prostituido, descrito en el Apocalipsis: "*Porque en ti se halló sangre de profetas y de santos*" (Apocalipsis 18:24).

De tal manera, los profetas y apóstoles son ministerios que colaboran con un espíritu hermano, el cual estará vivo y funcionando, mientras haya seres humanos vivos en el planeta.

Los apóstoles pueden profetizar, dar dirección, dones y ministerios. Así como los profetas pueden gobernar y ser cabezas de un ministerio, La Biblia registra que los apóstoles pueden profetizar, dar dirección, dones y ministerios. El apóstol Pablo impuso sus manos sobre Timoteo y profetizó sus dones y su ministerio (1 Timoteo 4:14). Él deseaba ver a los cristianos de Roma para imponerles las manos e impartirles dones espirituales (Romanos 1:11).

El apóstol Pablo y el profeta Silas colaboraron juntos en el establecimiento de la primera iglesia neotestamentaria en Éfeso. Aun así, los apóstoles y profetas de hoy deben ser diligentes y evitar enseñanzas y extremos divisivos, que limiten las prácticas que pueden impedir la relación cercana entre profetas y apóstoles.

Los apóstoles proféticos y los profetas apostólicos. Algunas personas llamadas a ser profetas han progresado y madurado en su hombría y ministerio por muchos años. El fruto de sus años de ministerio ha probado que ellos fueron comisionados por Cristo para llevar a cabo un ministerio de liderazgo mayor y de paternidad sobre otros líderes en el Cuerpo. Estos son profetas de quien muchos otros ministros de los cinco oficios ven como un padre profético en la fe. Tales profetas se han convertido en lo que yo llamo un **profeta apostólico**.

Otros han sido llamados al don de ascensión de apóstol y también a llevar a cabo un papel mayor en la dirección y guía de otros en el Cuerpo de Cristo. Estos han madurado en su hombría y ministerio por varias décadas, hasta que muchos otros ministros comenzaron a acudir a ellos para una cobertura paternal, que incluye relación y responsabilidad. Así han ejercitado sus sentidos espirituales, han agudizado su perspectiva profética y han desarrollado su unción de revelación apostólica. Ellos no dependen de su propia habilidad de organización, sabiduría o posición mayor de liderazgo; pero están ejercitando su unción de revelación, además de las señales y prodigios sobrenaturales en el ministerio de un apóstol. Esta clase de apóstol es lo que considero un **apóstol profético**.

En la Iglesia de hoy, ciertos hombres de Dios que están vivos son verdaderos padres proféticos y apostólicos de la fe. Estos son apóstoles proféticos y profetas apostólicos verdaderos, a quien Dios quiere usar para establecer sus movimientos de restauración nacidos en los años 80 y 90.

El mismo llamado, pero no la misma capacidad. Todos aquellos que han sido llamados al oficio de profeta no tienen la misma responsabilidad que cumplir en el Cuerpo de Cristo. Algunos son profetas de la iglesia local, a quienes Dios no ha llamado a pastorear una iglesia, fundar un ministerio o escribir libros. Otros han sido llamados como Agabo, solo para dar la Palabra del Señor a personas clave, siempre y cuando sea necesario. Algunos como Daniel han sido llamados a estar en el mundo de los negocios y nunca tendrán una posición en el púlpito.

La Escritura no establece precedente alguno de que una persona debe tener una posición en el púlpito para ser un ministro de los cinco oficios (sin embargo, creo que todos los ministros de los cinco oficios deben ser ordenados). Si el tener su propio **púlpito** es evidencia necesaria del llamado al ministerio de los cinco oficios, entonces los únicos ministros llamados a uno de los cinco oficios serían los pastores mayores de sus iglesias.

A todo el que ha sido llamado a ser un apóstol no le es dada la responsabilidad de ser cabeza de otros ministros, pastor mayor de una iglesia grande o pionero en áreas no evangelizadas para establecer iglesias nuevas; es importante recordar esto cuando alguien recibe una profecía de un llamado al oficio profético o apostólico.

Profetizar llamados a los ministerios de los cinco oficios puede traer confusión. Los problemas algunas veces se originan, cuando los profetas, o aquellos que participan en equipos de presbiterio profético, le profetizan a una persona un llamado a uno de los ministerios de los cinco oficios. Cuando la experiencia de la persona no parece estar de acuerdo con la profecía, el problema puede ser evidente en algunas áreas. Algunas veces aquellos que profetizan pueden no haber oído de parte de Dios; pero la mayoría de las veces, es la falta de una respuesta adecuada de parte de la persona que está recibiendo la profecía lo que crea la confusión. Esto es especialmente cierto cuando se profetiza el llamado de apóstol o profeta.

Con frecuencia las personas que reciben la palabra profética pueden tener un concepto equivocado de lo que es este ministerio de profeta. Ellos pueden inmediatamente tratar de entrar en el ministerio y tratar de llevarlo a cabo antes del tiempo de Dios. No entienden el proceso y los años de experiencias y preparación por los que Dios lleva a las personas, antes de comisionarlos al llamado de ese don de ascensión. Así que, cualquiera que ha recibido un llamado divino de ser apóstol o profeta no debe inmediatamente hacer tarjetas que lleven su nombre con el título de apóstol o profeta, de la misma manera que aquel que recibe el llamado de pastor no debería tomar el título, hasta que oficialmente funcione en esa capacidad.

Profetas apostólicos y apóstoles proféticos del día de hoy. Algunos maestros cristianos y teólogos han descrito el ministerio de un apóstol como el de un administrador y supervisor espiritual de ministros —parecido al ministerio de un pastor que supervisa a los miembros de la iglesia—, diáconos y otros ministerios de liderazgo en la iglesia local. Podemos evaluar mejor esta idea, si proveemos un contexto histórico para el oficio de supervisor en la Iglesia.

El desarrollo histórico del "obispo". Después de los primeros trescientos años de rechazo y persecución por el judaísmo y las naciones del mundo, el cristianismo se convirtió en una religión aceptada en el Imperio Romano. Este cambio fue establecido como ley por el emperador romano Constantino, quien publicó un "Edicto de Tolerancia" en 313 d. C., que permitía que el cristianismo funcionara públicamente de la misma manera como cualquier otra religión o sociedad secular. Las iglesias cristianas dejaron de ser clandestinas y pasaron a ser reconocidas por el gobierno. A los cristianos les permitieron convertirse en ciudadanos, y se les concedió el derecho de ejercer puestos políticos. En el transcurso de varios años, centenares de iglesias fueron construidas por todo el Imperio Romano y otras partes de mundo. Las congregaciones locales comenzaron a relacionarse con ciertos líderes de otras iglesias, y los líderes empezaron a pedir posición y poder.

La centralización de control. Al término de la era apostólica, las iglesias eran independientes la una de la otra; pastoreadas por ministros de los cinco oficios que eran generalmente llamados pastores o ancianos. El líder principal o pastor mayor llegó a ser llamado "obispo", lo cual significa "supervisor". Gradualmente, la jurisdicción del obispo llegó a incluir iglesias vecinas en otros pueblos.

El obispo Calixto (un obispo de Roma, 217-222 d. C.) fue el primero en basar su reclamo de autoridad en Mateo 16:18. El gran teólogo, Tertuliano de Cartago, llamado Calixto, era un usurpador que hablaba como si él fuera el "Obispo de Obispos". Cuando Constantino reunió al concejo de Nicea en 325 d. C. y presidió el primer concejo mundial de iglesias, él les concedió a los obispos de Alejandría y Antioquía una total jurisdicción sobre sus provincias, así como el obispo romano tenía sobre las suyas.

Para el final del cuarto siglo, los obispos orientales eran llamados "patriarcas"; ellos tenían igual autoridad, cada uno teniendo control total de su provincia. Los cinco obispos-patriarcas que dominaban el cristianismo en ese tiempo tenían sus oficinas principales en Roma, Constantinopla, Antioquía, Jerusalén y Alejandría. Después de la división del Imperio Romano en este y oeste, la lucha por el liderazgo del cristianismo estuvo entre Roma (los católicos romanos) y Constantinopla (la ortodoxia oriental).

Desarrollo de la estructura religiosa de un solo gobierno como la del Papa. En los primeros siglos de la Iglesia, los obispos llegaron a ser llamados cariñosamente "Papá", lo que dio origen a la palabra "Papa". Cerca del año 500 d. C., el término "Papa" comenzó a ser restringido en su uso por los obispos locales, y el título fue eventualmente reservado con exclusividad para el obispo de Roma.

A través de los siglos, la palabra vino a significar "obispo universal". La idea de que el obispo de Roma tenía toda la autoridad sobre la Iglesia creció lentamente y fue largamente disputada. A mediados de la Era del Oscurantismo, el reinado papal del gobierno de un solo hombre había alcanzado una posición de poder supremo y jurisdicción internacional.

Los profetas y apóstoles son necesarios. La gente religiosa tiene una forma de tomar lo que es bíblico, sagrado y aceptable, para convertirlo en una forma religiosa sin vida, que restringe el propósito de Dios y trae esclavitud a su pueblo. Cuando la Iglesia enfatiza más la estructura que lo espiritual, se convierte en madera petrificada, en lugar de un árbol frondoso y fructífero. Cuando la Iglesia enfatiza más lo espiritual que lo estructural, se convierte en una inundación destructiva sin control ni orden, que disipa y destruye.

Por esta razón, los apóstoles y profetas deben ser prominentes e iguales en el establecimiento del fundamento de la Iglesia. Ninguna iglesia tendrá un fundamento balanceado y apropiado, y no podrá funcionar sin el ministerio de los apóstoles y profetas.

Si una iglesia ha sido edificada solo con el ministerio del apóstol y sin el ministerio del profeta, entonces será tan estructurada y ordenada que se convertirá en algo sin vida, formal y sin el fluir fogoso de alabanza y poder. Si es edificado solo por el profeta, sin el ministerio del apóstol, entonces el pueblo se activará tanto espiritualmente, que todos serán una ley en sí mismos, y esto llevaría al fanatismo; pero con el ministerio de los dos, el apóstol y profeta, la Iglesia de Jesucristo mantendrá un balance entre estructura y espiritualidad, doctrina y demostración, perspectiva profética y espiritualidad, orden apostólico y autoridad.

¿Quién puede ser un obispo? La palabra **obispo** es un término bíblico (1 Timoteo 3:1; Tito 1:7; 1 Pedro 2:25). Puede ser correctamente utilizado como un título, que distingue a un ministro de los cinco oficios que supervisa a otras personas y otros ministerios.

El obispo puede ser el pastor mayor de una iglesia local, el profeta apostólico o el apóstol profético sobre varios ministros e iglesias. No es necesariamente un llamado a los cinco oficios; al contrario, es un papel administrativo el cual es dado por otros y no por uno mismo. El uso del título "obispo" no es inapropiado, si la persona que tiene el título llena los requisitos, y si el motivo y propósito de su uso están de acuerdo a los principios bíblicos. Pero si el oficio del obispo se desarrolla en una pirámide como el sistema papal lo hizo durante el deterioro de la Iglesia, entonces es algo erróneo.

La comunión internacional de iglesias carismáticas. A un grupo de líderes de la Iglesia de la verdad presente, se les ha otorgado el título de "obispo" y tratan de usarlo en su contexto bíblico correcto. Ellos no están construyendo un sistema de pirámide ni tratan de dividir el mundo de la Iglesia bajo su supervisión. Ellos son la cabeza de su propio grupo de ministros e iglesias, sin haber entre ellos ninguna responsabilidad legal o de organización. Esta asociación refleja un compromiso espiritual y un acuerdo común de reunirse, para una relación y responsabilidad mutua en el Cuerpo de Cristo. Miles de iglesias y ministros en varios continentes del mundo son representados por estos obispos. Ellos reconocen que todos los ministros de los cinco oficios tienen la capacidad de madurar hasta convertirse en ministros proféticos o apostólicos.

Este grupo escogió el nombre Comunión Internacional de Iglesias Carismáticas (ICCC por sus siglas en inglés) para su identificación. Todos los años, uno de los obispos es escogido por los demás para dirigir las reuniones cuando ellos se reúnen. Usualmente lo hacen una o dos veces al año.

Para ellos, el título de "obispo" demuestra el deseo de servir y ser responsable por aquellos que los buscan para obtener cobertura espiritual. Para ser escogido como uno de los obispos, una persona debe haber demostrado un ministerio probado y poseer la habilidad de supervisar, además de tener un ministerio de paternidad fructífero; y como resultado, centenares de ministros e iglesias son atraídos hacia él y establecidos por él.

Mi invitación para unirme al ICCC. En 1987, el presidente de los obispos de ICCC me dio una invitación para que me uniera a su membresía. Me reuní con ellos en Atlanta, y después de una evaluación completa y de considerar mi nominación en oración, en un acuerdo unánime, me pidieron que fuera un obispo entre ellos. Además de la guía del Espíritu Santo y mi ministerio probado como un profeta apostólico, presidente y supervisor de la Red de Ministerios Proféticos de Christian International, había una razón única para su decisión. El obispo que presidía, Earl Paulk, declaró, en el servicio formal de consagración, que una de las razones por la cual ellos deseaban que me convirtiera en un obispo entre ellos era que tenían todos los ministerios de los cinco oficios representados entre sus obispos, excepto el de un profeta probado y maduro en ese oficio con reconocimiento internacional.

El obispo Earl Paulk (de la Catedral Chapel Hill, Atlanta, GA) y el obispo John Meares (Evangel, Temple, Washington, DC) vinieron como representantes de la ICCC, a la reunión de CI-NPM de ministros en Destin, Florida. Ellos llamaron a varios de nuestros ministros para que representaran diferentes áreas de nuestro ministerio. El pastor Tom Hamon representaba la iglesia local. Evelyn Hamon, que estaba con los demás para la imposición de manos, representaba a la familia. El Dr. Randy Adler se presentó como representante de la Junta CI-NPM de Gobernadores; el profeta Eddie Traut representaba a los ministros proféticos en el extranjero; Jim Davis, profeta-pastor, representaba el cuerpo de ministros NPM y sus miembros.

El propósito de este evento era demostrar que hay líderes nacionales de la Iglesia que reconocen el principio de los "padres de la fe", que puede provenir de todos los ministros de los cinco oficios.

Cada líder necesita una relación de mutua responsabilidad con sus compañeros y superiores, fuera de aquellos que están bajo su supervisión inmediata. No hay rangos entre los cinco oficios, solo una comisión a un lugar de mayor servicio y responsabilidad en el Cuerpo de Cristo. El derecho divino de ser la cabeza de un ministerio no está basado en el llamado a uno de los ministerios de los cinco oficios de una persona; sino más bien, en años de servicio fiel que han madurado en su hombría y ministerio. Nuestro llamado se basa en la soberanía de Dios; pero nuestra comisión incluye nuestra responsabilidad de responder apropiadamente en obediencia a ser purificado y madurado en la motivación y hombría, con un ministerio permanente y productivo.

Los obispos en el ICCC reconocen que los **profetas** pueden tomar la supervisión espiritual y administrativa de ministros e iglesias. En este día y esta hora, entre los ministros que han sido llamados a los dos ministerios fundamentales de profeta y apóstol, Jesucristo está comisionando a algunos para que sean **profetas apostólicos** y **apóstoles proféticos**.

14

EL PROCESO DIVINO EN EL CUMPLIMIENTO PROFÉTICO

En Ezequiel 37:1-14, leemos que el profeta Ezequiel fue tomado de la mano de Dios y llevado por el Espíritu a un valle de muchos huesos secos. El Señor lo hizo caminar entre la multitud de huesos humanos en el valle. Luego Dios le preguntó a Ezequiel si él creía que esos huesos podrían juntarse y vivir. Él respondió declarando que solo Dios sabía la respuesta a esa pregunta. Así que Dios le dijo al profeta que ellos vivirían, si él les profetizaba.

Esos huesos representaban toda la casa de Israel, el pueblo escogido por Dios, que se había desviado, y ahora estaba seco y disperso. Dios declaró que la profecía del profeta sería la llave que traería vida, restauración y activación al pueblo de Dios en el ejército del Señor. Sin embargo, esto no ocurriría de inmediato; requería un proceso que tomaría lugar paso a paso (Deuteronomio 7:22).

Esto es lo que llamamos el **proceso profético** y sigue el mismo patrón, ya sea que la profecía sea declarada al mundo, a una nación, una iglesia o un individuo. De acuerdo a este pasaje bíblico, ocho pasos progresivos deben tomar lugar:

(1) **Ruido.** El ruido provino de dos fuentes. Primero fue la voz estruendosa de la profecía expresada en el Salmo 29, donde la "voz del Señor" es repetida siete veces, describiendo lo que es su voz y lo que hace.

El segundo fue el ruido de todos esos huesos al juntarse. ¿Puede imaginarse los millones de huesos que de repente se levantaron en respuesta al mandato de la voz profética, volando de acá a allá y chocando entre sí, a medida que buscaban encontrar su lugar apropiado en el esqueleto humano?

La primera cosa que ocurre en el proceso profético es el sonido de la profecía siendo declarada; es así como las personas y cosas comienzan a responder a la palabra, y así como mucha confusión y empujones tomarán lugar, como cuando los huesos despertaron y comenzaron a juntarse. Oímos las voces ruidosas y progresivas de confusión, preocupación; y luego, finalmente, de claridad. La primera señal de una profecía creativa no es necesariamente paz y armonía, sino ruido y confusión; pero si todos se mantienen firmes en la fe, entonces la claridad con una dirección profética será evidente.

(2) Sacudida. La segunda cosa que ocurre en el proceso profético, es una gran sacudida. Esto nunca lo he visto fallar: después de que una persona recibe una palabra profética, esta pasa por una gran sacudida en su vida. El Movimiento Profético nació en 1988, y había muchas declaraciones proféticas para las naciones del mundo, que tomarían lugar en los 80. El resultado fue una gran sacudida de todos los reinos; algo así como un terremoto (Hechos 12:27; Isaías 40:4; Hageo 2:6, 7, 21-22).

La muralla de Berlín fue sacudida, y la Cortina de hierro fue desgarrada. Los dictadores se desplomaron en países como Panamá. Los líderes religiosos que tenían inmoralidad en sus vidas fueron sacudidos de su popularidad internacional.

En la comisión de Dios a Jeremías, como profeta (Jeremías 1:10), leemos que sus profecías tenían que hacer el doble, al sacudir, arrancar y destruir las raíces y los escombros, antes de plantar y construir. Es como preparar el terreno para el cultivo o preparar el terreno para un edificio. Cuando un profeta verdadero con una palabra profética pura llega a una iglesia o a un individuo, esa palabra es apta para hacer que una gran sacudida tome lugar antes que los siguientes cinco pasos se cumplan.

Es como la palabra del Señor que vino a Israel a través de Gedeón acerca de la victoria sobre sus enemigos. Esta palabra expulsó y sacudió a los 31.700 hombres que habían respondido al toque de la trompeta, antes de reunir a los 300 hombres en unidad para ganar la batalla. Moisés volvió a Egipto para cumplir la profecía gloriosa del Éxodo de Israel, y las cosas empeoraron antes de que la profecía comenzase a obrar (Jueces 6:1-8; Éxodo 5:1-23).

Un principio divino en el proceso profético es que las cosas casi siempre empeoran antes de que mejoren. Si usted ha recibido una gran profecía acerca de un gran crecimiento en su iglesia, o un gran ministerio, liberación o prosperidad para su vida, y todo parece ser lo opuesto, todo parece estar destruyéndose y empeorando, entonces regocíjese, pues usted está en la segunda etapa del proceso profético. Manténgase firme en la fe y avanzará al tercer paso (Hebreos 10:35-36; 12:1-3, 25-28; Gálatas 6:9).

(3) Unidos. Después de que el Señor se haya encargado de todo lo que Él quiere sacudido y destruido, y los ajustes correctos hayan sido hechos, entonces comenzará el tiempo cuando los planes, las personas y las provisiones son provistas para el cumplimiento. No hay nada más grande que un plan profético realizado, y las personas y provisiones dadas para su cumplimiento.

El Movimiento Profético sonará por todas partes, lo cual provocará una gran sacudida en el mundo religioso; y entonces aquellos que han sido llamados para andar en la verdad restaurada se juntarán, hueso por hueso. Ellos serán el grupo del esqueleto, pero no para siempre. Dios tiene cuatro pasos más en su proceso profético progresivo para llevar a cabo su propósito divino.

(4) Músculo y carne. Después de que el esqueleto del propósito profético se haya unido, se necesitarán las cosas que darán fuerza a un ministerio completo. Así que, Dios pone tendones y carne en el cuerpo para dar fuerza, llenura y capacidad divina. Después de que un movimiento es dado a luz, y ha pasado por su sacudida y ha tenido una integración de personas, entonces el proceso profético trae estructura, orden, sabiduría y unción para mantenerlo unido y así dictar el movimiento del esqueleto con poder y sabiduría. Esto no significa la creación de organizaciones hechas por humanos, sino más bien, directrices divinas, estructura y relaciones que ayudan a personas, dentro y fuera del movimiento, a que se relacionen. En la vida de un individuo, el cuarto paso del proceso profético es cuando Dios da la capacidad y sabiduría divina para actuar sobre la palabra profética y para poner músculo y llenura.

(5) La piel. Esta es la cubierta colocada sobre el cuerpo para protegerla de los elementos negativos que encuentra. Cuando el cuerpo humano está cubierto con quemaduras de segundo y tercer grado, no puede mantener los fluidos apropiados ni puede protegerse de la invasión de gérmenes del exterior. Una persona con esta clase de quemaduras tiene que ser aislada en un cuarto libre de gérmenes o debe estar envuelto con una cobertura artificial.

En la vida, muchos de nosotros hemos sufrido quemaduras espirituales, algunos de nosotros aun hemos tenido quemaduras espirituales "de tercer grado". Esto hace que no podamos mantener los fluidos de paz y gozo del Cuerpo de Cristo, y nos deja sin protección en contra de los gérmenes de desánimo y enfermedad, a menos que le permitamos a alguien que nos ayude.

En el proceso profético, la etapa de la piel representa varias áreas. Usted necesita conservar la relación con su familia como cobertura y protección. Debe mantener la membresía local de la iglesia y cobertura pastoral. Si usted es un ministro mayor de su propio ministerio, entonces necesita la cobertura de una comunidad nacional de ministros con un líder de la verdad presente apóstol profético o profeta apostólico.

Espiritualmente, la cobertura de la piel es la vestidura de alabanza y una actitud misericordiosamente positiva hacia quienes han transgredido contra nosotros. La piel representa el objeto que nos permite ajustarnos a las diferentes condiciones de la vida. Nuestra piel le ayuda al organismo a adaptarse a las atmósferas calientes y frías.

Debemos desarrollar una piel gruesa y un cuero resistente si vamos a salir adelante en este día y esta hora. La gente de piel delicada no podrá sobrevivir, sin mencionar a aquellos que no han permitido que ninguna piel sea colocada sobre ellos. Especialmente los profetas y el pueblo profético no deben ofenderse con facilidad. Ellos nunca mantendrán sus ministerios, si tienen un espíritu de rechazo, complejo de persecución, una actitud no perdonadora o respuesta vengativa a la presión y persecución. Dios está levantando un ejército en este proceso profético, así que todos nosotros debemos aprender a compartir "... *nuestros sufrimientos, como buen soldado de Cristo Jesús*" (2 Timoteo 2:3).

(6) El soplo de vida. Cuando Dios puso de manifiesto su propósito profético de "hacer al hombre", Él primero sacudió la tierra, recogió un puñado de barro y formó una estructura de huesos. Luego puso tendones y carne sobre ese esqueleto y lo cubrió de piel. Finalmente, Dios tomó ese cuerpo de hombre e infundió el soplo de vida, y el hombre se convirtió en un alma viviente.

Inicialmente, al profetizar Ezequiel, esto hizo que los primeros cinco pasos del proceso profético tomaran lugar; pero él tuvo que profetizar otra vez para traer vida al cuerpo.

En el proceso de restauración, John Huss y Martín Lutero profetizaron y proféticamente predicaron hasta que sacudieron los reinos religiosos de ese día y esa hora, trayendo consigo el comienzo del gran período de restauración de la Iglesia. Cada movimiento posterior ha traído a la Iglesia, el Cuerpo Corporal de Cristo, a través de las diferentes etapas a su estado actual.

Los Movimientos Profético y Apostólico han sido diseñados para ser una voz profética nueva para el Cuerpo de Cristo, hasta que la vida de resurrección fluya en la Iglesia, levantándose y comenzando a marchar por toda la tierra, como el gran ejército del Señor. Este movimiento profético es para profetizar vida al Cuerpo de Cristo.

La última generación de la Iglesia mortal tendrá una vida sobrenatural mayor de resurrección y poder. Una gloria especial, salvación, poder y demostración han sido proféticamente predestinados para la última generación de la Iglesia mortal. Dios declara: *"He aquí, Yo haré una cosa nueva"*, y debemos buscar esa gran salvación, lista para ser revelada en estos últimos días. Antes de la segunda venida literal y personal de Cristo, habrá una venida de Cristo en conocimiento de revelación, para llevar a la Iglesia a la plenitud de la verdad y madurez (Isaías 43:19; Hebreos 9:28; 2 Pedro 1:7-13).

(7) El ejército del Señor. El resultado final de lo profetizado por el profeta Ezequiel era que el valle de los huesos secos esparcidos fueran unidos con músculo, carne y luego el soplo de vida, y se conviertan en un ejército poderoso, activado en el ministerio de guerra. El propósito de Dios para la compañía de profetas que se está levantando es el de continuar profetizando, hasta que la Iglesia se levante como un gran ejército de soldados de Dios.

En los capítulos 6 hasta el 9 del libro *La Iglesia Eterna*, se dan todas Las Escrituras pertinentes y una descripción del ejército del Señor ejecutando los juicios divinos en el último movimiento de Dios, en y a través de ella. La Iglesia siempre ha sido un ejército, pero está siendo preparada para pelear la batalla final bajo la dirección de su comandante y jefe, Jesucristo.

Colaboradores juntos para siempre. Jesucristo compró a su Iglesia para ser su colaboradora, su Novia unida, una con Él en todo lo que Él es, lo que será o hará. Todo lo que Jesús hará desde ahora hasta la eternidad será hecho a través de su Iglesia y con ella. Él nunca hará nada otra vez, sin que su Novia —la Iglesia— sea parte de su cumplimiento. Él ha delegado la representación legal a su Iglesia para el desempeño de su propósito eterno. Todas las cosas que aún deben ser reveladas, restauradas o cumplidas serán consumadas en, por ella y a través de ella. (vea *La Iglesia Eterna*).

En cada escritura de La Biblia, donde habla de Cristo doblegando a todos sus enemigos, la Iglesia está íntimamente unida con Él en ese ministerio de colaboración (1 Corintios 6:2-3; Romanos 8:17-19;

Juan 14:12; 17:18; Isaías 54:17; Cantares 6:10, 13; Joel 2:1-12; Salmo 91; Apocalipsis 6:2; cf. Romanos 8:37; Salmo 149:6-9; Judas 1:15; Apocalipsis 1:5-6; 2:26-27; 3:21; 5:9-10; 19:11-16; 20:4-6).

(8) La Restauración a la propia tierra: los santos toman el Reino.
El resultado final para Israel en este proceso profético es que ellos tomarán la tierra que había pertenecido proféticamente a su padre Abraham. El resultado final del proceso profético en el pueblo de Dios, la Iglesia, es que ellos tomarán la tierra que pertenece a su Padre Dios.

El planeta Tierra pertenece a Dios y a los justos, no al diablo y al malvado (Salmo 24:1; 50:6; 1 Corintios 10:26). Apocalipsis 10:7 declara que, cuando los profetas comiencen a hacer eco en la tierra, al dar en profecía el mensaje con el sonido de la trompeta del séptimo ángel en el cielo, todos los misterios de Dios finalmente serán revelados y dados a conocer a la Iglesia. La plenitud de la verdad trae plenitud de vida, unción y poder, para producir y completamente poseer nuestra posesión prometida.

Esto sucede en los "días" de la voz del séptimo ángel y las declaraciones de los profetas. El resultado final del sonido de la trompeta del séptimo ángel en el cielo y de los profetas profetizando en la tierra será la declaración divina que *"El reino del mundo ha pasado a ser de nuestro Señor y de su Cristo, y él reinará por los siglos de los siglos"* (Apocalipsis 11:15).

Por favor, tome nota que, en todos los procesos proféticos, la profecía juega un papel vital en activar los huesos y unirlos en estructura y fuerza. La profecía trae vida y hace que se levante como un ejército grande en extremo. El ejército del Señor es activado por la profecía en la guerra y no suspende su ministerio hasta que doblegue a todos los enemigos de Cristo y los coloque a sus pies, donde Él, provisionalmente, ordenó que ellos estuvieran cuando resucitó de entre los muertos.

La profecía que es verdaderamente divina y ordenada es la de Dios hablando. Dios es el creador, y cuando Él habla, las cosas son creadas y traídas a existencia, lo cual no existió antes de que Él hablara. (Dios proféticamente declaró a toda la creación natural en existencia, Génesis 1-2). La profecía activa los propósitos predestinados de Dios para que salgan a la luz en su tiempo. Los profetas deben conocer los tiempos secretos y las épocas de Dios.

La profecía es el poder que germina, activa y lo que pone de manifiesto el ministerio, de la misma manera que el agua hace germinar lo que ha permanecido inactivo en el suelo seco. La profecía personal ungida para una persona por medio de un profeta maduro o un presbiterio profético activa el ministerio predestinado por Dios, el cual ha estado inactivo dentro del miembro de la Iglesia o ministro cristiano. La profecía verdadera es poderosa y penetra en lo profundo del terreno del corazón. La calidad del terreno determina la clase de planta que produce la semilla: la palabra profética. Aquellos que quieren sacar el mayor beneficio de los profetas y el ministerio profético deben permitir que Dios quebrante su terreno barbecho y que saque las semillas de la hierba mala, a fin de que la palabra profética pueda llegar a la plenitud de la madurez y el ministerio. Crea en Dios y sea establecido. Reciba y crea en sus profetas, y será prosperado (Oseas 10:12; 2 Crónicas 20:20; Amós 3:7; Efesios 3:5; Mateo 13:3-9, 18-23).

15

CONCLUSIÓN PROFÉTICA
Y DESAFÍO

Después de haber leído y basado este libro en los ejemplos bíblicos, usted debe haber llegado a la conclusión de que Dios tiene profetas, los cuales han sido su voz desde Génesis hasta Apocalipsis, en cada dispensación y era de la historia del hombre. Las Escrituras enfáticamente declaran que Cristo dio profetas, al igual que evangelistas, pastores, maestros y apóstoles para que fueran una extensión permanente de su ministerio personal a la Iglesia.

Jesús dio los cinco ministerios para ministrar a los santos, para capacitarlos y madurarlos, a fin de que puedan entrar en la obra de su ministerio de membresía en el Cuerpo viviente de Cristo. Los ministros de los cinco ministerios de Cristo deben continuar ministrando a través de la era de la Iglesia, hasta que la Iglesia universal de Jesucristo haya alcanzado "*la unidad de la fe y del conocimiento del Hijo de Dios, a una humanidad perfecta que se conforme a la plena estatura de Cristo*" (Efesios 4:13).

Los profetas y apóstoles son un ministerio permanente y continuo en la Iglesia, de la misma manera que lo son los evangelistas, pastores y maestros. Los protestantes que reaccionaron a la enseñanza errónea de la sucesión apostólica contrarrestaron esto con la enseñanza presuntuosa de que Cristo había quitado el ministerio de apóstoles después de que La Biblia fue escrita y la Iglesia, fundada. Los fundamentalistas de la dispensación eliminaron el ministerio del profeta, para desprestigiar las declaraciones de los mormones y otras sectas como el Islam; estos grupos decían que sus líderes habían sido profetas y que habían recibido visiones y revelaciones, las cuales resultaron en el Libro de los

Mormones y el Corán, que según sus seguidores, tienen la misma autoridad que La Biblia.

Dos cosas incorrectas no dan como resultado algo correcto. La respuesta no es deshacerse del oficio del apóstol y del profeta, sino más bien, permitir que el Espíritu Santo y el Logos de La Palabra de Dios nos dé el entendimiento apropiado de su lugar y función dentro del Cuerpo de Cristo.

Un momento oportuno y dirigido por Dios. El Movimiento Profético es un movimiento verdaderamente ordenado por Dios, diseñado por Jesús y dirigido por el Espíritu Santo. Así como todos los movimientos pasados del Espíritu Santo, este movimiento está trayendo conocimiento iluminador y activación, y el reestablecimiento de ciertas verdades vitales y ministerios dentro de la Iglesia. Esta está destinada a llegar a toda la verdad en el conocimiento total de la plenitud de Jesucristo, y el Movimiento Profético es otro paso gigante en ese destino divino.

Cada persona que ha sido expuesta al movimiento tendrá la oportunidad de recibirlo o rechazarlo. Aquellos que lo reciben pertenecerán a tres categorías. El grupo de treinta solo percibirá y recibirá; el grupo de sesenta se reproducirá y enseñará; y luego el grupo de cien por ciento no solo hará lo que los otros dos grupos han hecho, sino también publicará y practicará el ministerio profético, hasta que produzca un gran ejército del pueblo profético de Dios.

Aquellos que rechazan también pertenecerán a uno de los tres grupos: el pasivo, el perturbado y aquellos líderes de movimientos pasados que específicamente los persiguen

Hay un Movimiento Profético de Restauración. El Espíritu Santo está prolongando su comisión de llevar a la Iglesia a toda la verdad y de restaurar dentro de ella todo lo que allí se había activado. El Movimiento Profético es ordenado por Dios y dirigido por Jesucristo, para producir una gran compañía de profetas. Tiene un propósito específico que cumplir como lo ha hecho cada movimiento de restauración que ha tomado lugar durante los últimos quinientos años de restauración de la Iglesia.

El Movimiento Profético está preparando el terreno para el Movimiento Apostólico, el cual finalizará la restauración total y la activación de todos los cinco ministerios de ascensión.

En el Cuerpo de Cristo no hay competencia. Los verdaderos profetas y apóstoles no estarán en competencia los unos con los otros, sino que se complementarán el uno con el otro en Cristo Jesús. Los profetas y los apóstoles tienen la responsabilidad de preparar el terreno y un pueblo bien dispuesto para la segunda venida de Cristo. Ellos ministrarán en el poder y el espíritu de Elías, y en el cumplimiento de las palabras del profeta Malaquías (Malaquías 4:5-6).

Un profeta, Juan el Bautista, cumplió la profecía acerca de la primera venida de Cristo; pero una compañía de profetas cumplirá la profecía acerca de la segunda venida. Cualquier persona que obstaculiza la obra del Espíritu Santo en el cumplimiento del propósito de Cristo para los profetas en su Iglesia estará en serios problemas con Dios. El propósito de Dios para el Movimiento Profético es de gran estima y significado para Cristo.

¡Jesús desea regresar pronto! Jesús profundamente desea regresar por su Iglesia y ver toda la maldad removida de su tierra; pues la tierra y su plenitud son del Señor. Él anhela el día cuando todos los enemigos de la justicia sean lanzados en el lago de fuego y su Iglesia y el planeta Tierra sean conformados a su imagen y propósito con Él, como Rey de reyes y Señor de señores.

Los profetas verdaderos que están siendo activados hoy han sido ordenados para jugar un papel importante, al traer este propósito divino a la realidad. Esto es asunto serio para Jesús, y Él tratará severamente con cualquiera que pone obstáculos a aquellos que están haciendo la preparación correcta para su pronto regreso. Sus decretos eternos todavía se mantienen: "No toquen a mi ungido y no hagan daño a mis profetas" y "No impidan el profetizar".

Desafío profético a la unidad. Mi percepción profética y creencia personal son que Cristo no va a tolerar entre sus profetas el espíritu de conmiseración que ha prevalecido entre los líderes de los movimientos anteriores. El diablo tratará de dividir y devorar, poniendo un campamento profético en contra del otro. Él intentará ampliar las diferencias en la percepción de los líderes del Movimiento Profético, los profetas y el ministerio profético.

Mis compañeros líderes del Movimiento Profético y yo debemos por causa y propósito de Cristo, trabajar juntos en unidad. No todos estaremos de acuerdo en asuntos particulares, pero sí estamos de acuerdo en que hay profetas en la Iglesia de hoy. No hay un profeta principal o una docena de líderes proféticos al que todos nosotros debemos someternos; pero todos necesitamos relacionarnos en el espíritu de cooperación y unidad para la restauración de los profetas de Cristo.

No permitamos que las diferentes convicciones, las experiencias y las manifestaciones nos impidan aceptarnos los unos a los otros como profetas de la Iglesia. Algunos de nosotros dirán que la profecía solo confirma, y otros de nosotros dirán que los profetas les hablan a personas cosas nuevas. Unos están convencidos de que una persona debe tener ciertas experiencias espirituales fuera del cuerpo, visiones de Jesús o visitaciones angélicas, como prueba del llamado al oficio de profeta. Otros tal vez no tengan esas experiencias o convicciones; pero igualmente son eficaces y han sido llamados profetas.

Debemos tener un lugar para las convicciones y experiencias de cada uno. Compañeros profetas, otros líderes religiosos tratarán de encajarnos en su conocimiento y teología limitada acerca de los profetas; pero, por favor, no permitamos que nos atrapen en esa red de tácticas de Satanás, para restringir e impedir que los profetas se conviertan en una compañía unida, que lleva a cabo el propósito de

Cristo. Si Las Escrituras no ponen limitación o restricción en esa área del ministerio profético, entonces no impongamos una.

Ningún campo profético o grupo tendrá toda la verdad, todas las prácticas apropiadas y todas las formas correctas de administrar el ministerio profético.

Un llamado a los apóstoles. Hago una súplica fervorosa a aquellos llamados y comisionados al oficio de apóstol, a que no sean de los que critican y condenan, sino más bien, que sean compañeros de los profetas. Hemos determinado apoyarlos en el día de su completa restauración en la Iglesia.

Personalmente, me he rodeado de apóstoles proféticos y profetas apostólicos para proveer balance y estructura apropiada, mientras se mantiene el fluir profético, y la libertad para crecer y madurar en hombría y ministerio. Creo que tengo la misma preocupación y carga que otros apóstoles tienen de que haya balance, integridad y pureza de ministerio; al igual que por las manifestaciones con la estructura correcta, como cualquier apóstol que conozco. Nosotros los profetas tenemos mucho que perder si el balance apropiado no es mantenido, y los principios bíblicos no son practicados.

Creo que hablo por la mayoría de los líderes del Movimiento Profético cuando digo que estamos abiertos para el diálogo y para encontrar la forma más sabia de llevar a cabo esta comisión divina de Cristo. Estoy dispuesto a recibir corrección e instrucción en sabiduría de las maneras y los medios que sean más provechosos en propagar lo profético; pero si usted comienza a pedirme que niegue mis convicciones y comisión de parte de Cristo, entonces tendría que tomar la posición que Martín Lutero tomó en la Dieta de Worms, cuando la jerarquía religiosa demandó que él se retractase y renunciara a todas sus enseñanzas y a sus libros.

Los apóstoles y profetas de la verdad presente trabajarán juntos en cooperación con Cristo para cumplir su propósito; pero los apóstoles del movimiento del viejo odre, los pastores y la jerarquía denominacional que no acepta la verdad de que hay profetas en la Iglesia de hoy harán declaraciones en contra de este movimiento y escribirán libros para desprestigiar su validez divina.

Todos responderán. Según los quinientos años de Movimientos de la historia de la Iglesia, los líderes de hoy, del último movimiento de Dios, siempre se convierten en algunos de los perseguidores principales del movimiento siguiente. Esto entonces significa que los líderes de la iglesia de hoy cuya iglesia o ministerio fue establecido durante los movimientos de la Lluvia Tardía, Carismática, Fe o movimiento del Reino responderán en una de tres formas: ellos se convertirán en perseguidores, serán pasivamente indiferentes o participarán. Aquellos que quieren participar, pero están en las denominaciones pentecostales clásicas que rechazan la restauración de los apóstoles y profetas, deben salir de ellas, para así entrar en la plenitud de las verdades proféticas del movimiento.

Aquellas iglesias que han sido establecidas en los últimos cuatro movimientos después de los Movimientos Pentecostales creen y practican la dirección soberana del pastor local, y creen que cada iglesia local debe crecer naturalmente. Esto quiere decir que el pastor no tiene que dejar o cambiar nada, sino, simplemente incorporar estas verdades y estas bendiciones espirituales en su ministerio local.

El Movimiento Profético no está diseñado por Dios para ser aislado o para recoger a todos bajo su estandarte. Esto es de Dios y es diseñado para ser activado en cada área del cristianismo, donde permitan el reconocimiento y el ministerio de los apóstoles, profetas y el ministerio profético, con todas sus bendiciones y prácticas. Creo que hay apóstoles y profetas en cada denominación y grupo cristiano, donde hay hombres y mujeres nacidos de nuevo y llenos del Espíritu; pero no podrán ser reconocidos con ese nombre ni se les permitirá que funcionen en su verdadero ministerio bíblico, apostólico y profético.

Estoy orando por aquellos que tienen el llamado divino a ser profetas, que han podido obtener este libro, para que lo lean y sean animados e iluminados, y así ser todo lo que Dios quiere que ellos sean. Todos a los que Dios ha llamado a ser apóstoles y profetas, y a caminar en la verdad presente, testificarán en su espíritu de esta verdad y permitirán que el Espíritu Santo los active para llevar a cabo su verdadero llamado. Los miembros de la Iglesia que leen este libro y tienen el espíritu de la Generación Josué se levantarán para convertirse en el pueblo profético de Dios en este día y esta hora, demostrando los dones sobrenaturales del Espíritu Santo.

La respuesta a los profetas es de gran importancia. Los cristianos deben reconocer la seriedad de aceptar o rechazar a los profetas de Dios. Siempre ha sido verdad, y en este Movimiento Profético será cierto, que la forma como respondemos a los profetas que han sido establecidos por Dios determinará nuestro éxito o fracaso, nuestra vida o muerte, esclavitud o libertad. Todas las naciones se han levantado o caído basadas en su respuesta a La Palabra de Dios por medio de sus profetas.

Aun Israel, la nación escogida por Dios, perdió su libertad y entró en cautividad, por su actitud equivocada y por su respuesta a los profetas de Dios:

> Por amor a su pueblo y al lugar donde habita, el Señor, Dios de sus antepasados, con frecuencia les enviaba advertencias por medio de sus mensajeros (profetas). Pero ellos se burlaban de los mensajeros de Dios, tenían en poco sus palabras, y se mofaban de sus profetas. Por fin, el Señor desató su ira contra el pueblo, y ya no hubo remedio. Entonces el Señor envió contra ellos al rey de los babilonios..." (2 Crónicas 36:15-17).

El escritor bíblico, entonces, procede a describir la esclavitud y los horribles sufrimientos de los israelitas; y cómo fueron llevados a Babilonia para permanecer en cautividad por setenta años. Esto no solo sucedió debido a su respuesta a los mensajeros de Dios, los profetas; sino también, *"De este modo se cumplió la palabra que el Señor había pronunciado por medio de Jeremías"* (ver vv. 16-21).

El destino de personas, iglesias, denominaciones, negocios, naciones e imperios mundiales es levantarse o caer, de acuerdo a la palabra del Señor. La mayoría de las profecías personales declaradas, acerca de personas y lugares específicos, provienen a través de sus profetas. Es así como la admonición de Josafat a su pueblo tiene la misma aplicación para el pueblo de hoy: "*¡Confíen en el Señor, y serán librados! ¡Confíen en sus profetas, y tendrán éxito!*" (2 Crónicas 20:20).

Jesús declaró que "*Cualquiera que recibe a un profeta por tratarse de un profeta, recibirá recompensa de profeta; y el que recibe a un justo por tratarse de un justo, recibirá recompensa de justo*" (Mateo 10:41). Dios da grandes bendiciones y recompensas para aquellos que reciben y creen en ellos.

Jesús el Profeta fue rechazado. Mientras Jesús estuvo ministrando en la tierra como el verdadero Profeta y Mesías de Dios, predicó y le profetizó a los líderes religiosos de su día. Él les dijo que sus padres habían matado a los profetas de su tiempo, y ahora ellos estaban haciendo conmemoraciones sobre sus tumbas en honor a ellos, sin darse cuenta de que el Profeta más grande estaba entre ellos y, aun así, lo estaban rechazando (Lucas 11:47-50).

En ese tiempo, Jesús dio una profecía que tendrá su más grande cumplimiento durante los Movimientos Profético y Apostólico de nuestra generación: "*Por eso dijo Dios en su sabiduría: Les enviaré profetas y apóstoles, de los cuales matarán a unos y perseguirán a otros*" (v. 49). Ellos decían que no habían participado en la matanza de los profetas antiguos, y aun así estaban persiguiendo y rechazando al que Dios había enviado entre ellos (Mateo 23:27-39). Por eso les advirtió: "*¡Ay de ustedes, maestros de la ley y fariseos, hipócritas!*".

Jesús profetizó juicios sobre ellos, porque continuamente rechazaron a los profetas que Dios había establecido como la llave que abre las puertas para el conocimiento de revelación. Así como Amós lo declaró siglos atrás: "*En verdad, nada hace el Señor omnipotente sin antes revelar sus designios a sus siervos los profetas*" (Amós 3:7; Lucas 6:22-23, 26).

Entonces Jesús concluyó su profecía con estas palabras: *"¡Ay de ustedes, expertos en la ley!, porque se han adueñado de la llave del conocimiento. Ustedes mismos no han entrado, y a los que querían entrar les han cerrado el paso"* (Lucas 11:52). De esta manera, Jesús no solamente declaró que aquellos que rechazaban a los profetas de Dios tendrían dificultades con Él, sino también que si esas personas les impedían a otros entrar en el ministerio profético, serían juzgados posteriormente. El Movimiento Profético no debe ser tomado a la ligera. Este movimiento ha sido ordenado por Dios, y la forma como las personas respondan afectará grandemente. Dios le dijo al profeta Samuel, después de que Israel dijera que deseaban tener un rey como las otras naciones: *"En realidad, no te han rechazado a ti, sino a mí (Dios)..."* (1 Samuel 8:6-7, 19-22).

La llave del conocimiento. Uno de los propósitos de este libro es ayudar a educar al que no tiene conocimiento y al inocente, a fin de que no pequen desapercibidamente en contra de Dios y sus profetas. Mi oración es que el conocimiento encontrado en estas páginas ayude a los cristianos para que no se les impida participar en lo que está siendo restaurado en la Iglesia de hoy. No permita que el "odre viejo" de los líderes religiosos que están de pie en la puerta y que no entran, le impida participar en todo lo que Dios está haciendo.

Hoy se necesitan a los héroes de la fe. Hay una necesidad urgente de que haya hombres y mujeres con el espíritu de Josué y Caleb; héroes modernos de la fe, como aquellos mencionados en el decimoprimer capítulo de Hebreos. Las oportunidades no producen héroes, solo los trae a la luz. Una persona puede correr y sacar a alguien de un auto en llamas; mientras que otros miran con horror y curiosidad, pero no arriesgan sus vidas para salvarlo.

Considere, por ejemplo, a Saúl y el ejército israelita, quienes confrontaron el desafío diario de Goliat por cuarenta días. Ellos tuvieron una oportunidad de convertirse en héroes, sin embargo, no la aprovecharon; pero cuando David oyó el mismo desafío de Goliat, respondió con valor y fe en Dios, y estuvo dispuesto a usar lo que tenía. Él se convirtió en el héroe del día y salvó a su rey y a todo el ejército, de una derrota (1 Samuel 17:1-58).

¿El problema es la persona o el producto? El producto puede ser bueno y ministrado con la motivación apropiada, y aun así todavía causar estallidos y escándalos. Por ejemplo, la profecía verdadera es el aliento de Dios soplando. Es como poner aire en el interior de un neumático viejo: el aire no hace agujeros o partes débiles; solo las revela.

De la misma manera, la llenura del Espíritu Santo en una persona o el derramamiento de un ministerio profético pone presión interna, para que obre el poder, manifestando cualquier defecto de carácter o debilidad en la vida de una persona. Es el aumento de la presión en la locomotora, que le permite al tren avanzar y hacer sonar el pito.

¿El mensajero, el mensaje o los que reciben? ¿Quién es el responsable de que una iglesia se divida a causa de la verdad nueva: Martín Lútero y su "vino nuevo" con la enseñanza protestante o la iglesia católica?

Lo mismo podría decirse de aquellos que predicaron una verdad nueva en las denominaciones del viejo odre, como los bautistas con las iglesias históricas protestantes o John Wesley enseñando santificación y perfeccionismo. Las enseñanzas del Movimiento Pentecostal y la experiencia de "hablar en lenguas" causaron divisiones y escándalos en cientos de iglesias del antiguo Movimiento de Santidad. El ministerio de la Lluvia Tardía enseñó cómo cantar alabanzas y la profecía personal, lo cual causó divisiones en centenares de iglesias pentecostales.

Jesús hizo una declaración inalterable, consistente y objetiva, diciendo: "Ni echan vino nuevo en odres viejos; de otra manera los odres se rompen…" ¿Quién tiene la culpa: la persona que vertió el vino nuevo en el recipiente de cuero viejo; el recipiente y lo que sucedió; o el vino nuevo de verdad y ministerio? (Mateo 9:17; Marcos 2:22; Lucas 5:37)

El fuego del Espíritu Santo manifiesta la naturaleza verdadera. Cuando el apóstol Pablo trajo la leña al fuego, él no hizo que una de las varas se convirtiera en una serpiente. El fuego encendió la madera para tener luz y calentar a otros, y esto despertó y activó a la víbora. Una serpiente medio congelada puede asemejarse a otros palos; pero cuando es colocada en el fuego, no puede recibir y convertirse en parte del fuego, de tal manera que se resiste y reacciona, tratando de destruir al hombre de Dios que la trajo al fuego (Hechos 28:3). Este ha sido un principio manifestado repetidas veces en cada restauración de una nueva verdad y ministerio. Una nueva verdad que está siendo restaurada es como la lluvia que cae del cielo. Jesús dijo que Él envía la lluvia que cae sobre el justo y el injusto. La lluvia no los hace justos o injustos, de la misma manera que no hace la semilla ni hace que brote el trigo o cizaña, una vid de sandía fructífera o una vid de cedro venenoso (Mateo 5:45; Oseas 6:3; Isaías 55:10).

¿Debería Dios ser más discreto y oportuno, y esperar hasta que todas las malas semillas sean removidas del terreno, antes de enviar la lluvia germinante y vivificadora? Uno puede razonar que si hubiera existido la preparación correcta y limpieza del terreno de todas las malas semillas, antes de enviar la lluvia, se hubieran prevenido los problemas de tener que ocuparse de las plantas de mala semilla.

¿Puede el agua pura producir malas semillas? ¿Puede el fuego verdadero despertar a las serpientes? ¿Pueden la verdad y el ministerio vivificador también activar las serpientes de un carácter erróneo o una manifestación? El ideal sería tener un terreno solo con buenas semillas para que el agua pura haga brotar y crecer plantas fructíferas.

Pero Jesús dijo que el enemigo viene durante la noche y siembra malas semillas. Él declaró que habría cizaña y trigo creciendo en el mismo campo (la iglesia local o movimiento) hasta el día de la gran cosecha. Las Sagradas Escrituras dicen que hay que dejar que ambos crezcan juntos hasta la cosecha de los tiempos finales, cuando Jesús, el gran separador, encabezará un movimiento que separará el trigo de la cizaña, las cabras de las ovejas, y serpientes de entre la leña. La cizaña será recogida y quemada; pero su trigo será colocado en su Reino para reproducir su gloria y propósito a través de la tierra y hasta los confines del universo (Mateo 13:24-30; 26:32).

El profeta prepara el terreno para el regreso de Cristo y pone a satanás en el abismo sin fondo. Una advertencia final: este Movimiento Profético tiene el potencial más grande que cualquiera de los movimientos previos en la historia de la Iglesia, de beneficiar o perjudicar. La manifestación de la compañía de profetas es la señal más amenazadora para el diablo de que su condena eterna está cerca. Él ahora ha intensificado su actividad de ir por doquier como león rugiente buscando a quién devorar (1 Pedro 5:8; Apocalipsis 22:16-20).

No obstante, los profetas prepararán el terreno y a un pueblo bien dispuesto para el pronto regreso de Jesucristo. Su llegada en poder y gran gloria traerá la purificación de los cielos de todos los demonios y lanzará al diablo en el abismo sin fondo. Trabajemos con los profetas en preparar el camino para el regreso de Cristo en nuestra generación. *El Espíritu y la Novia dicen: "Ven". ¡Sí ven, Señor Jesús! Amén.*

«LOS PROFETAS Y EL MOVIMIENTO PROFÉTICO»
«EL MOVIMIENTO PROFÉTICO DE DIOS HOY»

El tomo dos es una serie para entender y restaurar el ministerio del profeta y lo profético, con integridad y balance bíblico.
ES TIEMPO DE CONOCER Y ENTENDER...

No hay duda de que Dios hoy está restaurando al profeta, y que estamos en medio de un movimiento profético muy importante. Por lo tanto, hay una necesidad grande de sabiduría apostólica, perspectiva profética y consejo pastoral, para traer claridad, balance y conocimiento de estas verdades y ministerios necesarios en el Cuerpo de Cristo.

- ¿Cuál es el propósito de Dios para los profetas de hoy?
- ¿Quiénes son los profetas, los ministros proféticos y el pueblo profético?
- ¿Por qué un Movimiento Profético ahora?
- ¿Cómo me afecta?
- El verdadero ministro profético contra los engaños de la Nueva Era
- El profeta y los cinco ministerios de Cristo

Dr. Bill Hamon es el presidente de Christian International y tiene uno de los ministerios proféticos más reconocidos en la Iglesia de hoy. Él se ha desempeñado en el oficio de profeta en los últimos 33 años y le ha profetizado a más de 15.000 creyentes y centenares de líderes cristianos prominentes. Estableció la Red de Ministro Proféticos de CI en 1988, como respuesta a la carga que el Señor le había dado de enseñar, entrenar, activar y dar libertad al ministerio profético en la Iglesia.

Esperamos que este libro
haya sido de su agrado.
Para información o comentarios,
escríbanos a la dirección
que aparece debajo.
Muchas gracias

info@peniel.com

www.peniel.com